臺灣

演進史

陳世昌——著

自序

「從古到今，從島到國」，簡單八個字，用來描述臺灣四百年歷史的演進，是最貼切不過的實際寫照。遠在四百年以前，臺灣是個「海上荒島」，僅有原始居民，沒有政府組織。自從十六世紀世界海權時代來臨以後，西力東進，開始改變臺灣歷史。一六二四年，荷蘭人殖民統治臺灣三十八年，開啟了臺灣歷史。一六六一年，鄭成功三代在臺灣建立短暫二十三年的東寧王國，曇花一現，仍然脫離不開殖民色彩。一六八三年開始，清朝統治臺灣長達二百一十二年，無為而治，臺灣無大開發。一八九五年起，日本殖民統治臺灣正好半個世紀，到處開發，建設良多，可惜是為富強日本，為日本的侵略戰爭預鋪道路。縱觀這段三百多年的歷史，臺灣一直處在外來政權的殖民統治。換句話說，此段期間和前此期間，臺灣一直是個「荒島」或「殖民地」的「海島」，不是個「國家」。

一九四九年十二月，蔣介石在國共內戰慘敗，落難臺灣。他把在中國大陸倉卒制定的「中華民國憲法」，張冠李戴，和盤移用臺灣。又把在大陸打敗仗的全班人馬，撤到臺灣，統治臺灣，開始了「中華民國在臺灣」的歷史。到這時候，臺灣史上第一次出現一個「國家」，名稱叫做「中華民國」。這樣一來，臺灣「從古到今」四百年的歷史，自然演進成「從島到國」了。

不過，「中華民國在臺灣」的歷史極不尋常。因為蔣介石在臺灣，為了鞏固權位，厲行極權政治，實施威權統治，憲法形同具文，民主流為空談。到一九七二年蔣經國時代開始，才改弦易轍，實施開明政治，為乃父「處理善後，並開創新局」。一九八八年，李登輝接棒，承先啟後，大刀闊斧，改革更新，又修憲成功。面對中共的傾力壓制，臺灣雖然演進成為一個「有實無名」的新民主國家，卻不得改稱「臺灣共和國」，只得掛著「中華民國」的老招牌。由是觀之，臺灣這個新國家的誕生和演進，實是國共內戰的遺留或產物。

臺灣四百年的歷史，先民「華路藍縷，以啟山林」，充滿辛酸，沾滿血淚，艱辛開發，但求溫飽。可是，真正以國家政策，大力開發的時代，則始自日本治臺時期。到了「中華民國在臺灣」時期，更發揚光大，全力建設，歷經六十多年的慘澹經營，臺灣已經建設成為一個真正民主政治和繁榮景象的新興國家。因此，從日治時期到現在，是臺灣史上最光輝燦爛、最耀眼奪目的一段重要歷史。

筆者有幸出生於日治末期，土生土長，迄今有七十多年的歲月，身歷其境，目睹並見證臺灣史上變動最大、進步最快的此段歷史現況。況且我早年又受過高等文史教育，能辨別，知是非。臺灣四百年史的最後這一段，不由我輩執筆留史，更待何人何時。由此緣故，我當仁不讓，鼓起勇氣，本著「見史不如知史，知史不如留史」的心境，下筆撰寫「臺灣演進史」一書，為國家社會留下忠實的歷史紀錄，善盡人生的永恆價值。

本書之特色有四：

一為臺灣「從古到今」，依時先後，分章敘論，層次分明，以期讀者一目了然，易讀易懂。尤其，對於「中華民國在臺灣」時期的最重要課題，例如：「聯合國內中國代表權問題」、「臺灣地位未定問題」、「美國對兩岸政策的始末」、「臺灣政黨輪替的始末」、以及「兩個中國的由來和臺灣問題的未來」等等，不但提出見解，並加分析。言人所未言，論人所未論。以期完整留史，避免遺珠。

二為對於臺灣史上，曾經統治過臺灣的荷蘭、明鄭、清朝、日本以及中華民國政府的來龍去脈和興衰起落的過程，都做簡單扼要的介紹，以期讀者了解這些外來統治者的崛起過程和治臺緣由，使臺灣史和世界史接軌，臺灣史不脫離國際政治。由於臺灣的重要戰略地位，臺灣早已成為列強的競技場，而臺灣史更成為世界史的重要一環。

三為史學界自古有一句名言：「當代人不治當代史」，以免「禍從文出」，得罪當道，被羅織為「文字獄」。可是，自從一九八七年七月十四日，蔣經國總統宣布解除戒嚴以後，國人得到言論和出版的自由，治史者得以就事論事，暢所欲言。因此，本書非但走筆論述至二〇一一年為止，更對蔣介石、蔣經國，以及李登輝等三位當代大人物，論其功過得失，試作歷史評價，就教於賢達先進，以匡不逮。

四為筆者世居臺灣長達四分之三個世紀，從日治末期到中華民國階段，長期駐臺，親身體驗，眼見寶貴史實特多。例如：日本警察政治的威力、美軍取得臺海制空權、美軍轟炸臺灣、二二八事件的腥風血雨、萬年國會與終身總統、蔣經國的治國智慧與十大建設、臺灣的經濟發展、人口演進、教育發展、社會演進，以及更新政治與政黨輪替等等，盡收眼底，盡入腦中，盡載書中，以期完整留史，善盡治史責任。

歷經三年多的辛勤耕耘，本書終於完稿問世。倘能為國家社會留下忠實的歷史紀錄，為讀者們增廣對臺灣史的認識，增進鄉土情誼，由而愛臺灣，求和平，顧民生，是所至禱。

陳世昌 謹識

二〇一二年十月序於臺南府城

時年七十四

目錄

第一章　臺灣的史前時期

第一節　臺灣的史前史

歷史，是人類經驗和活動的紀錄，是一群人在一片土地上的生活情形和活動方式的寫照。這些人類經驗、生活情形以及活動方式等綜合起來，便構成文化。文化用文字表達出來，便是歷史。

可是人類在未發明文字以前，已有文化存在，稱爲史前文化，也稱史前史。史前文化因爲沒有文字記載可資了解和研究，一般而言，是藉傳說或器物的流傳而使後世得知其存在。但傳說的年代一久，便會失誤或失傳，無法得知祖先活動的歷史眞相。唯有器物的流傳勉可代替文字的功能。況且器物的流傳年代久遠也難免流失或失傳。最後，祇有依靠考古學家們的努力辛勞，從古代遺址去發掘地下的古物或寶藏，等古物出土後再加研究和分析，以便推知祖先的文化和歷史內容。此種從遺址出土的古物去研究史前文化，也只不過是研究和推知的初步論述而已，尚不能完完全全顯現歷史文化的原貌或眞相。

臺灣是中國大陸東南沿海外的一個島嶼。由於臺灣和中國大陸中間隔著臺灣海峽，遙海相望，加上中國大陸幅員遼闊，自古以來，歷朝歷代，只重陸權，忽視海權。因此，在歷史上，中國大陸的歷朝歷代，雖知有臺灣的存在，但稱號不一，而且從不占領臺灣，從不統治臺灣，更遑論開發臺灣了。

在十六世紀世界海權發達以前，臺灣一直孤懸海外，成爲海上荒島。從來沒有任何一個國家在臺灣設官立治，統治臺灣。臺灣島上只有原始居民，沒有政府組織。這些原始居民各自謀生，自生自滅。此爲臺灣歷史最早的「荒島時期」，也就是臺灣的史前史。

第二節　臺灣遺址的發掘

臺灣有文字記載的歷史，是從四百年前西班牙人和荷蘭人進占臺灣才開始的。為要了解臺灣的史前史，近百年來，許多熱心的中外考古學家們不辭辛勞，努力奔走臺灣各地，調查發掘的結果，已經發現了上百處的史前遺址。研究和分析出臺灣史前史的文化特色，略可窺其梗概。茲舉其犖犖大者，按照時序先後，列表介紹如下：

臺灣史前文化之演進表

時期別	年代	文化別	發現地點	分布地區	文化特色
舊石器時代晚期	五萬年前到三萬年前	長濱文化	臺東縣長濱鄉八仙洞	臺灣東部及恒春半島之海岸地帶	(1)使用石器：打製石器而非磨製石器。(2)生活方式：採集野菜、水果，狩獵、打魚。
	三萬年前到二萬年前	左鎮文化	臺南市左鎮區菜寮溪河床上	臺南市	(1)發現臺灣第一塊原始人類頭骨。(2)發掘出大象、犀牛、野豬、野牛、古鹿等之化石碎片。

時期別		年代	文化別	發現地點	分布地區	文化特色
新石器時代	早期	七千年前到四千五百年前	大坌坑文化	新北市八里鄉大坌坑	臺灣北部、西南部及東部海岸	(1)使用石器：會使用磨製的石器，如石斧、石錛、石鏃及網墜等。 (2)陶器：會製作粗繩紋的陶器。 (3)生活方式：種稻、狩獵、打魚、採水果等。
	中期	四千年前	芝山岩文化	臺北市士林區芝山岩	臺北盆地	(1)使用石器：會使用打製及磨製的石器，如石斧、石錛、石刀、凹石、石杵、箭鏃等。 (2)陶器：會製作有圖紋彩色的陶器，如罐、缽、碗等。 (3)木器：會製作木器，如棒、尖狀木、木槳等。 (4)生活方式：種稻、狩獵、打魚等

時期別	年代	文化別	發現地點	分布地區	文化特色
新石器時代					
中期	四千五百年前到二千年前	圓山文化	臺北市圓山	臺北盆地及臺灣北部海岸	(1)使用石器：會使用磨製之石器，如大鏟、大鋤、有肩石斧等。 (2)陶器：會製作有口唇及把手之彩色陶器。 (3)玉器：會製作玦、環、珮等飾物。 (4)有進步之農業、狩獵、打漁、取海中之貝類。已有社會組織及宗教信仰。
晚期	三千五百年前到二千年前	卑南文化	臺東縣卑南鄉	臺東海岸、花東縱谷及恆春半島	(1)使用石器：會使用磨製之石器，如石刀、石杵、石茅、石鐮、石針、石鏃、板岩石棺、板岩石柱等。 (2)陶器：會製作彩色之陶罐、陶壺、陶杯等。 (3)玉器：會製作頭飾、耳飾、頸飾、胸飾等。 (4)社會組織：已有進步的農業、部落間的聯盟、原始的戰爭等。

時期別	年代	文化別	發現地點	分布地區	文化特色
金屬器時代	二千三百年前到四百年前	十三行文化	新北市八里鄉十三行	臺北盆地與臺灣北部海岸	(1)使用石器不多，已能製造鐵器。(2)陶器：數量多，質地堅硬，且有各種彩色圖案，而以方格紋和斜格紋爲多。(3)陪葬品：有各種瑪瑙珠、玻璃品及銅碗等。(4)生活方式：種稻、狩獵、打漁、採貝等。(5)社會組織：有宗教信仰、部落聯盟、對外貿易往來等。

第三節　臺灣海峽的形成

從上表所列，可知考古學家們已經在臺灣島上陸續挖掘出許多原始人類的頭骨化石，和大象、犀牛、野豬、野牛、古鹿等巨獸的化石碎片；也發現許多黑陶文化和彩陶文化的遺物和化石。這些考古學上的發現，在在證明了史前時期的臺灣島上，不但生息著亞洲大陸上相同的人類和巨獸，而且有中國大陸上相同的文化。因此，地質學家們推斷：在人類智識未開，海上交通工具尚未發達以前，人類和巨獸如果想要從中國大陸渡海來臺，無異緣木求魚。由此，他們相信在史前時代，臺灣原本和中國大陸連成一體，後來在幾千年前或幾萬年前，才形成今天的臺灣海峽。把臺灣和中國大陸隔成兩岸。

至於臺灣海峽是如何形成的，因爲史無可考，自然而然產生兩派說法。一派主張因爲地球的地層大變動，地層斷裂，中間陸沉了，才造成今天的臺灣海峽。另一派則主張在地球的第四冰河期晚期的時候，今天的臺灣海峽還是陸地，人類和巨獸都可由中國大陸的華南地區來到臺灣，後因冰河期結束，冰河消退，才造成今天的臺灣海峽。上述兩派說法，不論孰是孰非，都言之成理。可是由於臺灣海峽的陸沉使臺灣和中國大陸隔成兩岸，則是事實，無可否認。

臺灣海峽形成後，使臺灣孤懸海外，也使臺灣的開發遠落後於中國大陸。至於因爲臺灣海峽形成以後，其原有的許多山頂部分則露出海面，形成了今天擁有六十四個小島嶼的澎湖列島。由於澎湖列島的地理位置，剛好介於臺灣和中國大陸之間，使得澎湖列島較臺灣本島更早爲漢人所發現，很自然就成爲漢人從中國大陸移民到臺灣的跳板和前進基地。

第四節　原住民的原委

一、原住民與南島語系

在臺灣形成海島以前，島上原有居民和動物經過千年、萬年長期的天災或瘟疫的摧殘而自生自滅，是可想而知的。後來從何時開始重新有人類居住在島上？因爲沒有任何文字記載的歷史流傳後世，所以到今天這個問題，大家都茫然無知，依然是個大謎題。不過，在十六世紀漢人開始移民臺灣和西方勢力進入臺灣以前，臺灣島上已經有很多「原住民」生活在這片四季如春，土壤肥沃的西部平原上。

臺灣的原住民大體上可以分爲平埔族和高山族兩類。古時候的平埔族和高山族，他們跟中國大陸系統的黑陶文化和彩陶文化，可以說風馬牛不相及，完全沒有任何關連。那麼這些原住民來自何處呢？歷史學家們從骨骼、語言、風俗及文化等方面去觀察，發現他們頗似南島語系。南島語族是世界上一個很大的民族，廣布在太平洋和印度洋的島嶼國家。包括：馬來西亞、印尼、菲律賓、夏威夷、美拉尼亞、新幾內亞、索羅門等等都是。其分布地區：東自太平洋上的復活島（Easter Island），西到非洲東岸的馬達加斯加（Madagascar）；北從臺灣，南到紐西蘭（New Zealand）。地區分布之廣，在世界上首屈一指。人口約有五億左右。至於南島語族的國家島民又發源自何處呢？很多歷史學者猜測源自臺灣，然後再漸漸向外擴散移居。另一說法是：日本歷史學者的研究，因爲日本曾經統治臺灣半個世紀，所以他們對此一問題頗富興趣。他們認爲臺灣的原住民是當唐貞觀年間（距今約一千四百年前），馬來半島發生大水災，一大批流浪失所的馬來人，紛紛靠著原始帆船或竹筏，漂洋過海，經年累月，逐島躍進，冒險到臺灣來避難，終於到達臺灣西部平原落地生根，傳宗接代，形成了今天臺灣島上的原住民。（參見種村保三郎著：臺灣小史，頁二十二。）

二、平埔族漸漸消失

原先，平埔族是居住在蘭陽平原，經臺北盆地，到南部的海岸大片平原地帶；高山族則散居在平埔族住區再往內陸的山岳地帶。到十七世紀，世界海權興起，西方人東來以後，西班牙人和荷蘭人陸續進占臺灣沿海地帶，尤其此時的漢人移民到臺灣也日益眾多，平埔族的生活便漸漸和漢人打成一片。那時，因為滿清政府頒布三條渡臺禁令，禁止中國沿海居民攜家帶眷到臺灣，只准男子單身赴臺，剛好那時的平埔族大多數為母系社會。這樣一來，很多冒險渡海來臺的單身漢紛紛入贅於平埔族家庭。所以，過去臺灣南部普遍流傳一句俗語說：「有唐山公，沒唐山媽。」（唐山指的是中國大陸）即是此意。漢番通婚，血統混合，傳宗接代下去，平埔族大體上已經漢化。平埔族和漢人大體上沒有什麼不同，難分彼此。平埔族漸漸消失。現在，大臺南市的隆田和新市等地區，都是從前平埔族開墾的地方。所以，直到戰後，隆田還是叫做「番仔田」，新市還是叫做「番社」。至於高山族，因為處居深山或後山，較不與外界接觸往來，較不接受外來文化的影響，他們的文化依然如故，保存著他們在人類學上的特徵。因此，在滿清統治臺灣的時候，就把接受漢化的平埔族，叫做「熟番」，把根本不服從政令的高山族，叫做「生番」。

三、高山族轉型為原住民

在古書裡，所描寫的高山族是文化落後、兇悍野蠻的原始民族。例如：一九五九年臺灣銀行經濟研究社出版的陳第所著「東番記」一書裡。曾收錄明朝末年沈有容所著「閩海贈言」，裡面曾記載：「東方夷人不知所自始，居澎湖外洋海島中，……性好勇，喜鬥。……鄰社有隙則興兵，期而後戰，疾力相殺傷，次日即解怨，往來如初，不相仇，所斬首剔肉存骨，懸之門，其門懸骷髏多者，稱壯士。地暖，冬夏不衣，婦女結草裙，微蔽下體而已，無揖讓跪拜禮。無曆日文字……。」此書中所稱「東方夷人」即指古時候的臺灣山胞，描繪出其相殺斬首及原始衣著的風俗文化。又依據連橫所著「臺灣通史」一書曾敘及之吳鳳故事。大略稱：漢人吳鳳於康熙末年擔任阿里山通事（通事意指翻譯官），負責與曹族山胞貿易。那時候的曹族山胞，性兇猛，射獵為生。素有要求通事每年提供二個漢人男女人頭給山胞，作為秋收祭神之習俗。吳鳳到任後，認為無罪而殺同胞，是不仁不義不智的惡習，此風不可長，誓必革除。因此，吳鳳向山胞長老們敷衍再敷衍五年後，山胞忍耐不住，憤怒之餘，殺掉吳鳳。吳鳳死後，山區瘟疫大作，同時山胞經常在山間看到吳鳳驅馳於山中。山胞迷信以為吳鳳顯靈警戒。於是，山胞長老們成群結隊到吳鳳家裡，跪地求饒，發誓今後不敢再殺漢人。阿里山從此安定，尊稱吳鳳為阿里山神，並立「吳鳳廟」祭祀。吳鳳廟現在仍存，並未廢除。

吳鳳的故事曾被載入小學教科書當作教材，勉勵小學生要學習吳鳳「殺身成仁，捨身取義」的偉大精神。可是，戰後臺灣，國民政府發展教育，教育普及深山。阿里山的曹族，民智已開，水準提高，優秀子弟紛紛接受高等教育，認識到此一教材是對他們祖先的奇恥大辱，而於一九八七年九月九日成群結隊，到嘉義縣政府抗議，要求刪除教科書中的「吳鳳神話」，並要求更改「吳鳳鄉」為「阿里山鄉」。這兩件事後來都如願以償。不僅如此，內政部也從善如流，接受原住民團體的要求，於一九九八年十月二十八日核定，原稱曹族的原住民，改名為鄒族。企求洗刷汙名。

高山族，在清朝時代被稱爲「生番」，到了日本統治時代認爲名稱不雅，改稱爲「高砂族」。臺灣接收後，國民政府爲與日本統治有所區別，又將「高砂族」改名爲「山胞」或「山地同胞」。到一九九四年，又俯順輿情，將「山胞」一詞改稱爲「原住民」。表示他們是原先就居住在臺灣的主人翁，而且是比漢人早到臺灣的同胞。此一易名，不但還給「高山族」一個公道，而且讓他們引以爲傲。

第五節　原住民的人口及分布

原住民早先在臺灣原野獵鹿獵豬，過著自由奔放的狩獵生活；或在山間的溪流網魚射魚，過著自由自在的原始生活。雖帶有些野蠻味道，卻象徵著無憂無慮的安逸生活。在荷蘭治臺初期，原住民約有二十多萬人。不幸，到十七世紀以後，他們不斷地被荷蘭人、鄭成功、漢人及日本人等外來的統治者所侵伐或迫害，而退居深山或後山，環境艱困，生活不易，人口就漸漸減少。到日本統治末期，人口僅剩十六萬多人。現在的原住民雖仍深居內山，可是戰後臺灣，國民政府大力開發山地對外交通，加上普及教育，扶植農產等措施，原住民的生活已全面改善，人口的成長也水漲船高，已超過荷蘭治臺初期的二十萬人，而增加到五十一萬多人。現在，除雅美族仍居住於離島的蘭嶼而外，其他的原住民依然居住山區。雖然，生活水準已大爲提高，人口也日益增多，人爲的迫害沒了，但天然的災害如颱風、暴雨、地震等天然災害的侵襲尚存，無法倖免。臺灣原住民的不幸遭遇，頗似美國西部開拓史上的印地安人一樣。那時候，篷車英雄的白人們以近代化的步槍武器，把手持弓箭長槍的印地安人趕入了山區。

高山族在日本統治時代，於一九三五年起日本學者們提出「九族說」。亦即包括：阿美族、泰雅族、排灣族、布農族、魯凱族、卑南族、鄒族、賽夏族、雅美族等九族。往後一直被普遍接受，沿用不變。但從二〇〇一年以來，又有邵族、噶瑪蘭族、太魯閣族、撒奇萊雅族、賽德克族等五個部族，先後被政府核定爲「原住民」。因此之故，今天的原住民共有十四族。現在原住民的總人口數約五十一萬多人。茲將原住民的各部族人口數分布地區，列表如下：

一、原住民人口及住區分布表

族別	人口數	分布地區
阿美族	十八萬八千一百八十八	花蓮縣臺東山區及花東縱谷。
泰雅族	八萬一千六百八十九	臺灣北部山區、中央山脈北部。
排灣族	九萬零四百八十七	臺灣南部地區，包括屏東縣及臺東縣山區。
布農族	五萬二千六百八十四	臺灣中部山區，包括南投、高雄、臺東山區。
魯凱族	一萬二千一百五十五	高雄市屏東縣交界之山區。
卑南族	一萬二千二百九十三	臺東縣縱谷南部
鄒族	六千八百一十六	南投縣、嘉義縣、高雄市等三縣交界之山區。
賽夏族	六千零一十	新竹縣苗栗縣交界之山區。
雅美族	三千九百四十五	蘭嶼。
邵族	七百零三	南投縣日月潭地帶。
噶瑪蘭族	一千二百五十三	花蓮縣北部。

族別	人口數	分布地區
太魯閣族	二萬六千九百三十二	花蓮縣北部山區。
撒奇萊雅族	五百六十六	花蓮縣奇萊平原。
賽德克族	七千一百七十七	南投縣仁愛鄉，介族泰雅族及布農族之間。
尚未申報人數	二萬三千七百四十二	
合計	五十一萬三千六百四十	

附註：(1) 上表所列各部族人口數，引自行政院原住民委員會二〇一一年二月之網站資料。
(2) 尚未申報人數，應是指未固定居住於家鄉之流動人口。因爲現在的臺灣山區對外交通發達，原住民外出謀生者日眾，尤其是到大都市就業者特多。

二、原住民分布地圖

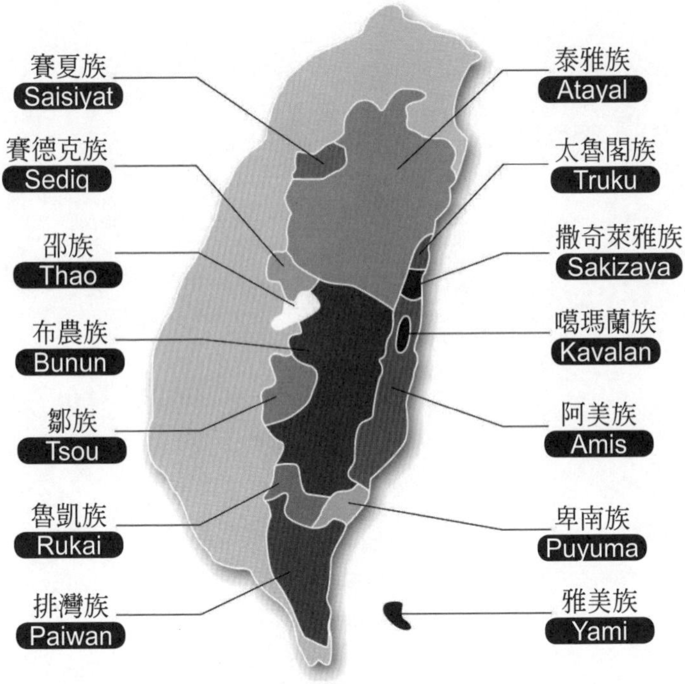

附註：本地圖引自行政院原住民委員會網站。

第二章 臺灣的海權時期

第一節　臺灣的重要地理條件

一、臺灣的地形條件

地理和歷史的關係息息相關，密不可分。地理條件往往左右歷史的發展。同理，歷史的內容也往往反映在地理條件上。因此，在探討臺灣歷史之先，有必要先了解一下臺灣的地理條件。

臺灣本島南北長三百七十七公里，東西最寬處僅一百四十二公里，總面積約三萬六千平方公里。是一個中間肥大兩頭尖的巨島，形狀宛似番薯，加上臺灣盛產番薯，所以臺灣人都自己戲稱爲「番薯島」。

從整個地形上來看，臺灣是個南北狹長形狀的海島，而且中央山脈縱貫南北，把臺灣分割成三大部分。亦即：西部平原、中央山脈以及東部縱谷等。中央山脈不但崇山峻嶺，而且南北縱走，人煙罕至，占去全島面積的三分之二。西部平原則到處都是人口密集的都市和村落，是臺灣開發最早的地區。至於東部縱谷地帶，一般稱爲「山後」，因爲這個地帶濱臨太平洋，斷崖峭壁特別多，交通阻隔，造成開發落後。

古時候，住在臺灣西部平原的百姓，屢因不滿外來殖民政府的暴政統治而揭竿起義，招致殖民統治者的武力鎮壓而失敗後，因爲臺灣四面是海，無處可逃，最後都逃入深山避難，就是利用臺灣的此項特殊地形。

如今，在二十一世紀的臺灣島上，養活著二千三百萬人民，人口密度平均每一平方公里爲六百三十八人，人口密度之高，僅次於孟加拉國，位居世界第二位。但臺灣的開發程度和人民生活水準，卻已經達到開發國家之列。此爲臺灣的土壤肥沃加上人爲努力，有以致之。

二、臺灣的氣候條件

再從氣候上來看，由於地球上的「北迴歸線」正好通過嘉義附近，因此嘉義以北地區屬於亞熱帶，嘉義以南地區則屬於熱帶。同時又因爲臺灣四面環海，有海風調節氣溫，所以臺灣的氣候如與中國大陸相比較，臺灣可以說是冬溫夏涼，四季如春。由於氣候宜人，土地肥沃，臺灣除了農業發達之外，到處是青蔥翠綠的景象。

由於氣候溫和，適宜人類居住，因此對於臺灣海峽對岸苦於「山多田少，謀生不易」的福建和廣東窮苦居民，自然具有莫大吸引力。在早期海上交通不發達的時代，他們都甘冒海峽天險和政府渡海禁令，不畏風險，冒險犯難，強渡海峽，紛紛來臺謀生，另求發展；又由於臺灣土壤肥沃，適宜農業耕作，所以到臺灣來的移民都願在臺灣落地生根，傳宗接代，使臺灣人口有增無減。然臺灣的氣候條件雖好，但到了夏秋之際，時有颱風豪雨來襲。尤其在山區，每逢連日不斷的狂風豪雨橫掃時，往往橋斷路斷，與外界隔絕，甚至造成生命財產的重大損失。此爲臺灣氣候美中不足之處。

三、海埔新生地助長開發

颱風豪雨長期累積下來，會改變海島的地形，此爲歷史的必然。四百年前，荷蘭治臺的時候，今天的臺南市靠海邊的半個市區，昔日爲海面，今日則演變爲市區。赤崁樓昔日位在海邊，所以當時有一句「赤崁夕照」的美麗名詞流傳下來。在赤崁樓（當時爲荷蘭人的貿易地區）的外海，共有十一個沙洲，南北排列。沙洲群和赤崁樓之間的海面，那時稱爲「臺江」。在十一個沙洲之中，有兩個沙洲之間的海面叫做「鹿耳門」。因爲鹿耳門這個水道很淺，不利大船進出，不是荷蘭軍隊防守的重點，所以鄭成功的艦隊進攻臺南的時候，就避實擊虛，避開荷蘭重兵駐守的一鯤身沙洲（即今之安平古堡，當時爲荷蘭人統治的行政中心），改由水淺的鹿耳門進港。傳說在鄭成功焚香膜拜祭天後，潮水竟然大漲，艦隊就乘機順利通過鹿耳門水道，終於打敗荷軍。從此以後，經過兩百多年的颱風豪雨侵襲和泥沙淤積的結果，到了清朝道光年間，滄海桑田，臺江內海就變成海埔新生地，也就是今天臺南市區的西半部。

臺南地區海埔新生地的形成過程有史可考。臺灣西部海岸平原的其他地區，陸地逐漸向海外延申，也就是海埔新生地的形成過程，大致上也應與此類似，八九不離十了。原來，臺灣這個海上巨島處在太平洋的西北邊緣，太平洋上有史以來，每年都有颱風產生。大颱風帶來大豪雨，大豪雨就把高山上的流沙泥土，沿著河川，沖刷到海邊，把原來的海床慢慢淤積成淺灘，長年累積，最後形成海埔新生地。職是之故，如果拿今天的臺灣地圖來和四百年前荷蘭人所繪製的古臺灣地圖相對照，兩相比較，兩者在整個外型的輪廓上，相去甚遠，道理就在此。

由是觀之，颱風豪雨的侵襲，固然會造成臺灣人民重大的生命財產損失。可是就另一方面來講，颱風豪雨的肆虐，長期累積的結果也造成了臺灣西部平原的大量海埔新生地，擴大了臺灣人民的生存空間和開發領域。不但如此，這些海埔新生地比起高山或後山的地理條件，更適合人類生存和發展。這也就

臺南海埔新生地概略圖

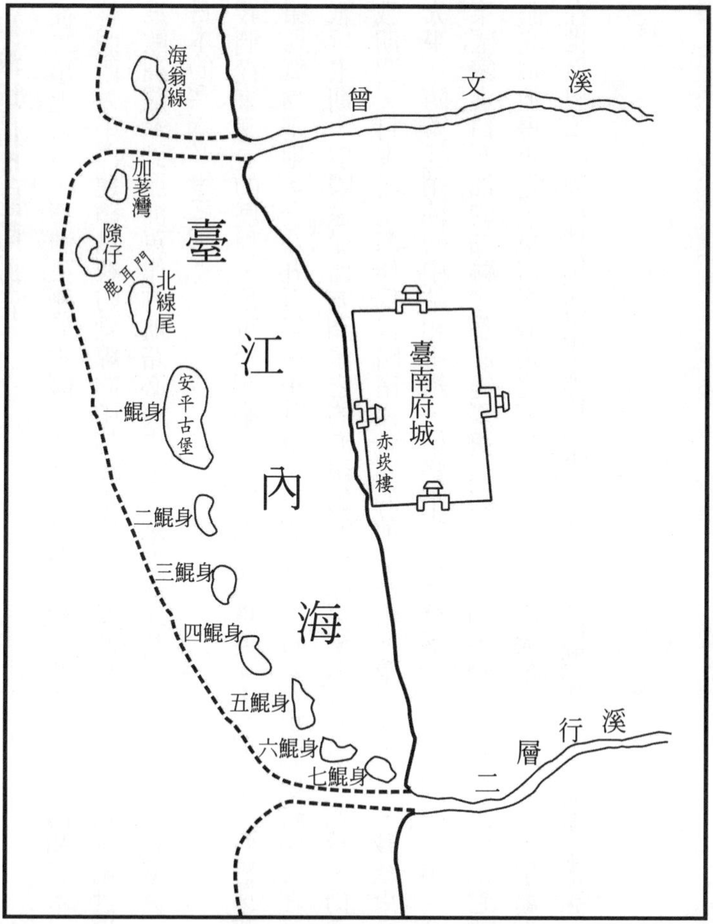

說明：(1) ——— 400年前海岸線。

(2) - - - - - - 現在海岸線。

(3) 本圖之繪製係參考連橫「臺灣通史」書內之「臺灣府總圖」。

是臺灣能逐步開發成爲今天的繁榮景象的基本條件之一。

四、臺灣地位與國際政治

從軍事上來看，臺灣孤懸於中國大陸東南沿海外面。北連琉球群島和日本，南接菲律賓群島，是美國在整個西太平洋連鎖島嶼防禦線的中站和重鎮。不僅此也，自從十六世紀世界海權興起後，臺灣海峽更成為歐洲國家到亞洲東岸的航路必經之道，歐洲國家和日本均特別重視臺灣，臺灣也由此成為歐洲強國與日本的兵家必爭之地。

我們從臺灣史的歷程，足可證明臺灣軍事地位的重要。十七世紀，西班牙和荷蘭相繼占領臺灣，並作為東西貿易基地。一八九五年甲午戰爭結束的時候，日本在馬關條約中志在必得臺灣。一九〇五年的日俄戰爭末期，俄國遠從西方調派它的波羅的海艦隊東來與日本決一死戰，仍必經臺灣海峽。第二次世界大戰期間，日本將臺灣作為侵略南洋各國的前進基地。第二次世界大戰結束後，美國更將臺灣作為其在西太平洋防禦連鎖線的中站和重鎮，始終不肯讓臺灣落入共產中國的手中。今天的形勢，日本和韓國從中東國家進口石油的油輪也都必經臺灣海峽。現在的中國，除將臺灣作為它的大中國統一目標之外，它的眼光還放得更遠，更將臺灣視為將來中美兩國爭霸太平洋海權，甚至爭霸世界的一大重鎮。總之，臺灣在世界史上的經濟地位和軍事地位的重要性，史實歷歷在目，是無與倫比的。

第二節　中國漢人開始移民臺灣

一、澎湖是早期海盜巢穴

在地理上，臺灣是位在中國沿海外面的一個巨島，隔著臺灣海峽，與中國大陸遙海相望。可是在中國歷史上，古代的中國航海不發達，又很少探險海外。因此，自秦漢以來，中國的古書裡，雖然偶有提到「瀛洲」、「東鯷」、「東番」、「琉球」、「夷州」等等地名，隱約暗示海外有個大荒島，但該荒島是否即指臺灣，亦議論紛紛，莫衷一是。更不用說派官派兵占領臺灣或開發臺灣。在中國歷史上，一直任由臺灣與世隔絕，不通人世。

就史料所知，遠在宋元時代，澎湖已經先有漢人的足跡。可是與澎湖一水之隔的臺灣，依然是原住民的樂園。到了明太祖朱元璋統一中國以後，中國海盜和日本倭寇（倭寇是中國對日本海盜的通稱）猖獗於中國東南沿海，出沒無常，甚至以澎湖作爲海盜的巢穴。爲了沿海治安，明太祖採取退守政策來對付海盜。他下令住在澎湖的漢人，一律撤退回到閩南的漳泉老家。明太祖的本意是在防範海盜，不料結果適得其反，澎湖的海盜反而更加猖獗。

當時澎湖海域海盜猖獗的情形，明朝大儒顧炎武在他的「天下郡國利病書」一書裡，曾有下列的描述：

海者，閩人之田，海濱民眾，生理無路，兼以饑饉薦臻；窮人往往入海從盜，嘯聚亡命。海禁一嚴，無所得食，則轉掠海濱；男女束手受刃，子女銀物，盡為所有。

因此，當時的明朝政府，對於海禁政策，禁也不好，不禁也不好，首尾難於兩全，相當頭痛。澎湖巡檢司的設置，時立時廢。明朝政府對於是否要占領澎湖或統治澎湖，顯然束手無策，一籌莫展，更免談占領或統治比澎湖更爲遙遠的臺灣了。

二、顏思齊和鄭芝龍

到了明朝末年，爲了徹底清勦海盜，中國終於下定決心，恢復在澎湖駐兵，重新設置巡檢司。可是此時的朝廷已是日薄西山，國內豪族擅權，流寇橫行，民不聊生。於是，一些不得志於廟堂之上的英雄豪傑，就率領黨徒渡海到臺灣來開闢新天地，或以臺灣爲基地進行武裝的海上貿易。其中最有名的是顏思齊和鄭芝龍。

顏思齊是福建海澄人。身材魁梧，武藝高強。小時候就流浪到日本經商。「蓄財仗義，遠近馳名。」在日本交遊廣闊，結交很多喜好惹事的亡命之徒，準備對日本官府起事失敗而漂海逃亡到臺灣。在臺灣西岸的笨港（今北港）登陸，號稱日本甲螺（日本頭目的意思），率眾進駐諸羅山（今嘉義），漸漸開拓了今天的雲林嘉義地區。不過，第二年顏思齊就病死在臺灣。

鄭芝龍是繼顏思齊之後經營臺灣的漢人，而且後來居上。鄭芝龍是福建泉州人。年輕時候，東渡到日本平戶，娶了日本小姐田川氏爲妻，在日本生下長子鄭成功。不久以後，鄭芝龍逃到臺灣，正逢福建年年饑荒，民生困苦。鄭芝龍靈機一動，就從福建率領著一批饑民渡海來臺求生。鄭芝龍送給這些饑民每人銀三兩，牛一匹，作爲開墾的資本。他們大多數住在今天的臺南和高雄一帶，以後漸漸向北開發。他們開發的方法，是向原住民平埔族納稅租地耕種。就這樣，展開了漢人開發臺灣的歷史。

鄭芝龍在臺灣的勢力，不僅是海盜王，簡直是雄霸一方，威震南海。明朝爲求兩全其美，祇好採取招撫政策。鄭芝龍接受了招撫，出任福建沿岸防守提督的要職。從此以後，鄭芝龍一方面替朝廷掃除東南沿海的其他海盜勢力。另一方面，又壟斷了明末的海上貿易。派遣商船遠赴日本和菲律賓等地貿易。那時候，他所擁有的船隊多達三千艘。勢力之強，大可敵國。

第三節　西歐列強開始覬覦臺灣

一、海通之前的兩個世界

人類的歷史，是由東西兩個世界分別發展出來的。東方世界是以中國文化爲中心，歷經一段源遠流長的過程而發展成爲亞洲歷史。西方世界，則以地中海文化爲基礎，經過一段漫長時間的演變而發展成爲歐洲歷史。

歐亞兩洲，雖然境土相連。可是在十六世紀以前，中國與歐洲之間，除蒙古帝國短期而外，大體上是彼此隔絕，老死不相往來的。直到十六世紀東西海上交通大開以後，東西兩個世界的來往，才日益頻繁，東西關係開始漸漸密切。講得具體一點，就是歐風東漸，或西力東進。

在西力東進以前，東西雙方的世界，都不知道世界之大，不知道歐洲和亞洲之外，另有天地。更不知地球是個圓型大球體，是大宇宙裡的芝麻小豆而已。隨著人類智識的進步，到十四、十五世紀的時候，中世紀的歐洲普遍流傳著「天圓地平」的學說。後來，此一學說遇到挑戰，越來越多的人看到每天「日出東方，日落西方」，天天如此，永無止境。他們懷疑世界上哪有那麼多的太陽，使他們相信「地圓學說」。爲了證明地圓學說，偉大的航海冒險家哥倫布（Christopher Columbus）於一四九二年（明弘治五年）發現了美洲新大陸，改寫了那時的西方學說，也改變了往後的世界歷史。

二、哥倫布發現新大陸

哥倫布發現新大陸，是臺灣史的一件大事。因爲如果沒有哥倫布發現新大陸，就不會那麼快有西歐海權的興起。西歐海權不興起，就不會有十七世紀初期的西班牙人和荷蘭人占領臺灣，臺灣史勢必呈現另外一番面目。因此之故，我們研究早期臺灣史，必先談談哥倫布發現新大陸。

哥倫布是義大利人。他讀過「馬可波羅遊記」，一心嚮往東方的富庶世界。爲了證明地圓學說，他相信從歐洲西海岸駕船一直往西航，最後一定會到達東方的印度、中國和日本。因此，他擬定了一個偉大的航海計畫，喜得當時西班牙女王的支持和資助，組織一支九十人分乘三艘大帆船的船隊，從西班牙西海岸出發，一直向西航行，橫渡大西洋。那時候，西方的造船術已經相當進步，小帆船變成大帆船，速度快，又安全，更裝置有中國發明的羅盤針，可正確指引方向。這支船隊耐心航行於茫茫大海中，勇往直前，打死不退。四個月後，終於發現中美洲的聖薩瓦爾多島。此後十年期間，他又率領規模更爲龐大的船隊，三度駕臨中美洲，發現更多的新天地。哥倫布雖然發現了美洲新大陸，可惜終其一生，他一直以爲他所到之處就是東方的印度。由於長年過著海上不良生活，健康每況愈下。一五〇六年，他與世長辭，享年五十六歲。

三、西歐海權的興起

哥倫布的偉大航海發現傳開以後，鼓舞了更多的歐洲航海冒險家紛紛往海外冒險探路。那時候的西歐，發展迅速，對外貿易通商也日益繁榮，但大多局限於地中海沿岸。此時，受到哥倫布的鼓舞，他們把眼光放遠，要把通商貿易的領域擴大到東方世界。於是，掀起海外探險航海的熱潮，接二連三，陸續展開世界新航路的驚人發現。茲簡列如下：

(一)一四九八年（明弘治十一年），葡人奧斯達伽馬（Vascoda Gama）繞過非洲最南端的好望角，到達印度。

(二)一五一九年（明正德十四年）至一五二二年，葡人麥哲倫（Ferdinand Magellan）率領的探險船隊，橫渡大西洋，繞過南美洲的最南端，出太平洋，再經菲律賓，繞過非洲最南端的好望角，回到葡萄牙，完成航行世界一周的壯舉。

㈢一五五七年（明嘉靖三十六年），葡人在中國澳門設立租界，設官立治。

㈣一五七一年（明隆慶五年），西班牙占領呂宋，馬尼拉遂成爲中西兩國的交通中心。

㈤一六〇〇年（明萬曆二十八年），英國商人組織東印度公司，獨占東方通商專利權。

㈥一六二四年（明天啓四年），荷蘭人占領臺灣南部，建築安平古堡。

㈦一六二六年（明天啓六年），菲律賓西班牙總督派兵占領臺灣北部。

㈧一六四二年（明崇禎十五年），荷蘭人驅逐臺灣北部的西班牙人，占領臺灣全島。

四、西歐列強覬覦臺灣

經過上列八個步驟的歷史進程，在短短半個世紀的時間，西歐各國就漸漸控制世界海洋。他們透過海權的掌握，組織強大海軍艦隊，紛紛到東方來開闢通商貿易和傳教事業的新領域。這樣一來，東方世界就慢慢被西方國家所侵門踏戶或殖民統治。臺灣的地理位置正好是在西方列強到中國、日本東來的前哨和要衝，也正好是那時明朝所忽視的地方。因此，在十七世紀初期，葡萄牙人、西班牙人以及荷蘭人紛紛東來尋找殖民地的時候，自然而然要乘虛而入，要覬覦臺灣，甚至占領臺灣，由此開啓了臺灣的歷史。介紹如下：

㈠葡萄牙

葡萄牙人是西方人打開東方航路的先鋒。葡萄牙人占領中國澳門後，便以澳門作爲東方貿易的基地。就在此時，有一艘葡萄牙商船航經臺灣西岸的臺灣海峽，遙見臺灣岸上的秀麗風光，青蔥翠綠，不禁喊出了「Liha Formosa」（啊！美麗之島）。從此，這個名實相符的「Formosa」，不脛而走，成爲臺灣的國際名詞。此爲歐洲人發現臺灣之始。到一六一〇年，葡萄牙企圖占領臺灣，卻遭到英國、荷蘭兩國出面阻撓而失敗。

㈡西班牙

西班牙人於一五七〇年占領菲律賓以後，即想北進染指臺灣。一五九八年，西班牙人從菲律賓出動二艘軍艦前往臺灣，途中遇到颱風，失敗而歸。後來，因爲荷蘭人於一六二四年占領臺灣南部，在菲律賓的西班牙人深感其對華和對日貿易受到威脅，就在一六二六年派出艦隊取道臺灣東海岸北上，占領基隆港外的社寮島（今和平島），建築聖薩爾瓦多城（St. Salvador）作爲統治中心。兩年後，又進占「滬尾」（今淡水），建築聖多明哥城（Sant Domingo），控制了臺灣北部。

㈢荷蘭

荷蘭於一六二二年派遣艦隊遠征澎湖。在澎湖登陸後，殘殺擄掠島上居民。翌年，明朝派兵與荷蘭人大戰於白沙島。雙方激戰八個多月以後，終於達成和解：明朝答應荷蘭人到中國通商貿易，荷蘭人則答應放棄澎湖以交換占領臺灣。依此，荷蘭人就在一六二四年八月退出澎湖，立刻進占臺灣西南岸的臺江（今臺南市）。荷蘭人不武之勝，輕輕鬆鬆占領臺灣，大大顯示明末中國的昏庸無知，完全缺乏世界觀。荷蘭人的占領臺灣，是外來勢力統治臺灣的開端。

第四節　荷蘭統治臺灣時期

一、荷蘭海權的興起

荷蘭是歐洲西北部的一個沿海低地國家。面積僅有四萬一千五百平方公里，是臺灣的一・一五倍，很多土地都是移山塡海而成。全境四分之一的國土低於海平面。沿海築有一千八百多公里長的堤壩，以防止海水入侵。一四六三年正式建國。十六世紀初曾受西班牙統治，一五八一年，才脫離西班牙而宣布獨立。亦即：在哥倫布發現新大陸九十年後，荷蘭才成爲一個獨立國家。因此，在歐洲歷史上，荷蘭眞是一個後起之秀的新興海權國家。

自從十六世紀世界海權時代來臨以後，歐洲西海岸面臨大西洋或北海的沿岸國家，包括葡萄牙、西班牙、荷蘭、英國、法國等，紛紛發展海洋事業，組織強大艦隊，對外開拓殖民地，擴大通商貿易，形成世界帝國主義競爭的局面。地球上，歐洲以外的地區，也就漸漸成爲西歐強國向海外擴張發展的競技場。可是，世界風水輪流轉，長江後浪推前浪，這幾個西歐強國，在世界海洋上各領風騷百多年。就時序先後而觀，十五、十六世紀，世界海洋是葡萄牙和西班牙的天下。十七世紀，則由荷蘭和英國取而代之。十八世紀，法國也加入競爭的行列。到十九世紀的時候，英國稱霸世界海洋，殖民地遍布全球，因此有「英旗不落日」的豪語出現於國際上。

荷蘭的海洋事業是從一五九七年開始的。那一年荷蘭商船隊從印尼運送香料滿載而歸，大發利市。此後，荷蘭商人有利可圖，就前呼後應，紛紛組織船隊前往印尼從事香料貿易。爲協調業務，避免紛爭，各貿易公司協商後，於一六〇二年合作組織「聯合東印度公司」（Vereenigde Oost-Indische Compagnie，簡稱V.O.C.），統一事權，並壟斷東方貿易。公司總部設在荷蘭首都阿姆斯特丹。同年，荷蘭國會通過決議，特許該公司得擁有從好望角到麥哲海峽的廣大地域的貿易獨占權。除了商業特權外，該公司還擁有武裝艦隊、修建城堡、發行貨幣、任免官吏、司法審判，甚至從事戰爭及締結條約等大權。其權力之大，形同一個獨立國家。到一六一〇年，爲了推展東亞地區的貿易，該公司在印尼雅加達設置總督，統轄爪哇殖民地，並兼管東印度地區所有通商貿易事務。該公司爲了要擴大對中國和日本的貿易，就在一六二四年占領臺灣作爲轉口貿易的基地。後來因爲英法強大海軍力量的興起，公司內部又長期腐敗，積重難返。至一八〇〇年，荷蘭政府就取消了該公司的經營權。荷蘭東印度公司的正式解散，象徵著荷蘭海權時代的沒落。

二、安平古堡與赤崁樓

荷蘭人於一六二四年進占臺南以後，當務之急，就是成立行政中心，作爲統治的指揮所，並保護其安全。那時候，臺南臨海，海外有十一個沙洲，南北排列，環繞臺南沿海。在這十一個沙洲和臺南沿海之間的內海，稱爲「臺江」。這十一個沙洲，由北至南，名稱依序是：海翁線、茄荖灣、隙仔、北線尾，然後是一鯤身、二鯤身、三鯤身、四鯤身、五鯤身、六鯤身，最南到七鯤身的尾端，就幾乎接近臺灣本島的海岸線了。因爲一鯤身沙洲的面積最大，而且岸邊的水道也最深，利於航行。因此，荷蘭人立即選定在此建築城堡，稱作熱蘭遮城（Zee Landia），作爲行政中心，以重兵駐守，保障其軍事安全。

迨一六六二年，荷蘭人被鄭成功打敗投降離臺後，鄭成功駐居此地，故稱「王城」。一八四〇年，鴉片戰爭爆發，清廷將此城改爲軍裝局。一八六七年，因爲樟腦糾紛事件，英軍攻占城堡，炸毀軍火庫，城堡毀於炮火。到了日本治臺時期，日本人在原址上改建爲海關人員宿舍。到一九三〇年，臺灣總督府爲了舉辦「慶祝臺灣文化三百年紀念」，把平臺上的房屋改建爲洋樓，作爲展覽場所使用。從此，城堡改頭換面，耳目一新。這就是現在的「安平古堡」，目前被列爲國家一級古蹟。

其次，談到赤崁樓。一六二四年九月，荷蘭人占領臺南後，同時在「北線尾」沙洲上建築商館，作爲貿易基地。可是他們馬上發現北線尾漲潮時易被海水淹沒，且取得淡水也困難。因此之故，荷蘭人決定把商館改遷到臺江內海對岸的赤崁地方。那時，赤崁地方爲原住民的土地。據說荷蘭人是以十五匹布的代價，向新港社（今新市區）的原住民買下赤崁地區的土地所有權。荷蘭人就在這塊土地上建築商館，建設市街，成立一個商業區，取名爲普羅民遮。這樣一來，荷蘭人占領臺灣，就以熱蘭遮城（今安平古堡）爲統治中心兼軍事中心，而以普羅民遮的商業區作爲貿易基地。

一六五二年，郭懷一抗荷事件平定後，爲了防範漢人再起抗荷暴力事件，荷蘭人就在一六五三年在赤崁地方沿臺江內海的岸邊建築城堡，命名爲普羅民遮城（Provintia），派兵駐守。普羅民遮城就是今天的「赤崁樓」，民間則俗稱爲「番仔樓」。一六六一年，鄭成功來臺後，將赤崁樓改爲承天府。清朝康熙年間，一度將赤崁樓充作火藥庫，派兵駐守。後又遷走，漸成廢墟。一八六二年（同治元年），一次大地震，城樓全毀，僅存臺基。到了光緒年間，重建赤崁樓，但此次是以中國式的東方城樓取代荷蘭式的西方城堡。荷蘭式的普羅民遮城，從此消失無蹤。後來，在日本統治時期，日本人不重視臺灣的歷史，更不理會臺灣的重要古蹟，曾先後將赤崁樓作爲軍醫院及師範學校宿舍使用。等到第二次世界大戰日本戰敗投降後，國民政府才於一九六六年全面整修，成爲今日的面貌。今天的赤崁樓，如同安平古堡，同被列爲國家一級古蹟，同爲遊客必到的勝地。非但如此，兩者經過將近四百年的歷史演變，今日的外觀均已非昔日的原先面貌，其所呈現在遊客眼前的，祇是在古蹟原址上重建、重修的歷史價值而已。

三、荷蘭人趕走西班牙人

臺灣地理位置的無比優越，招蜂引蝶，引來東西方強國的競爭角逐，勢所必然。當十七世紀初，日本德川幕府掃除群雄統一日本的時候，就曾經派遣艦隊十三艘兵員三千多人，駛向臺灣，企圖奪取臺灣。可惜時運不佳，途經琉球就遇到颱風，損兵折艦，失敗而歸。到一六三六年（明崇禎九年），德川幕府實行鎖國政策，封閉自守，征臺之舉就此罷手了。

同一時期，西方的強國——荷蘭於一六二四年占領臺南，西班牙人也於一六二六年占領臺灣北部，形成荷西兩強在臺灣南北對峙的局面。本書在前一節已經敘及。西班牙以菲律賓爲基地，進占臺灣北部之目的有三：

㈠防止日本的南侵，以保障菲律賓的安全。

㈡對抗荷蘭，以確保西班牙人對中日貿易通商的安全。

㈢以臺灣北部爲基地，向中、日兩國傳播天主教。

在荷、西兩國對抗的時期，雙方彼此敵視，互不相讓，各自都曾經派遣軍艦攻擊對方，也都敗興而歸，不能如願。

不過，後來因爲西班牙人在臺灣北部的發展不如預期。既無法暢通中、日兩國人民到臺灣北部的通商貿易活動，又因日本已開始採取鎖國政策，厲行禁教，西班牙在日本的傳教目的受挫，通商也不順利。更嚴重的是，菲律賓南部回教徒的反抗西班牙活動，正方興未艾，急需兵力支援。職是之故，西班牙駐菲律賓總督哥庫拉（S.H. de Corcuera）於一六三八年下令抽調大部分臺灣北部的西班牙守軍，回救菲律賓。在南部的荷蘭當局探知虛實後，就於一六四二年興師北上，率艦七艘，兵員七百人，至基隆把西班牙人趕出臺灣。西班牙人在臺灣北部統治十六年，到此結束。從此，臺灣全島落入了荷蘭人的統治。

四、原住民的教化與管理

荷蘭人進駐臺灣之初，臺灣島上約有原住民十五萬多人，漢人移民還不到五萬人，原住民是島上的多數民族。而且，那時候的原住民，文化落後，智識未開。因此，如何安撫原住民和教化原住民，使雙方和睦相處，和平共存，成爲荷蘭治臺的當務要政。荷蘭人的辦法是從傳教和辦學下手，以達啓迪文化和教育文明之目的。荷蘭人到臺灣第三年，就已有傳教士在新港社建立教堂，認眞從事傳教工作。不久，傳教士學會原住民「西拉雅族」的語言後，就以羅馬字母拼音法創造出「西拉雅語」的文字，稱爲「新港文字」。往後，平埔族原住民的一切契約、文書等，無不採用「新港文字」書寫。傳教士更將「聖經」翻譯成新港文字，以利布道，使他們的傳教工作事半功倍。直到荷蘭人敗走離臺之前，新港社的平埔族已有八成人口信仰基督教，顯示荷蘭人對原住民教化和傳教工作的成功。

其次，談到荷蘭人對於眾多原住民的管理方法，也相當高明。荷蘭人統治臺灣期間，由於行政中心設在熱蘭遮城，人力有限，而全島十五萬多的原住民又廣布各地。爲能有效掌握和控制，荷蘭人採取間接控制的方法，也就是實施半套的地方自治制度。一六三六年，荷蘭牧師尤紐斯（Robertus Junius）召集臺南以北的二十八位部落長老在荷蘭長官面前聚會，對於地方集會的制度，首開其端。往後，荷蘭長官便將全島區分爲四個集會區如下：

(一)北部地方集會區。

(二)淡水地方集會區。

㈢南部地方集會區。

㈣東部地方集會區。

透過集會的方式，荷蘭人每年召開各區長老集會。在會中，荷蘭長官傳達政令，各地方長老則宣誓效忠，並報告社內情形。荷蘭長官授權長老們得在社內行使司法權，統治地方。由是觀之，傳教布道和集會管理，是荷蘭人統治原住民很成功的兩項法寶。

五、典型的殖民地統治

在荷蘭人治臺初期，原住民和漢人移民共約二十萬人。在臺灣的荷蘭人則只有官民六百人，守兵二千二百人，共約二千八百人。就這樣，荷蘭人用經營殖民地的方法，以少數人統治及奴役多數的臺灣人民。關於荷蘭人教化及管理原住民的方式，已如前述。對於漢人移民的統治，則從產業開發、通商貿易，以及苛捐雜稅等方面下手，介紹如下：

㈠產業開發

荷蘭時期臺灣的出口大宗是稻米。發展農業需要大量人力，臺灣西部平原的產米區又相當遼闊。現有漢人人力稍感不足，所以荷蘭人就從福建移入漢人約二萬人，以增加人力從事農業開發。由荷蘭人提供耕牛、農具、稻種等給漢人，以利耕作生產。漢人則以佃農的身分向荷蘭人租用土地，土地所有權爲荷蘭國王所有，所以這種土地被稱作「王田」。臺灣人由政府輔導農業生產，從此開始。

荷蘭人在臺灣開發農業的地區，主要在臺灣南部。北從今天的雲林縣北港鎮，南到今天的高雄市岡山區；東起今天的臺南市新化區，西到海邊。當時的農產品，主要是稻米和蔗糖。除自給之外，荷蘭人就將大批農產品出口謀利。除了米糖，當時的臺灣原野，草木茂盛，到處鹿群，跳躍奔馳。荷蘭人視為奇貨可居，就獎勵獵戶打鹿，規定可用鹿皮抵繳稅金。一六三八年，獵鹿最豐。這一年，荷蘭人從臺灣出口日本的鹿皮高達十五萬張之多。獲利之豐，可見一班。今天，臺灣有許多地名，例如：鹿港、沙鹿、鹿谷、鹿場、鹿寮、鹿城、鹿草、鹿野、初鹿、霧鹿、鹿鳴、鹿滿、鹿埔、鹿林山等等，就是當年平埔族獵鹿、售鹿所產生的地名。

(二)通商貿易

荷蘭人統治臺灣時期，正是鄭芝龍接受清朝招撫，稱雄海上、獨霸海權的時代。那時候，鄭芝龍控制著中國東南的沿海海域。凡在沿海一帶從事貿易的船隻都要向鄭芝龍繳稅取得許可證後，憑證插旗，始准進入中國的東南海域。因此，荷蘭人就和鄭芝龍達成協定，保護荷蘭船隻在中日間的通商貿易航線。荷蘭人以臺灣作為通商貿易的轉運站。貿易地區及內容，大致如下：

1. 從中國大陸進口生絲、綢緞、瓷器及藥材等，經由臺灣轉售到日本、波斯、歐洲等販售獲利。
2. 從南洋進口香料、胡椒、琥珀、鉛及錫等，經由臺灣轉運到中國大陸販售獲利。
3. 將臺灣土產的糖、鹿皮等銷售到日本。稻米、鹿角、鹿脯等銷售到中國大陸。

㈢苛捐雜稅

荷蘭人在臺灣進行產業開發和通商貿易，目的都是要從臺灣人民剝削勞力和榨取經濟利益。這就是殖民地統治的典型方法。可是他們不以此為滿足，荷蘭人為追求更多財富，又在臺灣橫征暴斂，規定很多苛捐雜稅，名目繁多。例如：進出安平港的船隻要繳關稅，原住民打獵捕魚要繳漁獵稅、原住民部落買賣要繳貨物交易稅、漢人耕作要繳田租、九歲以上之漢人要繳人頭稅。稅目如此眾多繁瑣，使臺灣人民不勝負荷。平時尚可勉強忍受，委曲求全。可是到一六五一年以後，風不調雨不順，稻米和甘蔗欠收嚴重，又加倍徵收人頭稅。人民衣食無依，流離失所，此為歷史上人民起義或革命的基本背景。因此，一六五二年九月，地方領袖郭懷一起義，立刻受到漢人移民的紛紛響應和熱烈擁戴，四千多名的起義軍一擁而上，攻打普羅民遮，進占赤崁商業區，企圖一舉推翻荷蘭人的殖民統治。可惜荷蘭駐臺長官立刻從安平古堡急調援軍，又從附近平埔族發動大批基督徒支援。起義軍手持落後的傳統武器，負嵎抵抗，終於打不過拿著現代化武器的荷軍。交戰半個月後，起義失敗，平白犧牲四千多名百姓，郭懷一也陣亡，史稱「郭懷一抗荷事件」。

由於荷蘭原本就是一個重商主義的殖民帝國。荷蘭人到臺灣來開發產業，發展貿易，甚至抽取苛捐雜稅，目的全在剝削臺灣人民的勞力，榨取臺灣人民的經濟利益。荷蘭人在臺灣賺飽金錢財富後，帶回自己國家。根據史料，那時荷蘭東印度公司在亞洲共設有十九處商館。獲利榜首是日本，其次則是臺灣。令人遺憾的是：荷蘭人在臺灣所賺取的金錢財富，完全沒有「取之臺灣，用之臺灣」。而且，悉數繳庫，落入荷蘭東印度公司的口袋裏。這便是近代帝國主義國家所進行的「典型的殖民地統治」。

六、荷蘭統治臺灣的得失

荷蘭人統治臺灣，從一六四二年到一六六一年為止，前後共計二十八年。殖民統治的結果，給臺灣帶來了正面的影響，也帶來了負面的影響。茲簡介如下：

(一)正面的影響有二

1. 臺灣由「狩獵社會」轉變為「農耕社會」。荷蘭人來臺以後，為開發產業，發展農業，從印度引進一百二十一頭牛到臺灣。一面耕田，一面繁殖。耕地面積也大大擴充，遍及當時的南部大平原。稻米和白糖的產量大增，除自給外，也大量外銷。從此，臺灣人民開始使用畜力耕作，農產日增，漸漸轉變為農耕社會。

2. 荷蘭人開啓臺灣對外貿易之先河。在三百多年前，荷蘭人就把臺灣帶向發展貿易的開放性經濟型態。中國大陸則因經濟可自給自足，不必依靠對外貿易，一直採行封閉式的經濟型態。海峽兩岸的經濟型態，適成強烈的對比。所以在歷史上，即二十世紀末期鄧小平在中國大陸採行改革開放的經濟政策以前，臺灣的對外貿易一直遙遙領先中國大陸。

㈡負面的影響

引發臺灣人民的反抗，提早結束荷蘭人的殖民統治。荷蘭人在臺灣開發產業，通商貿易，獲利豐厚，滿載而歸，卻未分享給臺灣人，臺灣人毫無所得。這還不滿足，荷蘭人竟然貪婪無厭，野心不足，還向臺灣人民課征苛捐雜稅，使臺灣人民不聊生，終於引發一六五二年的郭懷一抗荷事件。事件雖告失敗，可是臺灣人吞忍一時，銘記在心，最後在一六六一年鄭成功領兵，進攻荷蘭人時，漢人移民紛紛響應，作爲內應，八個月後共同將荷蘭人趕出臺灣。至此，荷蘭人在臺灣的殖民地統治，壽終正寢，自食惡果。

第五節　明鄭統治臺灣時期

一、明清交替與鄭成功

㈠明朝敗亡之經過

「天下大勢，分久必合，合久必分。」這是「三國演義」一書的開場白，也是歷史軌跡的必然。在歷史上，朝代更迭，勢所必然。因爲中國自古以來就實行專制政治，國君世襲不替。每一個朝代，開國以後，起先幾位皇帝都能秉承開國皇帝創業維艱的精神，勵精圖治，發憤圖強，漸漸開創太平盛世。不過幾代以後，倘遇昏君或遇幼帝沖齡即位，大權旁落，就容易造成國政敗壞，國凋民貧。此時，遇有民間豪傑英雄揭竿起義，百姓一呼百應，舊王朝就會被推翻，新王朝也就建立了。換言之，這叫做「改朝換代」。

中國的明朝（一三六八至一六四四年）末年，因為吏政不修，朝政腐敗，加上各地天災人禍，民不聊生。於是，居民相聚為盜，形成流寇。流寇之中，以李自成和張獻忠兩股勢力最為強大。兩人分別掠地稱王。一六四三年，李自成甚至在西安建立政府，自稱大順皇帝，擁有百萬大軍，聲勢震撼天下，終於揮軍東進。一六四四年（明崇禎十七年）三月十九日，攻下北京。崇禎帝縊死煤山，結束了明朝統治。

㈡清初大局與鄭成功

同一時期，遠在中國東北的滿清，經過清太祖努爾哈赤和清太宗皇太極的東征西討，早已統一了中國東北，並於一六三六年建國號為「大清」。雄據東北地方，虎視著大明江山。那時候，明朝大將吳三桂駐守山海關，防止清兵入關。當李自成進攻北京的時候，吳三桂原本奉命勤王，急救北京，可惜兵在途中，突聞愛妾陳圓圓被李自成擄走，一時怒髮衝冠，自己又無力救美，就回頭引清兵入關，合力打敗李自成，奪回陳圓圓，清兵從此占領了北京。一六四四年，清世祖（清太宗之子）便以六歲沖齡在北京正式即位，是為順治帝，並以皇叔多爾袞為攝政王，統治中國。清朝的統治中國，從此開始。

多爾袞是一位雄才大略的政治家。他的統治方法軟硬兼施，政治與武力並用。他對於吳三桂和其他有功於統一者的明末降將，論功行賞，封王賞爵，作爲酬庸及安撫。另一方面，對於那些與滿清誓不兩立的明末王室和明末忠臣，則以武力對付，用兵征討。在這種謀略政策之下，封吳三桂爲平西王，駐守雲南；封尚可喜爲平南王，駐守廣東；封耿精忠爲靖南王，駐守福建，合稱爲「後三藩」。其次，在明崇禎帝自殺後，因不服滿清統治而繼續擁兵抗清，被多爾袞起兵打敗的明末王室，先有南京的福王，繼有福州的唐王，最後有肇慶的桂王。這三個王室史稱「前三藩」。在「前三藩」前仆後繼，進行「反清復明」的聖戰中，功業最爲彪炳昭彰的忠臣勇帥，就是鄭成功。

二、鄭成功與前三藩

㈠鄭成功堅持反清復明

鄭成功是鄭芝龍的長子。一六二四年，在日本平戶誕生，母親是日本人田川氏，所以鄭成功是個中日混血兒。鄭成功本名鄭福松，幼年都住在日本由母親扶養長大。到七歲那年，始由父親帶回福建接受漢文教育，並改名爲鄭森。一六四四年，清兵入關，清朝順治帝在北京即位的時候，明朝的大部分江山尚未淪陷，一批反清復明的文臣武將立即擁立福王在南京即位，繼續領導抗清。到一六四五年五月，清兵攻下南京，福王被俘遇害。隨後，鄭芝龍和黃道周等人接著擁立唐王在福州即位，繼續抗清，是爲隆武帝。這時候，鄭芝龍就帶著二十一歲的長子鄭森去晉見隆武帝。隆武帝一見鄭森相貌非凡，驚爲命世雄才，當場嘆息自己沒有女兒，否則一定召爲駙馬，並嘉勉鄭森要盡忠勿忘國恩，賜他姓朱，改名成功。因此緣故，往後大家都以「國姓爺」尊稱鄭成功。

隆武帝即位不久，一六四六年，清兵出其不意，攻陷泉州，田川氏受辱自殺。清將貝勒博格派人向鄭芝龍招降。鄭芝龍召喚兒子共商大計。兩人意見相左。父親見風轉舵，要投降委屈求全，兒子則要抵抗到底不爲所屈。結果，人各有志，兩人分道揚鑣。鄭芝龍不戰而降，暫時得到清廷禮遇。鄭成功堅持「反清復明」的大業，繼續奮鬥到底。

(二)前三藩的覆滅

一六四六年，鄭芝龍賣主求榮，暗中向清軍投降後，唐王隆武帝旋即被俘，不食而死。唐王死後，明末的廣西巡撫瞿氏耜等人，立刻擁立桂王在肇慶即位，是爲永曆帝。永曆帝支撐著西南半壁的明朝江山，很多忠臣義士都追隨左右，共同致力於光復河山的大業，一時頗有中興氣象。爲鼓舞士氣，桂王從廣東遣使專程到廈門，冊封鄭成功爲「延平郡王」。可惜後來清兵大舉南下，傾力圍攻，西南各省便相繼淪陷。桂王逃入緬甸請求庇護。由於吳三桂邀功心切，終於在一六六一年逼迫緬甸王交出桂王。次年，桂王遇害。明末諸王的反清復明運動，始告一段落。福王、唐王、桂王的抗清運動，史稱「前三藩之亂」。

(三)鄭成功北伐失利

鄭芝龍雖然降清，但他的龐大部眾及船隊，則轉交給鄭成功運用。鄭成功既有了龐大勢力，又感於國恩隆重，從一六四七年開始，高舉「反清復明」的大旗，正式抗清。他在中國大陸沿海地區與清兵邊打邊談十多年。清兵派人和他和談，前後有六次之多。他希望仿照以前明末招撫鄭芝龍的前例，讓鄭成功代管閩粵海疆，也希望比照朝鮮歸順滿清的前例，不必剃髮。可是清廷堅持必須剃髮表示順從。談判因此破裂。

一六五九年，鄭成功為徹底解決清軍，光復大明江山，他親統大軍二十多萬，船艦三千艘，揚帆北上，興師北伐。希望切斷清軍後援，讓清軍腹背受敵。起先，鄭軍雖然旗開得勝，一度進抵長江口，攻陷鎮江，兵臨南京城下。不料，中了清將郎廷佐的緩兵之計。等到清廷緊急調來的援兵一到，配合南京城內殺出的清兵，三面夾殺鄭軍，鄭軍終於招架不住，節節敗退，最後退回金門、廈門的原始基地。經過此次大挫敗，鄭軍損兵折將，元氣大傷。祇有暫時休養生息，等待東山再起之機會。

三、鄭成功渡海攻臺，趕走荷蘭人

㈠鄭成功決定攻臺之理由

一六六一年，鄭成功北伐失敗，正在山窮水盡疑無路的時候，恰好有一位在臺灣的荷蘭通事何斌（此人為鄭芝龍之舊屬），因為避債被荷蘭當局追緝而從臺灣逃到廈門，向鄭成功獻上臺灣地圖，地圖上面詳載臺灣港道形勢及荷蘭兵力布署情形。何斌並分析情勢詳敘理由，力勸鄭成功渡海攻臺。鄭成功頓覺柳暗花明又一村。經過再三思量後，鄭成功召開將領軍事會議，討論渡海攻臺大事。大多數部將都顧慮多端，認爲海峽險惡，荷蘭兵又船堅炮利，縱有奇謀，也無用武之地，建議不宜攻臺。鄭成功則認爲這些都是平凡見解，不足爲取。最後，鄭成功以統帥身分，裁定渡海攻臺。理由是：

何斌所進臺灣一圖，田園萬頃，沃野千里，造船製器，吾民麟集，所優為者。近為紅夷占據，城中夷夥不上千人，攻之可垂手得者。我欲平克臺灣，以為根本之地，安頓將領家眷，然後東征西討，無內顧之憂，並可生聚教訓也。（錄自「從征實錄」）

由此可知，鄭成功堅持渡海攻臺的理由有三：

1. 臺灣沃野千里，軍糧無虞。
2. 荷人兵力不多，垂手可得。
3. 臺灣根本之地，可東征西討。

㈡鄭成功戰勝荷軍

一六六一年四月二十一日，鄭成功派其子鄭經留守廈門，自己則親統大軍，軍艦四百艘，官兵二萬五千人，從金門出發。翌日，抵達澎湖。因爲澎湖地瘠民貧，無糧可徵，幾天後立刻前進臺灣。到臺南外海時，依照何斌獻給之地圖所示，鹿耳門水道水淺，荷軍未設防，可遠避荷軍炮火，所以就焚香祭天，等到潮水上漲時艦隊順利通過鹿耳門水道，進入臺江內海，先占領普羅民遮城之商業區，然後圍攻熱蘭遮城之行政及軍事中心。在圍攻交戰期間，荷蘭駐臺長官揆一，一方面向雅加達的荷蘭東印度公司總督急求救兵，但總督半信半疑，懷疑中國哪有如此強大的艦隊，遲遲才發兵相救，但爲時已晚。另一方面，揆一同時也派人與鄭軍談和，因雙方條件相差太遠而談判破裂。鄭荷兩軍相戰相持近九個月，最後荷軍因彈盡援絕，能戰守軍僅剩六百人，士氣全無而投降。一六六二年二月十日，和議條約簽字成立。鄭成功保證荷蘭人安全撤離臺灣，又保證荷蘭人回航巴達維亞城的途中所需之糧食、物品等，可以裝船運回。荷蘭人終於全部安全撤離臺灣，總計荷蘭人從一六二四年占領臺灣，到一六六二年被趕出臺灣爲止，荷蘭人統治臺灣共三十八年。

鄭成功自力更生，自組艦隊，渡海攻臺。艦隊規模之龐大及臺灣海峽之險惡遼闊，以當時之世界海軍水準來衡量，可以媲美二十世紀第二次世界大戰時，美國的艾森豪將軍指揮龐大艦隊，渡過英倫海峽進行諾曼底登陸之偉績。鄭成功的渡海攻臺，與英美聯合艦隊的渡海進行諾曼底登陸，這兩件事可以說是古今相映，中外並稱。鄭成功打敗那時的世界海軍強國荷蘭，把荷蘭人趕出臺灣。從此，臺灣成爲漢人開發的新天地，鄭成功也成爲漢人的民族英雄。爲了紀念鄭成功的開臺之功，今天的臺南市有成功路，更有成功國小、成功國中，甚至成功大學。

四、鄭成功的開臺典範

鄭成功開臺之初，拓疆闢土，百務待興。對於如何著手統治臺灣，安定臺灣社會，以及安頓官兵生活、解決浩大軍需問題等，都是當務之急。他卻能在兵馬倥傯之際，政務百忙之中，運籌帷握，立下典範，指揮若定，使新開創的土地和軍民，都能正常運作，不致產生問題，展現豪傑英雄之本色。茲簡介如下：

㈠設官立治，著手統治工作

1. 將赤崁地方（今臺南市）改稱東都明京，設承天府於普羅民遮城。
2. 以新港溪（今鹽水溪）爲分界線，北路爲天興縣，南路爲萬年縣。
3. 改大員地區爲安平鎭。在澎湖設安撫司，各駐重兵，以保衛臺灣本島之安全。
4. 中央政府設置吏、戶、禮、兵、刑、工等六部。將漢人政治引入臺灣。

㈡安撫百姓，安定臺灣社會

1. 鄭成功由何斌及親信多人陪同，率領陣容壯盛之衛隊九百人，巡視各番社，賜給煙布等物。鄭成功臨之以威，施之以恩，恩威並用。結果，各番社長老莫不懾服，紛紛率衆輸誠，聽從指揮。
2. 向軍民宣布「拓墾守則八條」，規定中央或地方文武官員屯田拓墾時，不許侵犯土民及百姓現耕田地。

㈢實施屯田，推動兵農合一

1. 保留二旅兵力，守衛安平鎮和承天府。
2. 其餘各鎮官兵，按鎮分地，按地開墾。鄉仍稱社，土地面積仍以甲計算。
3. 開發三年後，依土地之良莠，分爲上、中、下三級，作爲課稅標準。
4. 農暇時，則從事軍訓；有警訊時，則武裝應戰；無警訊時，則從事耕作。
5. 一部分軍隊派赴曾文溪以北，另一部分軍隊派赴二層行溪以南。各擇地屯兵，插竹爲社，斬草爲屋，而養軍無患。

臺灣爲新開闢之疆土，偏處海濱。一方面要立刻安定社會，養兵足食，另一方面又要枕戈待戰，以防對岸之清兵隨時進犯臺灣。任務艱鉅，任重道遠。鄭成功卻能在登上臺灣土地之初，治臺不到一年的時間，就能作出如此面面顧到的完整規畫，難能可貴，史家自有公評。不料，當鄭成功打下臺灣趕走荷蘭人後，清廷腦羞成怒，立刻在北京殺害鄭芝龍而且抄家滅族。鄭成功聞此噩耗，痛哭守喪，憂憤成疾，半年後（一六六二年六月）就在臺南病逝，英年才三十九歲。

五、鄭經的治臺政績

鄭成功自金門率兵攻臺時，派其長子鄭經留守廈門。現在不到一年的時間，鄭成功就在臺南病逝。繼位問題立刻浮上檯面，展開一場宮廷權力鬥爭。在臺灣的大臣黃昭、蕭拱辰等人聯合擁立鄭成功的弟弟（同父異母）鄭襲在臺南繼承王位。鄭經在廈門得知消息，迅即帶兵親征臺灣，以期敉平政變。鄭經到臺灣後，斬殺政變禍首黃昭、蕭拱辰等人，遂而進入王城，正式繼承王位。鄭襲也隨即晉見鄭經，叔姪之情，和好如初。鄭經平定政變後，出巡南北二路各鎮，然後將臺灣各路兵權交給大將黃安指揮，他就率領陳永華、馮錫範等一批親信回到廈門坐鎮。

鄭經返回廈門後，內部不穩，鬥爭和官兵降清不斷發生。荷蘭因爲不甘心丟掉臺灣，捲土重來。在一六六三年十月，荷軍與清軍聯合作戰，攻打廈門、金門。鄭軍久戰不支，軍心浮動，時有投降者，鄭經見勢不可爲，一六六四年四月，鄭經終於放棄金門、廈門，率領龐大艦隊攜家帶眷，退守臺灣。

鄭經退守臺灣以後，在諮議參軍陳永華的傾力輔佐下，勵精圖治，企圖長治久安。同時又遵循鄭成功立下的典範爲基礎，發揚光大，展現中興氣象。茲簡述如下：

㈠建立東寧王國，走向獨立國家

改東都明京爲東寧。將天興縣和萬年縣各升格爲州。終止對明末宗室遺老的生活禮遇，企圖斬斷與明朝的臍帶關係，儼然要另立一個獨立王國。因此，後人把此一時期的臺灣，稱爲「東寧王國」。臺灣在實際上，已經成爲漢人建立的第一個獨立自主國家。

㈡擴大屯田制度，發展臺灣農業

1. 營盤田：繼續而且擴大，實施鄭成功「寓兵於農」的屯田制度，當時駐防各地的官兵所開墾的土地，稱爲營盤田。

2. 官田：把荷蘭時期的王田，改稱官田，實施辦法照舊。
3. 文武官田：鄭氏宗室和文武百官所招佃開墾的土地。

㈢奠基文風教化，引進漢人文化

1. 一六六五年，在臺南興建孔廟，弘揚儒學。是臺灣第一座孔廟，也是臺灣官辦最高學府，因此，被稱爲「全臺首學」。
2. 在臺南孔廟旁邊設立「明倫堂」，招徒授課，作爲教授儒家思想的教室。
3. 把中國大陸的科舉制度引進臺灣，作爲選才錄用的制度。
4. 明末遺臣沈光文在臺南一帶推動教化工作。一八六五年成立臺灣最早的詩社「東吟社」。
5. 在各里、社設立學校。八歲以上之學童均須入讀小學，以經史文章爲教材，以利學生參加科舉考試。

㈣推廣通商貿易，解決軍需問題

1. 將臺灣的稻米、蔗糖、鹿皮等輸往日本。從日本進口軍用品。
2. 進口中國的生絲、瓷器、藥材、日用品等，輸往歐洲及日本（本項依靠走私貿易）。
3. 從歐洲進口槍械武器等軍事物質。輸出蔗糖、鹿皮到歐洲。
4. 從東南亞進口香料、棉布、軍事物質，再將中國產品、蔗糖、鹿皮及日本的金屬等輸往東南亞。
5. 一六七〇年與英國簽訂通商協定。英人得在臺灣採購鹿皮、蔗糖、土產等轉輸往日本及其他地區。英人可自由轉運或進出口白銀和黃金。英人在臺販售進口貨須繳百分之三之關稅，出口貨免稅。英船來臺時必須載有軍火、布料、珊瑚等貨品。

一六七二年六月，英國東印度公司正式在安平設立商館，推展貿易。

六、東寧王國的敗亡

㈠鄭經西征的緣由

鄭經統治臺灣，既有鄭成功開臺的典範作爲根基，又得諮議參軍陳永華的傾力輔佐。因此，才得有以上的輝煌政績。此等政績，對於在臺灣的經國濟民，既完備又完善。鄭經如果想在臺灣落地生根，長治久安，應可順天應人，如願以償。他的東寧王國，亦可日益茁壯，開創盛世。可惜到他治臺十年以後，中國大陸發生「後三藩之亂」，把鄭經捲入此一戰亂之中，使鄭經治臺前十年的豐碩政績，盡付東流。

一六七三年，後三藩之亂發生，爲能壯大勢力，提早推翻滿清的統治，三藩之中的耿精忠，以優厚條件誘引鄭經，主動邀請鄭經參加抗清行列。此時，好大喜功的鄭經竟然妄想要乘機反攻大陸光復河山，欣然同意而發兵西征。不幸，西征之役的失敗，終使鄭經統治臺灣前十年的輝煌政績，毀於一役，造成東寧王國的敗亡命運。

㈡後三藩之亂的反清

原來，一六四四年滿清開國後，對於明末降將的封王賞爵，造成雲南、廣東、福建等地的西南半壁江山，都落入漢人降將的統治中。日久勢力漸漸穩固，形成尾大不掉之勢。到了康熙年間，英明的康熙帝對於「後三藩」大有芒刺在背之感，「後三藩」對於康熙帝也惶惶不安。一六七三年（康熙十二年），平南王尚可喜以年邁古稀，上奏皇帝，自請退休。不料，康熙帝順水推舟，不加慰留，一口就答應了。不久，平西王吳三桂和靖南王耿精忠也都佯裝倦勤，先後奏請退休。康熙帝又毫不遲疑，依例照准了。勢力最大的吳三桂，在失望震驚之餘，首先發難，起兵反清，其他二王也陸續跟進，共同反清。到這時候，三藩全部叛離，聲勢震撼天下，清廷岌岌可危，史稱「後三藩之亂」。

㈢鄭經西征失敗

一六七四年（康熙十三年），福建的耿精忠為壯大聲勢，邀約在臺灣的鄭經出兵共襄大業。鄭經只想到乘機反攻大陸光復大陸河山。他未想到，倘使後三藩反清獲勝，他與後三藩之間的地盤分配，甚至權力鬥爭，又將如何善後。尤其，他更未想到，出兵大陸後的軍需浩繁，戰事曠日持久後，不論打勝仗或打敗仗，勢必拖垮臺灣財政，動搖臺灣根基。

耿精忠最初開出條件，願將漳洲、泉州二府讓給鄭經分治，鄭經受到誘惑，見利忘本，遂接受邀約了。是年，鄭經以諮議參軍陳永華留守臺灣，親自率領大軍西征中國大陸，轉戰閩粵各地，軍行所至，頗有斬獲，曾經占領閩南及粵東地區。後來因為鄭經與耿精忠、尚可喜之間，產生齟齬，抗清步調不一，各自爲政，無法聯合作戰。實際上，是中了康熙帝的離間分化策略，三藩和鄭經最後都被清兵各個擊破而落敗。鄭經再度丟掉閩粵地盤。一六八〇年二月，鄭經黯然神傷，退回臺灣。可是此時的臺灣，因爲多年支援西征戰事，財政負荷太重，中興氣象盡失。鄭經建設臺灣和反攻大陸兩面落空，心力交瘁，抑鬱不得志，天天沉醉酒肉之中。翌年（一六八一年），就以三十九歲在臺南病逝。享壽恰好同其父親。

㈣鄭克塽降清

鄭經治臺時間長達二十年之久。鄭經去世後，權臣馮錫範弄權，謀害監國鄭克𡒉，擁立他的女婿鄭克塽繼位。鄭克塽那時才十二幾，年幼無知，大權就旁落到馮錫範的手中，朝政大亂。從此，臺灣軍民眾叛親離，內部惶惶不安。清廷早在福建沿海整軍經武，準備攻臺。就這樣，註定了鄭氏三代統治臺灣的壽終命運。一六八三年（康熙二十二年）清廷利用施琅（原爲鄭成功部將，後來降清）領兵攻臺，一舉而下，鄭克塽降清。鄭氏三代在臺灣二十三年的統治，就此落幕。

七、明鄭對臺灣的貢獻

㈠把臺灣從「原住民的社會」轉變為「漢民族的社會」

鄭成功占領臺灣後，帶來二萬五千軍隊。鄭經繼位後，又從金門和廈門撤退軍隊數萬及其家眷到臺灣。不但如此，那時正遭逢清廷海禁壓迫的大陸沿海難民，迫於生計，鋌而走險，紛紛逃難到臺灣，使臺灣的漢人總數超過三十萬人以上。那時候，漢人在臺灣，既有政府組織，又有武力做後盾，勢力後來居上，原住民爭不過漢人，漸漸就移入山區生活。臺灣開始成爲漢民族的世外桃園。

(二)寓兵於農，實行屯田制度，開發臺灣土地

鄭成功開臺以後，自然無法從中國大陸得到財政和物質的支援。爲了安頓龐大的官兵及軍眷生活，解決浩大軍需問題，鄭成功登陸臺灣，必須自力更生，自求生計。鄭成功的辦法就是：實行屯田制度，用軍隊開發臺灣土地。軍營所駐之地，都成開發之地。在臺灣開發史上，功不可歿。鄭氏軍隊開發最發達的地區，首推臺南和高雄地區。今天，大臺南地區的新營、柳營、林鳳營、大營、中營、下營、後營、頂營、左鎮；和大高雄地區的營前、左營、前鎮、旗後、仁武、前鋒、後勁、燕巢等大小鄉鎮，都是當年明鄭時期「屯田制度」下的軍營駐地所產生的地名。

第三章　清朝統治臺灣時期

第一節　臺灣棄留與消極治臺

一、中國自古忽視海權

在清朝以前的中國歷史上，一直把臺灣視作海上荒島，是化外之地，從來沒有開發過臺灣，也從來未曾把臺灣收入中國版圖。此因中國大陸幅員遼闊，古代科學及海上交通都不發達，除元朝曾經短期以陸軍遠征歐亞大陸外，中國歷朝歷代都立國於中國大陸上面，經濟上可以自給自足，政治上就不必再作遠圖。可以說，古代的中國是個道道地地的陸權大國。

可是從十六世紀開始，西歐海權已經興起。到十七世紀，西歐海權更加突飛猛進。西歐強國紛紛建立強大海軍，控制世界海洋及重要水道，殖民地遍布四海五洲，形成帝國主義，企圖統治世界。此時的中國，正值明清之際，完全渾然無知，置身事外，忽視海權對國家發展的重要性和急迫性。中國跟不上世界軍事發達和國際政治發展的大趨勢。

二、康熙帝的棄臺論

康熙帝雖然年輕有爲，英明睿智，花費八年的功夫，在他二十八歲的時候（一六八一年，康熙二十年），平定「後三藩之亂」，使中國由分裂再統一，開創了大清盛世。可是，面臨世界大變局，面臨世界海權時代的來臨，他毫無警覺，未能高瞻遠矚，依然固守著中國古來的陸權思想。讓我們觀察他處理臺灣問題之態度及所採取政策，就可發現他就是這種思維。由是，當一六八三年施琅替清廷打下臺灣的時候，主張放棄臺灣的首腦人物，竟是康熙帝本尊，而大多數朝臣則加以附從。他們很天眞，認爲施琅攻下臺灣的最大目的，就是消滅東寧王國的反清勢力，至於僻處海外的臺灣是否收入中國版圖，無關緊要。康熙帝認爲：

> ……臺灣屬海外地方，無甚關係；因從未嚮化，肆行騷擾，濱海居民迄無寧日，故興師進剿。即臺灣未順亦不足為治道之缺，……海賊乃疥癬之疾，臺灣僅彈丸之地，得之無所加，不得無所損。……海外丸泥，不足為中國之廣。裸體文身，不足共守。日費天府金錢而無益，不如徙其人而空其地矣！。（參見「清聖祖實錄選輯」一）

可知康熙帝主張放棄臺灣不收入中國版圖的理由，大致有三：

㈠臺灣是海上荒島，化外之地，並不重要。

㈡臺灣僅彈丸之地，以中國之廣大，得不得都無關緊要。

㈢臺灣收入版圖，徒然浪費國家財力，應將島上居民遷回大陸。

三、施琅的留臺論

另一方面，以施琅爲首的少數開明大臣，如福建總督姚啓聖等人，則持相反看法。他們已認識到海權時代的來臨，認識到臺灣在國防上的無比重要地位。臺灣雖然僻處海疆，不但不可輕言放棄，而且必須納入中國版圖，守疆衛國。施琅甚至向康熙帝呈上「恭陳臺灣棄留疏。」在奏摺裡，施琅說：

竊照臺灣地方，北連吳會，南接粵嶠，延袤數千里，山川峻峭，港道迂迴，乃江浙閩粵四省之左護。……臣奉旨征討，親歷其地，備見沃野土膏，物產利溥，耕桑並耦，魚鹽滋生；硫磺水籐、蔗糖、鹿皮以及一切日用之需，無所不有。……況以有限之船，渡無限之民，非閱數年，難以報竣。……是守臺灣，所以固澎湖。臺灣澎湖一兼守之。……且海氛既靖，內地溢設之官兵，盡可陸續汰減，以之分防臺灣、澎湖兩處。通共計一萬名，足以固守，又無添兵增餉之費。抑亦寓兵於農，亦能濟用，可以減省，無庸盡資內地之轉輸也。……臣思棄之必釀成大禍，留之誠永固邊圉。

由此可知施琅主張留住臺灣，收入中國版圖的理由有五：

㈠在國防上，臺灣是江浙閩粵東南四省的屏障。
㈡施琅親見臺灣沃野千里，物產豐富。
㈢臺灣居民幾十萬，要遷回中國大陸，交通上有實際困難。

(四)臺灣不留住，澎湖就守不住。

(五)海內既已平定，可將預定裁減之軍隊移防臺灣，就不會增加國庫負擔。

施琅的奏章，洋洋千言，言之有物，又具說服力，皇上大受感動。一六八四年（康熙二十四年），康熙帝頒旨領有臺灣。在臺灣設置一府（臺灣府，府城設在臺南）三縣（諸羅縣、臺灣縣、鳳山縣），隸屬於福建省。從此，臺灣正式收入中國版圖。此爲中國歷史上破天荒第一次。

四、康熙為防臺而治臺

清廷雖然接受施琅的建議，把臺灣收入中國版圖。然而，康熙帝和朝臣們依然顧慮多端。認爲臺灣留有很多的明鄭遺民，暗伏反清復明的危機，是個容易製造事端的問題海島，不宜廣闢土地以聚集人口，危及中國沿海安全。因此，清廷不但不積極開發臺灣，反而倒行逆施，採取「爲防臺而治臺」的消極政策，其防範措施，介紹如下：

(一)駐臺文官採輪調制

凡駐臺官吏任期以三年爲限，且不准攜家帶眷赴任。家眷留在大陸，形同人質，避免叛變。

(二)駐臺軍隊亦採輪調制

駐軍每三年輪調換班，亦即所謂「班兵制」，且不准攜家帶眷來臺。其次，漳州兵不准駐守漳人村，泉州兵不准駐守泉人村，以防範兵民勾結。

㈢**採取漢番隔離政策**

禁止漢人進入山地，以防範漢番衝突。

㈣**禁止人民私藏武器**

限制生鐵和鐵器輸入臺灣，以防範人民私製私藏武器。

㈤**禁止臺灣建築城堡**

以避免成爲亂黨的堡壘。

㈥**流民遷回大陸**

在臺灣無妻室產業者，或犯罪者，都須遷回大陸，以維持社會治安。

五、渡臺禁令三條及其後遺症

不僅康熙帝「爲防臺而治臺」，採取多項防範措施，當時就連施琅也切身感到茲事體大，責任重大。他誠惶誠恐，深恐臺灣如果漸漸成爲「奸宄逋逃之淵藪」，他是責無可逃的。因此，一六八四年（康熙二十三年）清廷採納施琅的建議，頒布渡臺禁令三條如下：

㈠嚴禁無照渡臺

凡欲到臺灣者，必先在原籍地申請渡航許可證，經官方依法定程序許可，方可渡臺。

㈡不准帶眷渡臺

渡臺者一律不准攜家帶眷，既渡臺者也不准招來家眷同居。

㈢禁止粵民來臺

粵地向來爲海盜淵藪，因此禁止粵民來臺，以維社會治安。

這三條渡海禁令對往後的臺灣社會，造成許多後遺症，介紹如下：

㈠延緩臺灣的開發

循規蹈矩，遵守禁令來臺的合法移民，因爲限制重重，人數當然很少，使臺灣移民人口增加緩慢，影響開發速度。

㈡造成嚴重的社會問題

不准帶眷渡臺，使臺灣男女人口比例失衡。當時流行一句俗語：「一個某（妻），卡好三個天公祖」，反映出「男多女少」的人口失衡問題。

(三)社會治安惡化

許多男子失業，成為無業遊民，遊手好閒，流浪街頭，亦既俗稱的「羅漢腳」，這批羅漢腳習常惹事生非，參加幫派或械鬥，危害社會治安。

(四)促成偷渡客蜂湧渡臺

由於渡臺禁令所規定之條件過分嚴格，使得有意來臺之人士，莫不望而生畏，望而退避。為達成渡臺之願望，祇好規避禁令，走偷渡之路。終於造成偷渡客蜂湧進入臺灣，成為開發臺灣的偉大力量。

第二節 鄭成功與施琅

一、兩人的恩怨情仇

施琅原為鄭成功的得力部將。他們兩人之間的恩怨情仇，錯綜複雜，對往後的歷史也產生相當影響。鄭成功是福建南安人，施琅是福建晉江人，同屬閩籍。當明朝末年唐王立於福州時，施琅是鄭芝龍的手下部將。鄭芝龍降清後，施琅與其弟施顯轉而投靠鄭成功。施琅善於用兵，為成功手下大將。頗有戰功。後來因為懲治一名部下的問題，施琅與鄭成功意見相左，發生衝突。鄭成功意氣用事，一氣之下，竟殺掉施琅的父與弟。施琅倖免於難之後，誓言報復而改投清軍。從此，施琅成為鄭成功的心腹大患。

施琅改投清軍後，清廷為了徹底清除鄭氏三代在臺灣的反清復明的勢力，借力使力，重用施琅，逐步提升為福建水師提督，負責訓練海軍，準備攻臺。到一六八三年（康熙二十二年），臺灣的鄭克塽年幼即位，內部爭權傾軋，施琅就奉旨領兵攻臺，打敗鄭軍。替清廷收復臺灣，同時了結自己的心中仇痛。施琅登陸臺灣後不久，就到鄭成功墓前祭告。祭辭文情並茂，感人肺腑。大略說：自鄭芝龍入臺，臺灣始有居民。到鄭成功才開疆闢土。今施琅賴天子之靈，將帥之方，才打下臺灣。不辭滅國（按指明朝）之罪，所以忠朝廷（按指清廷）而報父兄之職分也。我施琅之於鄭成功，雖成仇敵，但臣主之情猶在。公義私恩，如此而已。施琅祭畢，潸然淚下。

二、兩岸的不同評價

施琅因為征臺，立下汗馬功勞，完成康熙帝的中國統一大業。清廷對他禮遇有加，賜他為靖海侯，世襲罔替，仍管水師提督。一六九六年（康熙三十五年）病逝，享年七十六歲。施琅因為功高，倍受清廷恩寵，而且庇及子孫。他的第六子施世驃也被清廷逐步提升到福建水師提督。當一七二一年（康熙六十年）時，臺灣發生朱一貴之亂。朱一貴起事後，很快就占領府城（臺南），自稱中興王。施世驃領兵征討平亂，病逝於軍旅中。又獲清廷隆重封賞。施家兩代，都為清廷征臺平亂，立下汗馬功勞。不但使施家成爲清初閩南的最顯赫官家，也使施家在臺灣留有無比龐大的產業利益，臺灣有大批土地均歸施家收租，被稱爲「施侯租」。

反觀鄭成功，到他的孫子鄭克塽被施琅打敗降清後，鄭氏家業盡付東流。可是鄭成功的威名功業卻永垂不朽。今天臺南的赤崁樓、安平古堡、延平郡王祠等都是紀念鄭成功的名勝古蹟，都是中外遊客必到的勝地。臺南市每年四月分都有慶祝鄭成功文化節的開臺紀念活動。

有趣的是，在臺灣海峽兩岸分裂分治的今天，臺灣這邊始終懷念鄭成功的開臺之功，對岸的中國大陸則反其道而行，特別推崇施琅的征臺之功。施琅的歷史研究早已成爲中國的顯學，福建各地還興建了許多施琅紀念館。

三、兩人的功過得失

鄭成功爲反清復明的大業，率兵打敗當時世界海軍強國的荷蘭人，占領臺灣。二十三年後，施琅則替滿清政府打敗鄭克塽，收復臺灣。同時，又力排眾議，奏請康熙帝頒旨將臺灣收入中國版圖。因此，我們可以肯定：「沒有鄭成功，中國就不可能領有臺灣。沒有施琅，臺灣就不可能收入中國版圖。」這是臺灣最重要的歷史事實，無可置疑。

鄭成功與施琅，本屬同鄉同軍，且是臣主關係，共同反清復明。不料治軍生波，終於反目成仇，禍福及於子孫，境遇各不相同，功名各自有別。鄭成功以漢人打敗洋人，施琅則替滿人打敗自家仇人，孰是孰非，歷史尚在演變之中。事隔三百多年後的今天，海峽兩岸再度分裂分治。臺灣方面始終緬懷鄭成功的開臺之功，尊奉鄭成功爲中華民族的民族英雄。中國方面也特別推崇施琅的征臺之功，同樣尊奉施琅爲中華民族的民族英雄。對於這兩位各別被兩岸尊崇爲民族英雄的歷史人物，其功過孰是孰非，其得失誰高誰低，目前尚難取捨定論。惟有靜待將來的歷史學家去做公評了。

第三節 清初的偷渡客

一、勇敢的偷渡客

臺灣收入中國版圖後，大陸移民前呼後應，大量湧入臺灣。移民分爲合法移民和偷渡客兩種。由於合法移民不得攜家帶眷前來臺灣，因而合法移民者有如鳳毛麟角。絕大多數移民都是攜家帶眷來臺的偷渡客。那時候，征臺大功臣的施琅也顧慮多端，深怕臺灣會淪爲奸匪的犯罪基地，奏請朝廷頒布渡臺禁令三條，嚴禁中國沿海居民攜家帶眷渡海到臺灣。

不過，此項禁令形同虛設。因爲福建和廣東兩省「山多田少，人稠地狹」，閩粵人民生活不易。臺灣則「沃野千里，四季如春」。有待開發的土地，非常遼闊。一到臺灣，上可致富，下可溫飽。因此，閩粵居民就不理睬朝廷的嚴厲禁令，更不顧臺灣海峽的海浪風險，爲了求取生路，就是拼了老命也要到臺灣。於是，他們不惜一切代價，突破官方禁令，攜家帶眷，蜂湧渡海闖進臺灣。到達臺灣，成爲偷渡客。

臺灣海峽自古就是有名的天險，尤其澎湖附近的海域，水深且海流湍急，素有「黑水溝」之稱，航海者一向視爲畏途。這樣一來，爲渡海而葬身臺灣海峽海底的冤死者，不知凡幾。而渡海成功到達臺灣的勇敢偷渡客，也就成了開發臺灣的偉大力量。

二、偷渡客有如大江東流

偷渡客不顧生命危險，爭先恐後，搶著到臺灣謀生，並不是此時才開始的。早在一六六二年（康熙元年）鄭成功打敗荷蘭人，占領臺灣的時候，清廷爲了切斷東南沿海居民對鄭成功的物質接濟，使鄭成功在臺灣孤立無援，清廷就採取「遷界」政策。規定東南沿海居民一律向內陸遷徙三十至五十里，並在界上建築圍牆，豎立界石，派兵駐守，燒盡沿海民宅及船隻。「片板不許入海，粒貨不許越疆」。企圖經濟封鎖臺灣。不過，沿海居民迫於生計，紛紛鋌而走險，越界投靠在海外的鄭成功。鄭成功則下令保護並協助閩浙沿海居民。結果，「附舟師來歸，煙火相接，開闢荒土，盡爲膏腴。」可見民之所需，生之所求，有如大江東流，擋也擋不住。所以不論清廷怎麼厲行遷界，採取防範措施，甚至嚴禁渡臺，都是防不勝防，禁不勝禁。沿海居民照樣冒險渡海來臺。

三、偷渡到臺灣的方法

社會上的行業，形形色色，五花八門。有什麼樣的環境，就會產生什麼樣的行業，而且行行出狀元，此爲自然現象。當時因爲沿海居民大家都希望突破禁令偷渡到臺灣。爲了要賺取這些偷渡客的傭金，有一種叫做「船頭」的行業應運而生。他們的營業或任務，就是私載偷渡客。他們把大船停泊在外海，利用月黑風靜的夜晚，把小船停靠在大陸沿海岸邊。偷渡客則攜家帶眷，扶老攜幼以小船運送到外海轉大船，渡過臺灣海峽。等大船駛到了臺灣外海，再由小船接駁偷渡客到達臺灣海邊登岸。偷渡客付傭金給「船頭」上岸後，還須躲躲藏藏，迴避海巡官吏的緝捕。這些偷渡客有時也會被海巡官吏查獲罰杖並「遣送回大陸」。最後，能夠歷經險難，千辛萬苦到達臺灣的偷渡客，就成爲開發臺灣的拓荒者。

四、開發臺灣的無名英雄

清初時候，臺灣的開發，政府置身事外，而由偷渡客來開發。不但如此，等到偷渡客開發有成後，政府官吏就跟後來征稅，坐享其成。此爲清朝治臺初期臺灣開發史上的最大特色。茲將清初偷渡客開發臺灣的情形，略述如下：

(一)閩南人

借著地近方便，閩南人偷渡到臺灣，以福建的漳洲和泉州的漢人居多。他們捷足先登，占有並開發了土地較爲肥沃而且生活方便的西部平原。包括高雄、臺南、嘉義、雲林、彰化等地的平原地區。其後，也有另一批爲數不多的閩南人向北遠及臺北盆地及宜蘭平原開發。

㈡客家人

因爲受到施琅渡臺禁令第三條的影響，廣東的客家人偷渡到臺灣，比起閩南的漢人遲晚了好些年。客家人偷渡到臺灣，以廣東的惠州和潮州人居多。他們晚到一步，只好退居並開發了靠近山區的較貧瘠地區。客家人分布的地區很廣。現在的苗栗縣幾乎全是客家人的天下。新竹、桃園、花蓮等三縣，客家人也占有其半。其他諸如高雄市、屏東縣、臺東縣、臺中市等的山丘地帶，也都散布著客家人的村落。

不過，閩南人也好，客家人也好，這批偷渡客到達臺灣以後，爲了生存及發展，無不胼手胝足，充滿辛酸，沾滿血淚，發揮拓荒者的精神。華路藍縷，以啓山林。努力開發臺灣的富源。他們才是臺灣開發史上眞正的無名英雄。

第四節　清初偷渡客開發臺灣的經過

臺灣的開發史最早是以現在的臺南市爲中心，開發拓墾的方向是「由南而北，先西後東」。具體的說，臺灣開發史的順序是：從臺南市開始，先開發南部地區，然後依序開發中部地區、桃竹苗地區、北部地區，往後是屏東縣。最後則向東開發宜蘭平原、埔里盆地以及臺東地區。茲簡單介紹如下：

一、南部地區的開發

一六六二年（康熙元年）鄭成功登陸臺南後，立刻以現在的臺南市為中心，開發南部地區。包括臺南市、高雄市、嘉義縣市等地區。因爲鄭氏三代的開發方式是寓兵於農，實行屯田制度。鄭氏的軍民十幾萬人，相當龐大，又有完善的整體規劃和政令指導，所以在鄭氏三代統治臺灣短短二十三年期間，南部地區的開發大致完成。

其他地區雖然也有漢人的足跡，但那些都是閩南人捷足先登，自行前往開墾的，但爲數不多。臺灣各地的陸續開發，則須等到清朝把臺灣收入版圖以後，由大批的偷渡客來開墾拓荒。由於滿清政府駐臺官吏太少，而且也沒有能力作整體規畫和領導指揮，所以南部地區以外的其他地區，都是由年年源源而來的偷渡客，大家依照生存空間的實際需要，聽其自然，一步一步地擴大開發地區。

二、中部地區的開發

中部地區包括今天的雲林、彰化、臺中、南投等縣市在內。在明鄭時期，中部地區已有少數鄉鎮被開發，開發地區呈現點狀分布，包括北港、彰化、大肚、崙背、麥寮、斗六、斗南等地在內。到了康熙年間，由於偷渡客日多，蜂湧而來，加以又有許多有眼光的大墾戶出現，大興水利，配合農業開發。施世榜開發「八堡圳」灌溉彰化地區，張達京開發「貓霧捒圳」灌溉臺中盆地，使整個中部地區加快開發的腳步，迅速繁榮起來。到了雍正年間，中部地區的開發，大致完成。

三、桃竹苗地區的開發

桃園、新竹、苗栗地區，介於中部地區和北部地區之間，大多爲丘陵地及山坡地，平地不多，開發困難度較高，生活也較難，所以開發較晚。清初，因爲施琅奏請清廷所頒布渡臺禁令第三條禁止粵民來臺。粵民多爲客家人，他們在廣東故鄉已經習慣過著山區生活，且受施琅禁令之影響，來臺較晚。他們到臺灣後，南部地區和中部地區都已陸續開發完成。甚至臺北盆地也已經正在開發中。因此，大批的粵籍潮州九縣客家人移民到臺灣後，自然進入桃竹苗地區拓荒開墾。當然，閩籍漢人也有進入此一地區開墾的，但究屬少數，這也就是今天桃竹苗地區客家人占大多數的原因。

四、北部地區的開發

在漢人進入臺北地區以前，臺北盆地最原始的居民是平埔族的「凱達格蘭族」，他們住在臺北盆地已經有一千多年的歷史。這便是一九九六年臺北市把總統府前面的介壽路改名為「凱達格蘭大道」的由來。一七〇九年（康熙四十八年），閩南人開始大批進入這個地區，以食品和布匹贈送平埔族，換取開墾土地的同意。於是，一七〇九年（康熙四十八年）閩南漢人「陳賴章墾號」就經獲准開墾了臺北盆地的中心地帶「大佳臘」，是為開拓臺北平原的先驅。

此後的一個世紀裡，臺北盆地的外圍地帶，包括淡水、林口、新莊、新店、永和、中和、板橋、土城、三重等地，也都陸續開發，漢人日增，經濟跟著突飛猛進。一七八八年（乾隆五十八年），艋舺（今臺北市萬華區）異軍突起，迅速發展成一個商港。到了清朝中期，就與臺南、鹿港並駕齊驅，成為臺灣三大都市之一，而俗稱為「一府二鹿三艋舺」。

臺北盆地開發後，閩南人漸漸向周邊地帶擴大開發的過程中，與原住民發生糾紛和衝突，在所難免。為了防禦原住民的襲擊，閩南人一面開墾拓荒，一面採取各種自衛措施。閩南人所到之處，通常建築城寨作為防守。城寨的建築有的是用土堆圍起來，有的是用竹柵或木柵架設。現在臺灣北部各縣境內，還有土城、頭城、二城、三城、四城、五城、竹圍、木柵、五堵、六堵、七堵、八堵等等地名，就是先民開發北部地區遺留下來的地名。

五、屏東地區的開發

一六八六年（康熙二十五年）起，有一批廣東的客家人到達臺灣。原準備落腳臺南附近開墾，可是已被閩南人捷足先登，這批客家人遲到一步，祇好往南邊繼續前進，深入至下淡水溪（今之高屏溪）東岸的平原去拓荒開墾，經過三十多年的慘澹經營，終於形成了人煙稠密的村落，此即現在的屏東縣。現在屏東縣境內的潮州鄉，就是當年廣東潮州人所建立的村落。

至於屏東的最南端，也就是臺灣島的最尾端地帶，當時因爲交通尚未開發，無路可通，又是荒山野處，大家莫不視爲畏途。因此，遲至一八七七年（光緒三年）才有一批勇敢的壯丁組團，背負行李和工具，翻山越嶺，涉水過溪，披荊斬棘，前往開墾。這便是今天「墾丁」地名的由來。意爲「開墾的壯丁」。

六、宜蘭平原的開發

宜蘭平原位於臺灣島的東北角。土壤肥沃，水源豐富，是農耕的好地方。可惜宜蘭平原和臺北盆地之間隔著大雪山山脈，交通阻隔，移民因此裹足不前，導致開發落後。古時候，宜蘭稱爲蛤仔難或噶瑪蘭。西班牙人雖曾由海上來過，惜未開墾。直到乾隆末年，漳州人吳沙才率領大量同鄉移民進入宜蘭開墾。那時宜蘭的土番流行瘟疫，死者累累，吳沙精通醫術，治癒土番的疫病，因此取信於土番，得到開墾的同意。一七九八年（嘉慶三年）吳沙病逝，改由他的姪兒吳化繼承遺業，繼續向羅東地區開墾，宜蘭平原就這樣開發出來了。爲了紀念吳沙的開發之功，今天的宜蘭縣內，有吳沙祠堂，也有吳沙國中。

七、埔里盆地的開發

埔里位於現在的南投縣內，是臺灣島的幾何中心點。埔里四面環山，中間平原，自成天地，是個典型的盆地，宛如世外桃源。一八一五年（嘉慶二十年），水沙連（現在的斗六和竹山之間）的番界線監視人黃林旺，濫用職權，率領一千多位漢人越界進入埔里社開墾，引起土番的反抗。後來官府探知，就嚴令入侵的漢人全部撤退，並禁止漢人再度侵墾。可是，不久以後，漢人死灰復燃，時入侵墾，直到一八七五年（光緒元年）清廷解除封山禁令爲止。

八、臺東地區的開發

在地理上，臺東位於臺灣的「山後」，交通阻隔，開發不易。一七二二年（康熙六十一年）朱一貴之亂失敗後，餘眾逃入臺東地區的卑南謀生，可是「人雖能至，水土卻不服，生還者無幾」。到了咸豐年間（一八五一至一八六一年），鳳山人鄭尚到臺東去做生意，順便把農耕的方法傳授給土番，臺東從此開發。一八七〇年（同治十年）海路交通開闢後，臺東對外可以交通，不再與世隔絕。臺東才開始形成一座約有五十戶人家的村落。

第五節　清初臺灣開發的幾個重要問題

一、土地開發問題

臺灣土地的開發，官營的少之又少，幾乎有名無實。那時候，臺灣隸屬於福建省管轄，福建巡撫又駐在福建，不駐在臺灣。不但如此，那時派到臺灣來的官吏很少，也沒有本事規劃開發拓墾的整個工程。其次，那時候從大陸沿海正式取得政府發照來臺的移民（按規定不得攜家帶眷）也是少之又少，幾乎有名無實。在此情形下，有清一代，臺灣土地的開發幾乎全靠偷渡客來開闢拓墾。至於土地拓墾的方式，要點如下：

㈠墾照

就是開墾土地的許可證。依照清朝官方的規定，移民在臺灣從事開墾土地，必須先向官方申請「墾照」以後，才能進行拓墾工作。出面申請墾照的人，稱爲「墾戶」。

㈡大租戶

一般而言，墾戶獲准取得拓墾的土地面積都相當遼闊，必須具備雄厚財力和人力，才能順利墾拓。因此，墾戶又將遼闊的土地分割成數塊土地，分租給其他人經營。這樣一來，原來的墾戶就被稱爲「大租戶」。

(三)小租戶

從大租戶分租到土地來墾拓的新人，被稱爲「小租戶」。

(四)佃農

小租戶取得土地後，有時又因面積過大，非自己一人所能耕作，於是又將部分土地租給其他「佃農」耕作。這樣一來，實際從事耕作的人就是「佃農」。而眞正的土地所有權人就是「大租戶」。至於小租戶則是中間人的角色。

(五)租金與納稅

1. 佃農每年繳交給小租戶的租金，稱爲「小租」。
2. 小租戶每年繳交給大租戶的租金，稱爲「大租」。
3. 大租戶每年繳交給政府的田賦，稱爲「正供」。

(六)番大租

有些土地，既非官地，也非荒地，而是原住民所有的土地。此一情形下，移民就要向原住民承租土地耕作，再繳地租給原住民。此項地租稱爲「番大租」。

有清一代，臺灣的土地開發就是靠上述這種一系列的承租系統和繳稅系統而運作，使先民開發臺灣土地的時候，能夠和和氣氣，順利墾拓，不致產生糾紛甚至爆發衝突。另一方面，政府也可有「正供」

的田賦收入，穩定財政經濟。這套開發制度的順利成功，追根究柢，應歸功於清初施琅堅持臺灣收入中國版圖。因為倘使臺灣不收入中國版圖，臺灣遂成為無政府狀態。臺灣島上那般眾多的居民和原住民，加上蜂湧而至的偷渡客，大家混成一團，群龍無首。為了生存，為了爭土地爭水源，勢必時時衝突，處處械鬥。臺灣成為一個血腥島，自是意料中事。

二、水利開發問題

㈠明鄭時期的水利開發

民以食為天，而食之所生，靠農業之產物。農業之根本又在土地和水。土地未得水之灌溉，便成荒地或沙漠，無從發展農業，不足以養民。因此，土地和水之取得乃農業的兩大要素，是民生的兩大依靠，缺一不可。臺灣開發史上的土地取得問題，已如前敘。現在，輪到介紹水資源在臺灣早期開發史上的取得問題和發展過程。

在明鄭時期，限於人力和技術，當時在屯田制度之下，水的取得以「水井」、「水潭」以及「水陂」為主。水井和水潭的水量很有限，所以當時的人就發明「水陂」取水。所謂「水陂」就是在大水潭或大水池的周圍興築堤岸，堤岸高出地面很多，如此儲蓄大量雨水，以供乾旱時使用。簡單地說，水陂就是又高又大的蓄水池。它的功能就是平地上的大水庫。它的特色是，用水時，打開水閘，能有效控制水的流出量，避免浪費水。明鄭時期，在南部地區屯田的人口只有十多萬人，開發地區也僅限於南部地區，因此水潭和水陂尚能勉強應付農業所需。

㈡清朝時期民間開發四大水圳

從康熙中期開始，大陸來臺移民大量增加。開發地區也由南向北急速擴大，水利開發日益急迫。當時，除了大量增建水陂之外，大小「水圳」的開發乃應運而生。所謂「水圳」就是田間的水溝或水渠。在丘陵地帶常有居民導引泉水，注入「小水圳」，以作灌溉農田之用。但在平原地區則須截阻溪水，經過「大水圳」，分散流入星棋羅布、四通八達的小水圳或水渠，以資灌溉農田。可是農田的面積遼闊，在農田與溪水之間，不但距離很長，且有山地或丘陵阻隔。因此，大水圳的興築，需要相當龐大的人力和財力，也需要費時多年，不是一朝一夕所能完成。幸好在此時期，臺灣出現許多熱心公益，有眼光又有財力的大墾戶，他們在臺灣中部、北部地區，經年累月，歷盡艱辛，開墾出許多大水圳，嘉惠農民，解決農業用水之大問題。他們也從中抽取水租金，成為富甲地方的望族世家。茲將全臺灣四個最大的水圳簡介如下：

1. 八堡圳：是清代臺灣規模最大的水利灌溉工程。一七〇九年（康熙四十八年），由墾戶施世榜興建。他導引濁水溪上游的水流入圳內，流經一百零三個莊，灌溉一萬八千餘甲的農田，歷時十年始興築完成。由於該圳的水源引自濁水溪，因此稱為「濁水圳」；又因產權屬於施家，也稱「施厝圳」。再因該圳流經彰化縣十三個堡中的八個堡，都在其灌溉範圍之內，所以該圳就以「八堡圳」之名著稱。八堡圳的灌溉範圍廣達八個堡，施家每年都可收取巨額的田租和水租，成爲臺灣中部的望族世家。

2. 貓霧揀圳：是臺中盆地最主要的水利灌溉工程。一七三三年（雍正十一年）由張達京協同其他五名漢人合資興建。他們導引大甲溪的水，流入圳內，灌溉面積達三千多甲。灌溉工作採用「割地換水」的方式。因爲岸裡社（今之臺中市一帶）的原住民有地無水，張達京等人則有水無地。所以岸裡社原住民就以地權去交換張達京等人的水權，此後雙方均「有地有水」從事拓墾。

3. 瑠公圳：是臺北盆地內最大的水利灌溉工程。一七四〇年（乾隆五年）由郭錫瑠興建。他引青潭溪的水流入圳內，灌溉臺北盆地。工程相當艱困。一則水源常遭泰雅族破壞，二則橫越景美溪的水橋也屢遭破壞。爲圓滿解決此一問題，郭錫瑠用盡心思，娶了泰雅族的女子爲妻，改善他與原住民的關係，工作始得順利完成。這條水圳因爲是郭錫瑠所創建，後人便稱之爲「瑠公圳」。

4. 曹公圳：是高雄市的水利灌溉工程。興建時間較晚。一八三八年（道光十八年）開始興建。分爲舊圳和新圳兩個工程。舊圳共築水圳四十四條，引下淡水溪的水流灌溉面積二千五百四十九甲。舊圳是由當時的鳳山知縣曹謹發起興建，所以命名爲「曹公圳」。四年後，地方士紳鄭蘭、鄭宣治等人又籌資興建新圳，共築水圳四十六條，灌溉面積二千零三十三甲，稱爲「曹公新圳」。因此，曹公圳是個半官半民興建的水圳。

三、通商貿易問題

㈠一口通商時代

臺灣是個海島型的經濟形態，對於通商貿易的需求特別殷切，期使島內外的物質互通有無，滿足島上居民的生活所需。此為荷蘭治臺時期和明鄭治臺時期都特別重視通商貿易的緣由。荷蘭人在臺灣發展通商貿易，是以賺錢為目的，以達成殖民統治之目標。明鄭治臺時期特別重視，而且擴大通商貿易，具有多重目的。一則進口民生用品以因應十多萬軍民所需。二則增加貿易稅收以支援政府財政負擔。三則進口軍火武器以防衛臺灣對付滿清攻臺之準備。

可是到一六八四年（康熙二十年）臺灣收入中國版圖以後，清廷對於臺灣採取「為防臺而治臺」的消極政策。對於臺灣的通商貿易也不例外。亦即：對臺灣的通商貿易採取消極的限制政策。要點有二：

1. 限定一口通商：限定只准安平與中國大陸的廈門才能進行貿易往來。此項規定固然造成安平港的萬商雲集及市區繁榮景象。可是臺灣其他地區的對外通商貿易都要取道安平，費時費力，不便民又妨礙經濟發展。

2. 禁止臺灣與西洋各國通商貿易：只准許臺灣與中國大陸、日本及南洋各國貿易，而且以與中國大陸貿易為主體。康熙帝禁止臺灣與西洋各國通商貿易之目的，無非在於防止荷蘭或其他西洋國之勢力捲土重來，再度進入臺灣，甚至擔心它們再度占領臺灣。但其結果是：不但西洋的工業產品不能輸入臺灣，就連西洋的進步文明也不能輸入臺灣，造成臺灣如同中國大陸一樣，現代文明落後二百年。

㈡百年後改為三口通商

由於臺灣的人口迅速大增，開發地區也「由南而北，先西後東」，很快蔓延擴大，水利工程跟著開發之需求陸續興建，使臺灣農業突飛猛進。百年後，臺灣人口已經超過一百萬人，對於進口龐大的民生日用品，需求日益殷切。此時臺灣的農產品稻米和蔗糖產量過剩，急需出口賺錢。此一情形，安平港的一口通商，已經無法負荷，無法承擔。時勢所需，迫使清廷不得不改弦更張，改變貿易政策。一七八四年（乾隆四十九年）也正好是臺灣收入中國版圖的一百週年紀念，清廷終於開放泉州的蚶江口與彰化鹿港得以通商貿易。再過十年後，又開放福州的五虎門與淡水的八里坌以通商貿易。到這時，臺灣的南部、中部和北部，各有一個通商貿易的港口。南部是府城安平，中部是鹿港，北部是艋舺（今之萬華）的河口八里坌。安平、鹿港及艋舺成爲臺灣三大都市，此即「一府二鹿三艋舺」古語的由來。

清朝中期，清廷雖然迫於形勢，把臺灣的一口通商增加爲三口通商，但仍僅止於對中國的貿易而已。對西方各國的通商貿易仍未開放。臺灣三大貿易都市先後形成後，都市內的貿易商林立，市況盛極一時，競爭愈來愈烈，爲控制商品價格，避免惡性競爭，維持交易秩序，貿易商人自行組織商業公會，稱爲「郊」或「行郊」。「行郊」的主要輸出品是米、糖等農產品，輸入品則爲日常生活用品。至於「行郊」的類別，大致如下：

1. **安平**

(1) 北郊：以江浙以北爲貿易區域。

(2) 南郊：以福州以南、廣東爲貿易區域。

(3) 港郊：以臺灣沿海各港口爲貿易區域。

2. **鹿港**

(1) 泉郊：以泉州爲貿易對象。

(2) 廈郊：以廈門爲貿易對象。

3. **艋舺**

(1) 泉郊：以泉州爲貿易對象。

(2) 北郊：以江浙以北爲貿易區域。

(3) 廈郊：以廈門爲貿易對象。

(三) 島內陸運不通，全靠海運

上列各「行郊」之中，以安平的「港郊」最爲特出，也最富史地意義。因爲「港郊」是那時全臺「獨一無二」負責臺灣沿海各港口之間，運輸貿易的任務機構。由於臺灣的地理條件特殊，中央山脈縱走南北，又高又峻，故所有河川都是東西走向，河川不長但很寬闊，又地勢坡度又陡，水流湍急。到了雨季或颱風來襲，河川暴漲，洪水又急，加上古時的工程技術不高，建築材料也不進步，而無法克服如此的地理障礙，建造出跨河大橋，讓人車通行過河。因此，在陸運不通的情形下，南北貨運全靠海運。全島各地的出口貨物，必須由島內各港口以海運集中到安平港，才能對外輸出。反之，所有進口貨均必須先集中到安平港，再用海運轉運到島內各港口卸貨。此種人爲不便和勞民傷財的貿易現象，是清朝早期臺灣開發史上一口通商時代的大諷刺。

四、漢番關係問題

㈠漢人移民的鳩占鵲巢

臺灣本來就是原住民（古時稱爲番民）的生活領域。原住民是臺灣的主人。自從大批的大陸漢人移民到臺灣以後，首當其衝的問題，就是如何從番民手中取得土地，作爲農耕謀生的根本之計。所以在臺灣開發過程中，土地問題就成爲漢番關係的根本問題，也是漢番之間必須面臨的首要問題。漢人仗其人多勢眾，又憑其優越文化，軟硬兼施，不但鳩占鵲巢，而且喧賓奪主。漢人慢慢取代原住民，成爲臺灣的主人。可是話說回來，若使漢人不到臺灣，取代原住民的主人地位，臺灣繼續由原住民長長久久地「生於斯土，長於斯土」，則臺灣社會及文化恐將長久停滯於原住民時代，無法向前進步，向前發展。除非列強再度君臨臺灣，統治臺灣，改變臺灣面目。

在清朝初期，把番民歸類爲三種：

1. 熟番：指服從政令，乖乖向政府繳稅及服役的平埔族。
2. 化番：意即歸化的番民。如時而順從，時而反抗的平埔族。

3. 生番：指僻居深山，不服從政令的高山族。

在上列三種原住民之中，首先與漢人移民往來接觸、關係密切的，是熟番和化番。因爲漢人移民先開發臺灣西部的平原地區，這正是熟番和化番的生活地帶，也就是平埔族的生存領域。漢人從平埔族取得土地，大多數是用承租、買賣、割地換水或入贅爲婿等和平方法。也有少數不肖之徒的漢人以欺騙手段，巧取豪奪，取得土地的開墾權。

㈡平埔族的漢化與遷徙

平埔族原本文化較爲落後，農耕技術和生產工具都處原始狀態。漢人到來以後，迫於形勢，大部分將土地出租或出賣給漢人。可是他們也向漢人學得進步的農耕技術，從事農業生產。有些聰明的平埔族進而與漢人合作，興建水圳，增加農產，培植財力。爲求得更進步的文明，增進生活品質，他們甚至學習漢人語言，改穿漢人服裝，適應漢人生活習慣。漸漸放棄自己的語言、服飾以及生活習俗。可以說，他們已經完全漢化了。今天的臺灣，熟番已經消失無蹤。

在平埔族漢化的過程中，另有些平埔族受到通事和官吏的剝削和壓迫，不堪其辱，群起反抗，最後由清廷從大陸調來大軍加以鎮壓平定。規模最大的一次平埔族反官事件，就是一七三一年（雍正九年）的大甲西社番亂。事件的起因是，大甲西社的平埔族，因不堪淡水同知張弘章指派的沉重勞役，憤而群起武裝抗官。事件擴大後，中部各社的平埔族紛紛響應，群起圍攻彰化縣城，官兵無能爲力，清廷只好從大陸調來六千名官兵鎮壓，歷經一年時間，才加以平定。

在臺灣西部平原擴大開發的過程中，「熟番」的平埔族早已完全漢化，消失無蹤。「化番」的反抗事件也一一被平定，漸漸漢化。另有少數的平埔族見勢不妙，爲了生存而轉移陣地，從西向東遷徙。在清道光年間，南部的西拉雅族，有一部分因土地流失將盡而移居到東部的臺東和花蓮，另求發展。中部的平埔族，有一部分越過中央山脈，遠到宜蘭，另尋天地。更有一部分平埔族遷至埔里盆地，尋求發展。從此，埔里盆地就成爲清代臺灣中部平埔族的最後據點。其次，這些平埔族的遷徙，成爲帶動內山及後山開發的重要力量之一。

㈢清廷的封山禁令

至於「生番」的高山族，因爲僻居深山，與世隔絕，又生性強悍，驍勇善戰。到了康熙末年，漢人移民至臺灣西部平原的開發已經陸續展開，正在開疆闢土的時候，清廷深恐漢人移民得寸進尺，得隴望蜀，進入山區侵墾，與高山族兵戎相見。因此，爲了防止漢番衝突，保護高山族的土地權益，在一七二一年（康熙六十年）朱一貴之亂平定後，清廷立刻實施「封山禁令」。禁止漢人進入山區。此外，爲貫徹禁令，清廷更在漢番界線上豎石立碑，挖「土牛溝」作爲標記。在界線上，挖出一條溝，把所挖出的土石堆積在溝旁，外觀宛如一隻牛橫臥地上，所以稱爲「土牛溝」。「土牛溝」在地圖上用紅線劃出，所以稱爲「土牛紅線」。清廷規定漢人移民不得越雷池一步，不得越過「土牛紅線」進入山區，侵墾高山族的土地。令人遺憾的是，清廷駐臺官吏太少又腐化，執行不力。漢人侵墾事件時有發生，致使土牛界址隨著年代變遷，也一再往內山步步後撤。高山族的生活領域再次地縮減。

㈣樟木砍伐與漢番衝突

古時候，臺灣除了盛產花鹿，引來外族統治謀利之外，臺灣北部的樟木也是外族侵奪的一大目標。一千多年以前，當平埔族凱達格蘭人（Ketagelan）從淡水河進入臺北盆地的時候，舉目觀看，盡是綠意盎然的樟樹景色。那時的凱達格蘭人不懂如何製造樟腦，而是由漢族移民傳授技術。從一八五五年（咸豐五年）美國商人魯濱芮（W. M. Robinet）到臺灣採購樟腦一百萬斤以後，一百年間，臺灣的樟腦聞名於世，成爲臺灣的大宗出口工業品之一。

清代中期，當臺灣平原的樟木被砍伐一空以後，漢人爲獲得樟腦的經濟利益，遂入山砍伐樟木，破壞原住民的居住環境，常與山區的原住民衝突，甚至征戰殺伐。雙方傷亡人數往往數以千百計。今天，臺灣北部，因爲古代盛產樟木而遺留下許多的地名，例如：樟樹灣、樟樹林、樟埔坑、樟空子、火燒樟等等都是。

第六節　民間械鬥與抗官民變

一、兩者的異同

民間械鬥和抗官民變兩者，有其相同處，也有其不同處。相同處是：兩者都是清代臺灣開發史上，政府腐敗無能所造成的社會動亂和武力衝突，結果造成人民生命財產的重大損失，甚至嚴重損害臺灣的經濟發展，延緩臺灣的文明進步。兩者不同處是：「民間械鬥」是漢人移民內部時族群與族群之間的集體武力衝突，造成雙方兩敗俱傷，甚至傾家蕩產，家破人亡。「抗官民變」則是漢人移民不滿官府腐敗統治而揭竿起義，造成移民與官府之間的武力衝突。其結果是，最後遭到清廷從中國大陸調來重兵加以鎮壓平定，恢復社會秩序。

二、民間械鬥的原因

從明鄭時期到清朝治臺時期，移居臺灣的偷渡客，幾乎全是福建的泉州人、漳州人以及廣東的客家人等三大族群。他們陸續到達臺灣以後，大多基於同鄉之誼而聚居成村，努力開發，拓展事業。初期因爲人少田多，大家都可安分守己，相安無事。等到乾隆以後，偷渡客蜂湧而來，臺灣人口數已經超過一百萬。一八一一年（嘉慶十六年）臺灣人口編查人口數已達一百九十四萬人。於是，漸漸感到耕地不足，很快就發生了民間械鬥，甚至演成地域間或鄉土間的大規模追殺械鬥。當時民間械鬥的盛行主要有四個原因，簡介如下：

㈠民間爭地爭水

臺灣移民增加以後，移民們爲了生計及經濟利害關係，後來者與先到者，自然而然會爲爭拓土地耕作或爲爭取水源灌溉而產生衝突，終於以械鬥自力解決。

㈡官府不聞不問

清廷治臺，自始認爲臺灣是瘴癘不毛之地，又是海盜嘯聚之島，因此採取消極治臺政策。官府駐臺力量微乎其微，無力也無法制止民間械鬥，只好不聞不問，任其發展。

㈢地域鄉土觀念

基於地域和鄉土觀念，同鄉同族的偷渡客聚居成村後，當務之急就是興建寺廟，作爲信仰中心，亦兼作爲自治和自衛的中心。無形之中，寺廟成爲械鬥的基地，助長了械鬥的規模。

㈣豪族勢力介入

當時豪族的地方勢力，往往凌駕官府之上。每當民間械鬥發生時，豪族們爲保家衛產，更爲建立勢力，不但成爲戰鬥領袖，更出動身穿制服的豪族私兵，加入戰鬥行列。

三、三大民間械鬥

有清一代，臺灣民間械鬥有史可考者，將近三十件之多。平均每八年就有一次大械鬥。史無可考的小型械鬥，更是不可勝數。茲將其犖犖大端者，列舉如下：

㈠閩粵之間械鬥

泉州人在明鄭時期最先來臺，其後漳州人跟隨施琅到臺灣。當時因為施琅禁止粵民來臺，所以廣東客家人遲至康熙晚期，是最後才到臺灣的。職是之故，福建的泉漳人捷足先登，占有臺灣的平原沃土或低丘地區。後到的廣東客家人與先到的泉漳人，為了爭地開墾而形成早期的閩粵械鬥，在所難免。其中，最大宗的械鬥，例如：

1. 康熙六十年，朱一貴之亂時，泉漳人士糾眾數千，渡過淡水河，企圖殺盡客家人。不料激戰一週後，反被客家人打敗，狼狽逃回淡水河彼岸。不幸亂兵渡河時，溺死盈河，僅剩幾百人生還。

2. 道光年間，臺北盆地爆發閩粵械鬥，長達十年之久。結果，廣東客家人因戰敗而集體南撤，遷移到今天的桃園、中壢一帶，另闢天地。

㈡泉漳之間械鬥

廣東客家人從臺北盆地撤出後，同屬閩籍的泉州人和漳州人之間，也因利害衝突而發生泉漳械鬥。泉漳械鬥的地區，除臺北盆地而外，以彰化縣最為嚴重。在嘉慶和咸豐年間，彰化縣均曾發生大規模的泉漳械鬥，雙方成群追殺，縱火毀屋，村里為墟，數月不休，介紹如下：

1. 一七八二年（乾隆四十七年），彰化縣莿桐腳因為在賭場爭換銅錢，泉州人和漳州人發生爭執而引發泉漳兩村的大械鬥，雙方動員廝殺場面越鬧越大，無法收拾。最後，清廷從大陸調兵渡臺鎮壓，始告平息。

2. 一八〇九年（嘉慶十四年），在大甲溪流域，因泉州人搶割漳州人的農田稻米，引發了泉漳械鬥。

3. 一八五九年（咸豐九年），艋舺的泉州人帶領淡水河沿岸地區的泉州人，一起對土城、士林等地區的漳州人進行械鬥，雙方死傷慘烈，加蚋仔庄完全被毀。

㈢泉州內部械鬥

臺北盆地的泉漳械鬥結果，泉州人於咸豐三年（一八五三年）戰勝後，內部又分裂而演成械鬥。艋舺的泉州府晉江、惠安、南安等三縣商人，以龍山寺爲中心，執商業界之牛耳。可是附近之泉州府同安縣商人，爲了競爭生意而與前述三縣商人同室操戈，展開了歷時七年的長期械鬥。最後，打敗仗的同安縣商人集體搬遷到大稻埕地區（今臺北市延平區），另起爐灶。不久之後，大稻埕的商務繁榮景象，後來居上，反而超過艋舺（今臺北市萬華區）。

總之，清朝治臺期間，臺灣的民間械鬥盛行，固然反映了清朝治臺官府的無能及公權力的不張，形成不統不治的狀態。同時，也說明了先民爲求生存而開發臺灣的辛酸血淚及自力救濟的奮鬥史。此一現象，一直到同治光緒以後，沈葆禎在臺灣開山撫番及劉銘傳建設臺灣，開發交通，發展經濟，人民安居樂業，和睦相處以後，先前因爲生存競爭所引發的民間械鬥，才日漸消失於無形之中。

四、抗官民變的原因

清朝統治臺灣的二百一十二年期間，除了民間械鬥的盛行之外，臺灣社會始終動盪不安，騷亂此起彼落，大小民變不下百件之多。因此，素有「三年一小反，五年一大亂」之稱。推其原因，主要有四：

㈠地理因素

臺灣孤懸海外，地理僻遠，政府鞭長莫及。

㈡政治因素

臺灣和中國大陸的交通不便，造成吏治敗壞，官逼民反。

㈢思想因素

以天地會爲主的明鄭舊部，分散各地。每有暴動，就以「反清復明」爲號召，推波助浪。

㈣社會因素

臺灣常有民間械鬥，規模如果擴大，極易發展成民變。

五、三大抗官民變

茲將有清一代，臺灣規模最大的三次民變，介紹如下：

㈠朱一貴之亂

朱一貴是福建漳州人，在現在的高雄市內門鄉從事養鴨工作，一般人都叫他「鴨母王」，他則自稱是鄭成功的遺臣。一七二一年（康熙六十年），因爲不滿當時臺灣知府王珍父子的苛征暴斂而揭竿起義。他的部眾起義後，僅費七天的功夫就攻陷臺南府城。朱一貴自封爲中興王，改年號爲永和。以今天臺南市的大天后宮爲王宮，號令全臺。可惜不久，清廷從中國大陸調來大軍，由福建水師提督施世驃（施琅之子）及南澳鎮總兵藍廷珍，分率大軍從南北兩路登陸，對臺南府城展開包圍戰。朱一貴雖然傾力迎戰，終於不敵而敗走被俘，解送京師殺頭。朱一貴之亂歷時一個多月就被擺平。

㈡林爽文之亂

林爽文也是福建漳州人，來臺後定居於彰化縣鄉間。明鄭滅亡後，在臺灣的「天地會」成爲「反清復明」的祕密組織。乾隆末年，林爽文躍居天地會的首領。當時的臺灣，官府與農民之間爲了徵收地租，時起衝突。官府原想先發制人，準備逮捕林爽文。不料，林爽文棋先一著，迅速發動了清朝治臺時期規模最大的一次大民變。一七八六年（乾隆五十一年），臺灣全島民眾萬人以上，打著「反清復明」的旗幟，公推林爽文爲盟主，正式起義，以彰化縣署爲指揮所，改年號爲天順，號令四方。可是始終攻不下府城。一年後，清廷命令陝甘總督福安康，從中國大陸率領大軍，由鹿港登陸，入臺平亂。林爽文的部眾與清軍大戰於諸羅。由於諸羅的軍民協力死守，打敗了林爽文，保住了諸羅城。乾隆帝爲了嘉獎軍民的義舉，就下詔把諸羅改名爲「嘉義」。到了次年底，林爽文因兵敗逃入內山，最後被擒。動亂波及全島將近二年的林爽文之亂，終於平定。

㈢戴潮春之亂

戴潮春也是福建漳州人，是世居彰化的望族。早年加入以復興明朝爲宗旨的八卦會。一八六二年（同治元年），八卦會的勢力發展太快，驚動了官府。就在官府準備進勦之際，八卦會先下手爲強，於該年三月二十七日正式擁護戴潮春爲領袖，宣布起義。戴潮春率眾進攻，連克彰化、臺中各地。兩個月後，自封爲東王。隨後又領兵南下，攻下斗六。可惜到了嘉義就久攻不下，形成僵局。在清廷方面，則策動泉州人起來對抗，造成戴潮春的致命傷。因爲漳州人和泉州人，素不相睦，時有械鬥發生。此時的清廷，就糾合了泉州人的力量配合官軍會攻彰化。戴潮春終於不支被捕，於一八六三年（同治二年）十二月被殺。作亂兩年的戴潮春之亂，到此告終。

第七節　清末臺灣開港與社會變動

一、臺灣開港的由來

㈠天津條約開放兩個口岸

一八四一年（道光二十一年）中英鴉片戰爭，中國慘敗，國力衰落暴露於世以後，西方列強從此目無中國。在往後的短短二十年間，連續來了兩次英法聯軍攻打中國，中國連戰連敗。因爲中國戰敗，第一次英法聯軍的結果，於一八五八年（咸豐八年）簽訂四國天津條約。第二次英法聯軍的結果，簽訂一八六〇年的中英和中法兩個北京條約。中國既喪權又辱國。一八五八年的四國天津條約，實際上是中英、中法、中美、中俄等四個天津條約。美國和俄國雖未出兵，也有福同享，與中國簽訂天津條約。由於四個天津條約裡面，都有一個「最惠國待遇條款」規定：祇要中國給予任何一國一項新的權利，這四個國家都可以「一體均霑」，共同享有。在天津條約裡，中國加開十個通商口岸，提供四個列強前來通商貿易。這十個通商口岸之中，有兩個是在臺灣，就是安平和淡水。此即清朝末年臺灣開港的開端和由來。

㈡列強擴大為四個口岸及淡水河沿岸

由於臺灣是東西洋交通的必經航路，而且，那時候的臺灣已是一個擁有二百多萬人口的正在開發中的寶島，所以列強就格外重視臺灣的通商貿易。列強希望臺灣開港多多益善，他們就可以獲利越來越多。在簽完天津條約以後，列強發現他們在天津條約僅僅在臺灣得到兩個通商口岸，所得太少。因此，就用盡心思，想盡辦法，要擴大臺灣的通商口岸。法國首先發難，擴大解釋條約。法國主張通商貿易口岸應包括「正口」和「子口」。依此解釋，安平爲「正口」，高雄則爲安平的「子口」。淡水爲「正口」，基隆則爲淡水的「子口」。這樣一來，條約雖只開放兩個港口，實際上則是開放四個港口。

不僅如此，列強更貪得無厭，得寸進尺，進一步擴大解釋說，淡水位置在淡水河口，所以「淡水」應包含淡水河流域的全部沿岸地區在內，也就是大稻埕和艋舺都要開放對外貿易通商。那時候的清廷，尚不重視臺灣的重要性。尤其對外三戰三敗以後，對於自己完全失去信心，對於列強要求的步步進逼，自然畏懼有加，不敢抗拒，祇有步步退讓，默認了事。

二、開港後臺灣進入世界舞臺

清廷默認法國的擴大解釋條約的結論，其他國家則引用「最惠國待遇條款」，一體均霑，有福同享。由此，從一八六〇年代以後，清廷在臺灣開放四個口岸和淡水河沿岸，提供西洋國家前來貿易通商和傳教布道。後來實際演變的結果，不止英、法、美、俄四國商民和傳教士前來臺灣發展他們的事業，世界其他國家的商民和傳教士也都聞風而來，紛紛到臺灣通商和傳教。這些國家包括：德國、葡萄牙、荷蘭、西班牙、比利時、義大利、丹麥、日本、澳大利亞、祕魯、巴西等。一時之間，臺灣各通商口岸的外商洋行，有如雨後春筍，紛紛設立。外國傳教士也無孔不入，深入臺灣各角落，建造教堂，開始傳教布道。

爲了克服傳教所遭遇的民眾排斥異教現象，傳教士忍辱負重，不遺餘力，學習當地語言，甚至辦學行醫，爭取臺灣民眾的認同。開港以後，外國商民和傳教士基於工作的需要，多方面與臺灣島內的漢人、原住民、客家人等互動和交往。建立互信，增進情誼。臺灣人民開始接受了西洋的新經濟、新文化、新醫療和新教育。從此，臺灣進入世界舞臺，開啓了臺灣經濟和文化發展的新時代。

回顧臺灣從一六八四年收入中國版圖以後，清廷一直禁止臺灣和西洋各國通商貿易。此項消極的鎖國政策，歷經一六八四年的一口通商時代和一七九四年的三口通商時代，仍固執不變。如今，清廷竟懾於西方列強的戰勝餘威，被迫屈服，無奈接受西方的通商和傳教勢力進入臺灣。不但打破了過去一百七十四年（一六八四至一八五八年）來清廷對臺灣通商貿易所固守的消極鎖國政策，而且因爲臺灣開放通商貿易的結果，使臺灣發揮海洋貿易的特有本色，進一步促進臺灣的經濟繁榮和文化進步。

三、開港後對臺灣的社會變動

清末臺灣的開港是臺灣史上的一大關鍵。在開港以前，清廷的消極治臺政策，使臺灣的開發全靠偷渡客的自力更生，默默耕耘，努力開發。閩南人先開發西部平原。客家人晚到一步，退而求其次，開發生活較艱困的丘陵地帶。由於經過二百年的悠久歲月，到臺灣開港前夕，臺灣人口已達二百多萬人，人口成長迅速，但經濟發展一直停滯在農耕時代，社會結構也一樣持久不變。因此，經濟和社會問題都有待求新求變，始能適應人口增長的趨勢，為臺灣開創新局，展現新面貌。恰好此時，開港的降臨，有如春雨的到來，及時把清廷的消極固守的治臺政策急轉彎，改變為積極開放對外貿易通商的新局，開啓臺灣向前發展的新時代。茲將開港後對臺灣的社會變動，分項簡述如下：

(一)緩和人口壓力

明鄭治臺時期，鄭成功父子兩度從大陸撤退軍民到臺灣，加上偷渡客和原住民，一般估計當時的臺灣人口大約三十多萬人，地廣人稀，謀生容易。等到清領臺灣以後，大批偷渡客攜家帶眷蜂湧到臺灣開發。經過一百二十七年的積極開發和傳宗接代，迨一八一一年（嘉慶十六年）清廷進行臺灣人口遍查的時候，漢人的人口已經高達一百九十四萬人之多。因此，到一八五八年（咸豐八年）臺灣開港時，臺灣人口數應在二百多萬人。此時，臺灣西部平原和邊緣的丘陵地帶的農業開發，已近飽和，就業和人口壓力有增無減。幸好，開港後，出口大量增加，及時創造很多就業機會，緩和人口壓力。

(二)帶動經濟成長

臺灣開港之前，貿易對象以中國大陸為主體。輸出品是米、糖等農產品，輸入品則為日常生活用品。如今，臺灣開港之後，貿易對象遍布全球。由於貿易對象的改變，輸出品改以茶、糖和樟腦為主，輸入品也跟著改變，以鴉片為大宗，其次為紡織品。開港後，外商紛紛來臺通商貿易，萬商雲集於各通商港市，使臺灣的對外通商貿易快速成長，出口數量蒸蒸日上，就業機會大增，帶動了臺灣的經濟成長。

㈢改變社會結構

臺灣開港之後，外國商人得以進入開放的港市從事通商貿易，外商遂在四個港市及淡水河沿岸的大稻埕及艋舺，紛紛設置「洋行」，處理通商貿易業務。「洋行」的快速興起，漸漸取代了各港市原有的「行郊」功能，「行郊」因而日趨沒落。其次，外商在臺灣各港市所開設的洋行數量眾多，「買辦」的新行業乃應運而生。所謂「買辦」就是在外國洋行和臺灣商人之間扮演仲介角色的外語人才。以前「郊商」的社會角色被新興的「買辦」取而代之。

㈣增強客家地位

臺灣開港之後，茶的輸出量占當時臺灣對外貿易輸出總額的一半。茶的主要生產地在臺灣北部和桃竹苗的丘陵地帶。這些產茶區原來都是客家人的開發生活領域。這些客家人在山中渡過將近二百年的辛苦農耕生活，克苦耐勞，生活簡樸。現在得到開港的賜福，山地丘陵都開闢成爲茶園。茶園年年豐收外銷，財源滾滾而來，縮小歷來閩客之間的貧富差距。茶的大量出口增加了客家人的財富，改善了他們的生活，提高社會地位。所以臺灣開港對客家人來講，眞是塞翁失馬，因禍得福。

㈤增加政府稅收

臺灣開港以前，政府稅收的主要來源是田賦。對外貿易額不多，所以關稅和釐金的稅收非常有限。

開港以後，除田賦之外，尚可加上大量的關稅和釐金。由於進出口的數量越來越多，關稅和釐金的稅收遠遠超過田賦。受到開港的庇佑，政府財政稅收大為增加，對於政府推動軍事建設，鞏固海防，大有助益。雖然如此，那時候臺灣的財政還是入不敷出，尚須依賴福建的經費支助，始克有濟。

(六)港市興衰起落

清代臺灣港市的興衰起落，與臺灣的對外貿易息息相關。在開港以前，「一府二鹿三艋舺」是臺灣的三大港市。其餘在臺灣西部尚有笨港、梧棲、後龍等港市曾經興盛一時。可是，自從臺灣開港後，基隆、淡水、安平和高雄四個貿易港市，日益繁榮。大稻埕則異軍突起，成為茶市交易中心，把艋舺的商業地位取而代之，一躍成為全臺第二大城。笨港、梧棲、後龍等港市則日薄西山。拜提煉樟腦所賜而新興的城鎮很多。例如：桃園的大溪、苗栗的南莊、臺中的東勢等等都是。

(七)經濟中心北移

臺灣是個海島型的經濟領域，經濟的盛衰榮枯，取決於貿易的發展取向。在開港以前，臺灣的貿易輸出大宗是稻米和糖，主要生產地是中南部平原，故中南部平原是臺灣的經濟中心。可是開港以後，一則島內人口已經增加到二百多萬人，生產的米不足自養，尚須仰賴進口來彌補，中南部的經濟地位已喪盡優勢。二則茶和樟腦已取代米成為主要輸出品。茶和樟腦的產地集中在北部山丘地帶，出口數量年年大增，帶動北部地區的經濟繁榮。職是之故，開港以後，迎合輸出品的改變，臺灣的經濟中心北移，乃時勢所趨，勢所必然。

四、西洋文化再度傳入

㈠臺灣解除教禁的經過

十八世紀的二〇年代，中國在盛清時期的康熙末年開始禁教，禁止西方傳教士到中國來傳播福音。在中國禁教以後的一個世紀內，是西方世界變化最大、進步最快的時期。西方工業革命、美國獨立運動、法國大革命以及英國的國會改革先後發生。就在同一時期，中國依然故步自封，茫然不知世界大勢。中國的禁教不獨使中西文化的交流中斷，更使中西國力的差距越拉越大，種下了往後中國對外屢戰屢敗的禍根。

在中國禁教的百年之前，臺灣在十七世紀的二〇年代，曾受荷蘭和西班牙統治。那時，荷蘭人在臺灣南部傳播基督教，西班牙人則在臺灣北部傳播天主教。荷蘭人在南部的傳教工作，重心放置於對原住民的教化和管理，卓有成效。迨一六六一年鄭成功趕走荷蘭人以後，荷蘭人在臺灣的傳教工作，自然而然消失無蹤。一八六四年（康熙二十四年）臺灣收入中國版圖，康熙帝的消極治臺政策，禁止臺灣與西洋各國通商貿易，臺灣與西方文化便一刀兩斷。

依一八五八年天津條約的規定，外國傳教士可以深入中國內地傳教，不再限於通商口岸。兩年後，北京條約又規定外國傳教士可以在中國內地租買土地，建造教堂。清廷在對外三戰三敗之後，完全屈服，接受列強的要求，開放教禁。清廷對於列強的通商要求和傳教要求，通盤接受，從此門戶洞開。

臺灣開港後，有了條約根據，西方傳教士自然紛紛前來臺灣傳教。此時的臺灣在開發過程中，偷渡客從中國大陸帶來各種民間的神明信仰，崇拜神明，根深柢固，堅定不移，完全與西方的宗教信仰方式，格格不入。因此，西方傳教士初到臺灣來傳教的時候，到處碰壁，飽受排斥，屢見不鮮。不過，他們本著宗教家的傳道精神，忍辱負重，百折不撓。一面傳教布道，一面興學行醫。把西洋的進步文化陸續帶進臺灣，加惠臺灣人民，贏取臺灣人民的認同和信任後，傳教工作才順利展開。臺灣人民也實際受惠被澤於進步的西洋文化。

(二)西洋文化的傳入內容

茲將臺灣開港後，西洋文化再度傳入臺灣，其內容重點分項介紹如下：

1. **傳教方面**：基督教的長老教會，在臺灣的傳教工作規模最大，也最成功。他們的傳教勢力，無孔不入。在各港市、各鄉村，甚至深山僻壤，都有他們建造的教堂。爲能有組織有系統地進行傳教，他們分工合作，畫定以大甲溪爲界限。大甲溪以南地區，由英國長老教會的馬雅各（James L. Maxwell）等人負責。大甲溪以北地區則由加拿大長老教會的馬偕（George Leslie Mackay）等人負責。

2. **教育方面**

(1) 一八八〇年，巴克禮（Thomas Barclay）創辦臺南神學院，翻譯臺灣話羅馬字「聖經」，並創辦現今的「臺灣教會公報」，是爲臺灣最早的報紙。因此，今天的臺南市建有「巴克禮紀念公園」。

(2) 一八八二年，馬偕在淡水創辦「理學堂大書院」（今之臺灣神學院）。

(3) 一八八四年，馬偕又創辦「淡水女學堂」，是爲臺灣最早的女學校。

(4) 一八八五年，余饒里（George Ede）創辦臺灣史上第一所中學「長老教會中學」（今之長榮中學）。

(5) 一八八七年，「長老教會女學校」（今之長榮女中）誕生。

(6) 一八九一年，甘爲霖（William Campbell）創辦盲人學校「訓瞽堂」，被稱爲臺灣盲人福利之父。

3. **醫療方面**

(1) 一八六五年，馬雅各首先在臺南設立醫館（今之新樓醫院），是爲臺灣史上第一所西醫院。

(2) 一八七三年，馬偕在淡水設立「偕醫館」。他經常巡迴北部各村落爲人拔牙，及以金雞納霜特效藥治療瘧疾。

(3) 一八八〇年，馬偕在淡水創辦「滬尾偕醫館」，到一九一二年遷到臺北雙連，成爲今天的「馬偕紀念醫院」。

(4) 蘭大衛在中部地區創辦「彰化基督教醫院」。

第八節　涉外事件與沈葆楨開山撫番

一、開港後之涉外事件

臺灣開港後，經濟繁榮，社會進步，呈現欣欣向榮的景象。可是在對外方面，則因華洋雜處，文化不同，糾紛日多，引起列強覬覦臺灣，企圖借機染指臺灣。茲將此期間之涉外三大糾紛事件，簡述如下：

㈠「羅發號」事件

一八六七年（同治六年）美國商船羅發號（Rover）在臺灣南端外海觸礁遇難。船員共十四人棄船改搭小艇逃生，漂流到琅嶠（今恆春）沿海上岸後，被當地原住民誤為海盜而加以殺害。美國駐廈門領事李仙德（Le Gendre）派軍艦二艘到當地興師問罪，無功而返。後來，李仙德改採談判策略，帶通事入山，與琅嶠十八社頭目面談，冰釋誤會，簽訂船難救助條約。議定往後如有中外海上船難事件發生，番人應妥為救護。此事件落幕後，清廷從此在琅嶠設防。在李仙德方面，則以條約簽訂為由，主張「番地無主論」，成為往後日本出兵臺灣的藉口。

㈡樟腦糾紛事件

臺灣開港後，樟腦成為主要輸出品之一。清廷規定樟腦官營專賣，禁止民間私營。一八六八年（同治七年），英商必麒麟（W. A. Pickering）違反禁令，在梧棲採買樟腦囤積，準備私運出口，官方查知，派兵前往取締，以致樟腦遭風浪沉沒海底。正好此時，中英之間在臺灣同時發生多起教案，教民多有死傷。英國與官方談判破裂後，就以武力解決。英國派軍艦攻占安平古堡，炸毀軍火庫，城堡全毀。最後，中英簽訂協議，清廷除賠款，懲兇之外，並開放樟腦自由買賣及傳教自由。

此一事件形同一次「小鴉片戰爭」。一八四一年（道光二十年），因為中國禁止鴉片買賣，英商違背中國禁令，林則徐取締且銷毀英商二萬多箱鴉片。英國興兵東來攻打中國，簽訂中英南京條約，強迫中國賠款、開放五口通商及傳教自由等。此一事件與鴉片戰爭相比較，前因後果，如出一轍。

(三)牡丹社事件

日本一八六八年明治維新後，圖謀中國，日益積極。牡丹社事件正好給了日本一個攻打臺灣的藉口。一八七一年（同治十年），有一只琉球漁船在海上遇到颱風，漂流到恆春半島上岸。被岸上的牡丹社山胞誤為海盜而殺害五十四人。日本派遣代表向清廷提出懲兇及賠償要求。清廷竟以「生番係我化外之民，其殺人與中國無關」，拒絕所請。談判不成，迫使日本自力救濟。日本便在一八七四年派軍艦攻打牡丹社山胞。日軍攻臺雖然得勝，可是登陸後因為水土不服，病死累累，而接受和議。談判結果，中日簽訂「中日北京專約」內容為：

1. 中國承認臺灣「生番」殺害日本國屬民。
2. 日本出兵行動是「保民義舉」。

3. 中國付賠款五十萬兩。

此一條約，斷送中國對琉球的宗主權，但也確保了中國對臺灣的主權。更重要的是：此一事件使清廷大夢初醒，認識到臺灣的重要性，對臺灣的統治政策由消極轉向積極。隨即派遣船政大臣沈葆楨以「欽差大臣」身分，前來臺灣全權籌辦海防。

二、沈葆楨開山撫番

沈葆楨是晚清開明一派的大臣。在一八七四年和一八七五年間，沈葆楨曾經兩度親臨臺灣實地視察和專心策劃。他第二次離開臺灣後，朝廷就調升他爲「兩江總督兼南洋通商大臣」。他視察臺灣時間每次各約半年，但觀察入微，貢獻良多。除了增強海防，抵抗日本侵略外，他最大貢獻的在於他有遠見卓識，在臺灣主持「開山撫番」的政策。他認爲臺灣的「番地」爲禍亂之源，應該及早招撫，才能順利開發臺灣。他說：「務開山而不先撫番，則開山無從下手。欲撫番而不先開山，則撫番仍屬空談。」這樣正確的觀點廣受朝野的支持。於是，沈葆楨大刀闊斧地去推動他的「開山撫番」政策。茲將沈葆楨保臺治臺的政績，簡介如下：

(一)推動新政建設

沈葆楨爲了加強臺灣的海防，在臺灣「推動新政建設」。他在安平、旗津、東港等臺灣西南沿海要津，興建砲臺，採購西洋巨砲，防守海疆。現在的臺南「億載金城」，就是當年沈葆楨所建造的國防堡壘。其次，他又購買新式輪船航行於臺灣和福建之間，以改善臺灣的對外交通，兼作爲軍事運輸之用。此外，又架設安平至旗津之間的電報電線，民用軍用，一舉兩得。

㈡開闢三條東西橫貫道路

爲突破中央山脈的天然阻隔，以開發臺灣的東部地區，沈葆楨一共開闢了北中南三條東西橫貫道路。北路由蘇澳到花蓮，中路由南投經八通關到山後的玉里，南路從鳳山經赤山到達臺東。這三條橫貫道路，平路寬一丈，山路寬六尺，沿途建築碉堡，派兵屯守，並沿途安撫「良番」，平服「兇番」，募民前往開墾。積極推動「化番爲民」的政策。不過，沈葆楨離職後，由於山路維修不易，每遇颱風暴雨即山崩路斷。所以前兩條道路很快就任其荒廢，只剩南路可以維持通行。

㈢廢止渡臺禁令

清廷自從一六八四年頒布渡臺禁令以來，臺灣的開發全靠偷渡客的自力更生。雖然一七六〇年（乾隆二十五年）的時候，清廷正式准許人民攜眷渡臺，可是往後又時禁時弛，不能貫徹政策。清廷對臺灣的開發，只圖坐享其成，從不主動去領導開發。也就是當人民先去開墾後，政府才跟後去設官徵稅。一直到一八七四年沈葆楨奉命抵臺辦理海防以後，才正式奏請朝廷廢止渡臺禁令。

㈣獎勵來臺開墾

沈葆楨不但正式廢止渡臺禁令，而且進一步公開地、積極地獎勵移民臺灣，從事開墾。清廷的對臺政策，從此丕然一變。沈葆楨認爲當時已有不少洋人和傳教士搶先一步，到達後山遊歷、傳教、繪製地圖。如果放手不管，他日必被洋人所據。所以打通前山和後山的三條通道，同時施工，就是爲防患未然。開山需用大批人力，所以他奏准頒布「開臺獎勵條例三條」。鼓勵內地人民來臺拓墾，除免費乘船外，並供給口糧、耕牛、農具、種子等。

㈤整飭吏治軍紀

沈葆楨深切了解臺灣吏治之不清，軍紀之敗壞，積弊已深。他主張把福建巡撫「移駐臺灣」，並由巡撫收攬管轄臺灣兵權，希望一舉解決臺灣軍政之積弊。他舉出十二項理由申論他的主張。其中有一項說：「臺民煙癮本多，臺兵爲甚；海疆官制久壞，臺兵爲尤。……有巡撫則考察無所瞻循，訓練乃有實際。」沈葆楨的建議，最後被清廷所否決，改採福建巡撫冬春駐臺，夏秋駐省（福建）的折衷辦法。此項福建巡撫半年駐臺的決策，已啓動十年後臺灣建省之步伐。

㈥增設府縣，以廣開發

十九世紀末葉，也就是清末的時期，臺灣的開發已達到北部地區、桃竹苗地區、埔里盆地，甚至到達宜蘭盆地和臺東地區。但是，政府的行政組織依然固守著福建省臺灣府的「一府制度」。那時候，交通尚不發達，臺灣府設在臺南，政府要管理全臺灣，不但鞭長莫及，而且效率不彰。爲根本解決行政組織跟不上開發速度的大問題，沈葆楨奏准在臺灣增設恆春縣及卑南廳（今之臺東縣），以利統轄山後「番地」。又奏准在臺灣北部增設一府三縣。亦即：臺北府、宜蘭縣、新竹縣及淡水縣。這樣一來，不但使臺灣的開發，南達恆春，東到臺東，而且「一府變二府」，加速了臺灣北部開發的步伐。

(七)興建「延平郡王祠」

鄭成功雖爲明末「反清復明」之主流人物，可是知書達理的康熙帝在收復臺灣後，曾經說過：「朱成功係明室遺臣，非朕之亂臣賊子」。除褒獎其忠節，並派官護送鄭成功父子兩柩，歸葬於福建省南安縣故鄉。可是那時臺灣民間顧慮許多，不敢過度張揚，把紀念鄭成功的廟僅僅稱爲「開山廟」。現在，沈葆楨來臺，距離一六八三年清廷收復臺灣，已近二百年，時移境遷。沈葆楨遂奏准在臺南興建「延平郡王祠」，以表彰鄭成功，彰顯鄭氏風範，並收攬民心，鼓勵士氣。

三、丁日昌承先啓後

一八七五年（光緒元年）十一月，丁日昌繼任福建巡撫。他到任後，次月就親臨臺灣巡視考察地方民情半年之久。他對臺灣的山川形勢，風土民情，吏治軍紀以及經濟國防等，領悟很深，胸有成竹。因此，對於經營臺灣，如何興利除弊，見解建議良多。只可惜受限於財力，無法大展身手。其中能如願執行者，均係沈葆楨原本就提出主張而由他承其餘緒，繼續執行貫徹者，具有「承先」的意義。例如：整頓吏治，嚴懲多起貪官汙吏；重整軍紀，肅清多項軍營積弊。凡此，丁日昌都能大刀闊斧，雷厲風行，使吏治軍紀一新耳目。又如在撫墾方面，他鼓勵原住民漢化，錄取原住民陳寶華為秀才，開風氣之先。在經濟方面，為清理賦稅，廢除多項雜稅，提倡開礦和種茶。招募中國移民開發臺灣，免費乘船，並供給土地、耕牛、農具、種子等。這些措施都是沈葆楨治臺政績的「蕭規曹隨」，並加以發揚光大。

其次，他另有些遠見計畫，因限於當時的臺灣財政拮据，計畫雖好，只欠東風。祗有靜待後來的首任臺灣巡撫劉銘傳去推動，對於劉銘傳治臺又具有「啓後」的作用。例如：他接任閩撫前後，均曾上摺強調興築臺灣鐵路之必要，並附有藍圖，然並無下落。又奏請架設閩臺間之海底電線，及臺灣南北之間的陸上電線，嗣因經費困難，僅架設臺南至旗津，和臺南至安平兩條電線。再則，兩度奏請採購軍船、訓練水雷軍、建造新式砲臺及訓練洋槍隊等，以加強海防，格於財力，未獲支持。諸如此類具有建設性的新政措施直等到一八八五年臺灣建省後，由劉銘傳設法開闢財源，一一克服實現。由是觀之，丁日昌擔任福建巡撫六年期間，因形格勢禁，除弊成績雖多，但興利作為不多。可以說，他的治臺政績具有「承先啓後」的風範。

第九節 臺灣建省與劉銘傳自強新政

一、臺灣建省

一八八四年（光緒十年）因爲越南問題引起的中法戰爭，是臺灣發展史上的一個關鍵事件。中法戰爭爆發的前一年，清廷派出淮軍名將劉銘傳至臺辦理軍務，領兵增援臺灣。劉銘傳來臺之前，臺灣防務原由臺灣兵備道劉璈負責。防務布置，重南輕北。他認爲臺南是臺灣府城，防務應以府城爲重。當時全島共有四十營的防軍，他把三十一營的兵力布置在臺南，以鞏固府城。劉銘傳到臺以後，發現如此布防相當危險，早犯了兵家大忌。若敵人「避實擊虛」攻打臺灣中北部，那麼臺灣勢必不堪一擊，防守不住。劉銘傳發現此一缺失以後，立刻重新布署，使臺灣北、中、南以及澎湖各路都有兵力防守，並在臺北設立大本營，另以基隆、淡水爲防守重點，將臺灣防務中心轉移到北部。

劉銘傳改以北部爲防守重點，可是兵力有限，軍需餉銀尤爲孔急。南部的劉璈又自以爲是，支援不夠。雙劉不和，臺灣防務岌岌可危。劉銘傳面對險境，他的應付之方是「就地取材，自力更生」。他召集地方豪紳，說明法軍侵臺迫在眉睫，曉以利害關係，號召臺灣人民有錢出錢，有力出力，通力合作，保家衛國。同時，他又與官兵同甘苦，共生活，鼓勵士氣，振奮軍心。結果，一支勇敢善戰的戰鬥隊伍，在他苦心經營之下，終於成軍了。

中法戰爭爆發後，戰局的發展，果然不出劉銘傳所料。一八八四年（光緒十年），法國艦隊兩度攻打基隆和淡水，都被劉銘傳的守軍擊退，狼狽回到海上。法軍司令孤拔惱羞成怒，宣布封鎖臺灣海峽，期使臺灣得不到大陸的援助和接濟，孤立無援，不疾而終。可是到了翌年四月間，清軍在諒山一戰大獲全勝，法國政府倒閣，中法談判代表就在巴黎簽訂了停戰協定，中法戰爭告終。

中法戰爭進行時，法軍猛攻臺灣，意在占領臺灣，驚醒了滿清朝野。因此，中法戰爭結束後，朝野大臣紛紛奏請臺灣建省，鞏固臺灣防務。那時，臺灣財政尚不足以自立自足，缺乏建省條件。閩臺一時尚難分家，誠如沈葆楨所言：「閩省尚需臺米接濟，臺餉例由省城福州轉輸」。因此，閩臺是「彼此相依，不能離而為二」。（參見沈葆楨：「請移駐巡撫摺」）可是在李鴻章等人的紛紛建議下，清廷終於在一八八五年（光緒十一年）十月正式宣布「臺灣建省」。並任命劉銘傳為首任巡撫。

二、劉銘傳的自強新政

劉銘傳就任臺灣巡撫後，積極建設臺灣，推動很多的自強新政。為配合臺灣經濟中心北移的趨勢，他特別著重在北部地區的開發。茲將劉銘傳的政績，簡介如下：

㈠二府變三府，均衡發展

沈葆楨治臺時期，把臺灣的行政組織由「一府變二府」。亦即除原有的臺灣府（臺南）之外，增設臺北府，加速了臺灣北部開發的步伐。十年後，劉銘傳主持臺政，認為這樣的結果造成「南北兩頭重，中間輕」的現象，而且那時候他原本準備在地理位置適中的中部的橋孜園（今之臺中市）設置省都，以利南北指揮施政，也可使臺灣全島均衡發展。因此，他的行政區劃調整爲「二府變三府」，也就是臺北府、臺灣府（臺中）及臺南府，使臺灣的北、中、南均衡發展。

(二)墾撫並進，安定秩序

劉銘傳安撫原住民的政策是「恩威並用，剿撫兼施」。先施以恩惠，如果不從，再加以進剿。進剿服從後，仍給恩惠。嚴禁漢人侵墾原住民土地。也嚴禁原住民「出草」殺人。雙方如有違背禁令，均依法嚴辦，以達安定秩序之目標。爲有效實施他的「開山撫番」政策，一八八六年（光緒十一年）五月，他在大嵙崁（今桃園縣大溪鎮）設立「全臺撫墾局」，撫墾大臣由巡撫親自兼任，統籌指揮全臺八個撫墾局，處理開墾與原住民的事務，使臺灣進一步的開發順利推動。

(三)清丈隱田，以廣財源

要推動建設，廣開財源是首要工作。劉銘傳到臺後，發現臺灣土地自從康熙收入版圖以來，從未清丈。穩匿不報稅的「隱田」特多。田園日闢，田賦卻未增加，產權也混淆不清。因此，一八八六年五月，劉銘傳奏請朝廷，准在臺灣清丈土地，重訂稅則，釐清土地所有權。此項工作花費兩年半的時間始告完成。總計查出「隱田」四百萬畝，政府的每年田賦收入，由原來的十八萬兩增爲六十七萬兩，田賦收入增加近三倍。對於政府推動各項建設，大有助益。同時，地主的土地所有權予以確定，並獲得政府保障。

㈣建設交通，加速發展

交通建設，是經濟發展和國防支援的首要工作。因此，劉銘傳對於臺灣的交通建設特多，簡列如下：

1. 鐵路：建築由臺北通向基隆和新竹的鐵路，以利新竹以北之產茶貨品由基隆出口，並應國防之需。
2. 電線：連接臺灣南北之陸上電線，架設臺灣至福州的海底電線。
3. 郵政：在臺北設置郵政總局，各地設分局，開啓臺灣新設郵政事業。
4. 發展海運：添購輪船，航線遍及中國大陸沿海各港及香港、新加坡、西貢、呂宋等地。

㈤增加軍購，鞏固國防

1. 重建砲臺：在基隆、淡水、安平、高雄及澎湖等要塞重建新式砲臺十座，並購入西洋巨砲三十一尊。
2. 設兵工廠：在大稻埕興建機器廠，自製槍彈。
3. 建軍火庫：設立軍械所、火藥局，以儲存槍械彈藥。
4. 設水雷營：在基隆和淡水設置水雷局和水雷營，使水雷和砲臺相互爲用。

㈥發展教育，培育人才

1. 創辦西學堂：在臺北創辦西學堂，以公費培養洋務人才，以利推動各項新政之需。

2. 創辦電報學堂：以公費培養電信技術人才，以應全省各電報局業務之需。
3. 設立番學堂：以公費招收原住民子弟入學就讀，以培養原住民的幹部領導人才及通事人才。

三、邵友濂守成不足

劉銘傳在臺灣推動自強新政五年的結果，使臺灣成爲那時中國最進步、最現代化的一省。其籌集經費之艱辛，所立功業之顯赫，有目共睹，永垂史冊。可惜他求好心切，操之過急。一時之間，新政措施又多又鉅，同時並舉。其所耗費財力之多之鉅，誠非當時政府財政能力所可負荷。然而，爲增加財力，廣闢財源，他大刀闊斧，著手清丈土地，清查隱田。此舉對民眾來講，等於是增加民眾的納稅負擔，當然不受歡迎。加以原來的大地主也因爲既得利益被剝奪而暗中阻撓，結果引發一八八八年（光緒十四年）彰化地區的「施九緞抗丈圍城事件」。彰化的大地主施九緞帶領群眾數百人，以清丈不公爲由，打著「官激民變」的旗幟，圍攻彰化縣城，要求撕毀清丈土地的丈單。此一事件，雖經派兵鎮壓平息，並拿捕失職知縣撤職查辦。可是已使劉銘傳心灰意冷，壯志未酬。於一八九〇年（光緒十六年）十月辭職，拂袖回大陸，告老還鄉。五年後，病逝於故鄉安徽合肥，享年五十九歲。

劉銘傳去職後，清廷改派邵友濂接任臺灣巡撫。邵氏走馬上任，馬上面臨財政困難的窘境。因爲臺灣建省之初，財政無法自立自足，協商結果由福建關稅支助五年經費給臺灣作爲建設用途，每年支助一百萬餉銀。現在，五年期滿，福建的財政支援也正好終止。邵友濂面臨「巧婦難爲無米炊」的窘境，坐困愁局，束手無策，被迫採取緊縮預算之方式，取消許多正在進行中的新政建設。例如：停建施工進行中的中壢至新竹段之鐵路工程。撤廢煤油局、伐木局。停止官營採煤，裁撤西學堂、電報學堂、番學堂等等，不一而足。

邵友濂於財政困難時，不去想辦法尋求或開闢新財源，繼續建設新臺灣，竟反其道而行，以致許多進行中的新政建設半途而廢。邵友濂的智謀才幹和爲政能力實在遠不如劉銘傳。終使清廷的治臺政策又走回頭路，回歸到清初的消極治臺的路線，造成劉銘傳自強新政的重大挫折，更使臺灣發展前進的步伐停滯不前。可以說，邵友濂是一位「開創無方，守成又不足」的臺灣巡撫。

第十節　臺灣發展南北易勢

一、早期政經中心在臺南

在臺灣史上，由於早期的荷蘭據臺和鄭成功開臺，都以臺南爲統治中心。一六八四年（康熙二十三年）清廷將臺灣收入版圖以後，頒布渡臺禁令，又在臺灣島上實施封山禁墾，大批的偷渡客到臺，依然循荷鄭時期的模式，以臺南爲中心分向南北拓墾開發。不僅如此，康熙帝的消極治臺政策，在臺灣實施「一口通商時代」，也就是臺灣對中國大陸通商貿易，僅僅開放臺南安平一個港口與中國大陸的廈門貿易，並禁止對西洋國家貿易。如此一來，臺南就成爲全臺對外貿易通商的唯一港市。臺南港市的繁榮景象，盛極一時。

職是之故，自從一六二四年（明朝天啓四年）荷蘭人據有臺灣到一八八五年（光緒十一年）臺灣建省爲止，在這二百多年的漫長歲月中，臺南一直遙遙領先，是臺灣島上的政治中心，也是經濟中心，更是臺灣第一大都市。古時候所謂「一府二鹿三艋舺」的俗語，就是明指臺南府城是臺灣第一大都市。可是從一八七五年沈葆楨奉命防守臺灣開始，沈葆楨爲配合移民向北開發的進度，增設臺北府與臺灣府（臺南）分庭抗禮。臺北府管轄北部的三縣一廳。從此，啓動了開發臺灣北部的步伐。

二、開港後經濟中心北移

臺灣的土地和氣候適合種植稻米和甘蔗，不宜於生產棉花和桑蠶。而且種植稻米和甘蔗的平原，主要分布在臺灣南部。一六八四年（康熙二十三年）臺灣收入中國版圖以後，全島的對外貿易全部集中在臺南安平港，臺南自然而然成爲臺灣的經濟中心，造成早期臺灣的經濟重心偏南部。此一時期，因爲北部地形多爲丘陵，人口不多，資金也少，所以商業、經濟的發達程度，遠遠落後於南部。

自從一八五八年（咸豐八年）天津條約臺灣開港以後，形勢改觀。北部地區開放淡水和基隆兩個港口對外貿易通商，同時也解除了臺灣對西洋國家貿易通商的禁令，給北部地區帶來了無限商機。西洋國家的市場，對臺灣的茶和樟腦的需求量特別大，尤其以茶爲出口大宗。茶和樟腦的生產地爲丘陵地帶，而臺灣的地理形勢南部多平原，北部多丘陵，這使得北部的丘陵地帶紛紛開闢成茶園或以生產樟腦為主。產品則由淡水和基隆出口。原來不適合耕作的荒廢山丘，陸續開墾為茶園，帶動地方經濟成長和人口增加。在一八八〇年以前，南部的貿易額一直領先北部。但從一八八一年以後就倒轉過來。北部的茶和樟腦的貿易額後來居上，竟然遠超過了南部米和糖的貿易額。臺灣的經濟重心從此南北易勢，臺灣的經濟中心移往北部。

三、建省後政治中心北移

一八八五年（光緒十一年），清廷宣布臺灣建省。為了配合南北經濟地位的易勢，行政區重劃為「三府十一縣三廳一直隸州」，並把省都遷離臺南以後，臺南的地位從此一落千丈，繁榮景象大不如前。相反地，臺北成為省都以後，各項建設陸續展開，經濟日趨繁榮，人口日益增加，把臺南原有的地位和繁榮取而代之。如此一來，臺灣島上的政治發展開始南北易勢了。

當劉銘傳就任臺灣巡撫之初，原先選上地理位置南北適中的臺中做為省都。可是臺中省城的建築資金龐大，又耗時耗力。劉銘傳就在一八八七年暫借臺北作為巡撫駐地。不料，後來又考慮到鐵路建設為當務之急，便不期然地把臺中省城的建築經費暫時挪借以修鐵路，省城建築暫時按下。這一耽擱竟使臺中省城的建設無法在一八九〇年劉銘傳離任之前完成。一八九四年（光緒二十年），接任的臺灣巡撫邵友濂奏准將省都遷到臺北。從此，臺北為全臺政治中心的地位正式奠定。

四、劉銘傳建設臺北市

劉銘傳的巡撫衙門暫駐臺北期間，他對臺北市的建設，貢獻良多，舉要介紹如下：

(一)建設對外交通

一八九〇年完成了臺北基隆間的鐵路，使北部生產的茶可以經由鐵路運輸，從基隆出口。

(二)發達市區交通

修築市區道路，並輸入人力車，使市區交通更加方便。

(三)開鑿公共井水

那時政府財力無法裝設自來水，遂在市區各重點開鑿公共井水，以代替自來水，供市民共同使用。

(四)裝設電燈

使臺北市民夜間可以營業和辦公，市容更加壯觀美麗。

(五)興建商店街

引入上海、蘇州、浙江等地的富商，投資興建臺北的商店，繁華市區景況。

(六)開闢人行道

爲便利行人避暑遮雨，規定道路兩側商店的屋簷下，均須各留丈二的空間作爲人行道，也就是臺灣俗稱的「亭仔腳」。「亭仔腳」成爲臺灣都市建築的一大特色。

由於劉銘傳的苦心經營，使原先落後荒蕪居民寥寥的臺北市，逐漸具備了近代化都市的雛形。當一八九〇年，日本駐福州領事上野專一到臺灣考察的時候，目睹臺北市的進步景觀，不禁盛讚臺北是個小上海。

臺北市經過劉銘傳的苦心經營，積極建設，不但成爲臺灣的省都，也躍升爲臺灣的第一大都市。反之，昔日第一大都市的臺南則屈居爲臺灣古都。同時，因爲安平港日益淤淺，不能進出大船，昔日的大港地位也被高雄港取而代之，終於造成風光二百多年的臺南府城欲振乏力，日趨沒落。

五、清末治臺兩大功臣

自從一六八四年（康熙二十三年）臺灣收入中國版圖起算，到一八九五年（光緒二十一年）中日簽訂馬關條約臺灣割讓日本爲止，清廷統治臺灣前後共計二百一十二年。在此段漫長歷史歲月中，清廷對於臺灣，始終抱持消極的放任政策，讓臺灣的發展聽其自然，從不積極規劃建設經營臺灣。直到一八五八年臺灣開港，列強勢力紛紛進入臺灣，中外糾紛有增無減。尤其，一八七四年牡丹社事件發生，日本派遣艦隊遠征，正式攻打牡丹社山胞，登陸臺灣南部，企圖占領臺灣。清廷此時才大夢初醒，始重視臺灣防務，派遣欽差大臣沈葆楨到臺灣籌辦海防。沈葆楨巡視和考察臺灣短短一年多的時間，一改先前的消極治臺政策，採取積極的開放政策，並規劃和建設臺灣，貢獻良多。從此時開始，到一八九五年中日馬關條約臺灣割讓日本爲止，是滿清治臺的最後二十年，也是清末治臺時期。在此一時期，沈葆楨和其後擔任治臺五年的首任臺灣巡撫劉銘傳，引導臺灣漸漸走向現代化，進入文明世界。

在此段臺灣文明發展的過程中，建設最多、貢獻最大的，有兩位大功臣，就是沈葆楨和劉銘傳。他們的輝煌政績，已如前敘，歷歷在目，有目共睹。因此之故，連橫在其鉅著「臺灣通史」裡，以史家的觀點，對這兩位清末治臺大功臣備加讚揚，評價很高，評語貼切入微，足以引人入勝。茲引錄如下：

連橫對沈葆楨的評語如下：

臺灣歸清以來，閉關自守，與世不通。苟非牡丹之役，則我鄉父老猶是酣歌恒舞於婆娑之洋焉。天誘其衷，殷憂日至。析疆增吏，開山撫番，以立富強之基，沈葆楨締造之功。

連橫對劉銘傳的評語如下：

臺灣三百年間，吏才不少，而能長治之策者，厥維兩人。曰陳參軍永華。曰劉巡撫銘傳。是皆有大功勞於國家者也。永華的王佐之才（意指佐助東寧國王鄭經），當艱危之局，其行事若諸葛武侯。而銘傳則管商之流亞也（意指管仲及商鞅之同流人才）。顧不獲成其志，中道以去，此則臺人之不幸。然溯其功業，足與臺灣不朽矣！

在清末治臺的最後二十年裡，沈葆楨和劉銘傳這兩位大功臣，縱使全心全力，建設臺灣，力圖振作，努力開發臺灣，以期臺灣長治久安。可惜自從一八六八年日本明治維新，講求富國強兵，對外侵略擴張以後，日本虎視臺灣已久。這兩位大功臣的努力，時不我予，爲時已晚，無力可回天，終究無法挽救臺灣被日本併呑的悲慘命運。

第四章　日本統治臺灣時期

第一節　明治維新與馬關條約

一、日本的明治維新

在古代，日本是一個閉關自守、封建落後的國家。日本天皇擁有無上權威。日本國民以「效忠天皇」爲最高精神指標。至十七世紀初，德川家康起兵打敗其他諸侯，一統天下。日本天皇封他爲「征夷大將軍」。此後，德川家康表面上尊奉天王，實際上則大權獨攬，目無天皇，甚至前往江戶（今之東京）建立他的封建軍事專制政權，把留在京都的日本天皇置之度外。天皇已成虛位元首。

在德川家康的統治下，他將國家的土地分封給二百六十個諸侯，諸侯的封號叫做「藩」。每一個「藩」又得以將自己的領地分封給「武士」，武士就是職業軍人，對百姓擁有生殺予奪之權。就這樣，德川家康利用「藩」和「武士」統治日本。對內禁錮人民思想，對外實行鎖國政策，歷代世襲，共傳十五代將軍。此即日本史上長達二百六十多年的幕府將軍統治時代。

到十九世紀中期，一八五三年和一八五四年，美國海軍將領柏利（Perry）兩度率領艦隊，攜帶國書，強行闖入日本江戶灣，英俄繼起仿效。在列強的砲火壓力下，日本幕府被迫與歐美國家訂約通商，打開日本門戶，這便是日本近代史的開端。

門戶洞開以後，日本人引爲奇恥大辱，於是「尊王攘夷」的呼聲高唱入雲。爲了雪恥圖強，一方面各地諸侯開始派遣大批學生到西方留學，以期學成歸國服務，推動近代化的各項建設，漸漸奠定了日本的強國基礎。另一方面，生活困苦的百姓則紛紛起義，展開「倒幕運動」。一八六七年十二月九日，各路倒幕軍聯合發動宮廷政變成功，擁護年少有爲的明治天皇重掌國政，宣布「王政復古」。

一八六八年年（同治七年），日本明治天皇以十六歲的英年正式即位。明治天皇即位後，將首都由京都遷到江戶，並改名爲東京。廢掉幕府，改藩爲縣。頒布帝國憲法，成立國會，實行君主立憲制度，從而樹立了中央集權的天皇制度。在明治天皇的英明領導下，任用大批留歐學生，全面推動日本近代化的工作，以達富國強兵之目標，史稱「明治維新」。

二、中日甲午戰爭

明治維新的結果，日本國力漸強，隨而產生了兩個政策。一爲向太平洋島嶼發展的南進政策，二爲向亞洲大陸發展的西進政策。南進必須侵略臺灣，西進必須侵略朝鮮。我們可以說，日本明治維新以後，就註定了與中國衝突的命運。

日本侵略臺灣，以一八七一年的牡丹社事件爲藉口，派遣遠征艦隊，攻打臺灣，占領了臺灣南部。三年後，中日兩國才在北京簽訂中日臺事專約，結束此一事件。中國既道歉又賠款，日軍才願從臺灣撤退。日本侵略朝鮮則利用一八九四年（光緒二十年，甲午年）在朝鮮所發生的東學黨之亂，以保護僑民爲藉口，大量出兵朝鮮，終至引發中日之間的甲午戰爭。

甲午戰爭，中日兩國一共打了兩百天左右，中國海陸兩敗。黃海海戰，中國的北洋艦隊慘敗，日本因而取得制海權。此後日軍源源湧向朝鮮，清軍連戰連敗。日軍自朝鮮攻入中國東北，東北大部分地區很快落入日軍手中。一八九五年初，日本艦隊攻下威海衛。截至此，山東半島和遼東半島都已掌握在日軍手中，日軍從此扼住了渤海的南北咽喉，日軍要從海上進攻北京易如反掌。清廷知道大勢已去，急派李鴻章到日本去議和。

三、中日馬關談判

一八九五年（光緒二十一年）三月二十日，李鴻章與日本首相伊藤博文在日本的馬關春帆樓開始談判。李鴻章主張先停戰再談判，伊藤則提出停戰條件，要求由日軍先行占領大沽、天津、山海關等三處要地，為李鴻章所不能接受。伊藤就反過來要求撤回停戰要求。三月二十四日，中日舉行第三次會議，李鴻章同意不談停戰條件，改要求伊藤直接提出和約草案，伊藤答允明日面交。不料散會後，李鴻章在返回旅館途中，突遭日本狂徒小山豐太郎擊中一槍，彈中左頰，血流如注，震驚國際。日本政府更是驚慌萬狀，深怕李鴻章借機回國，招引國際干涉，對日本不利。因此，日本政府為了表示歉意，就自動下令：「除臺澎地區外，其他戰區一律停戰三星期。」

日本政府此項停戰命令意義非凡。因為甲午戰爭中，日本志在必得臺灣，而那時日本的征臺艦隊仍在航行途中，尚未登陸臺灣。在未來的和約裡如果要求中國割讓臺灣給日本，顯然缺乏立場。因此，臺澎地區不在此停戰範圍內，而日本遠征艦隊則加速駛向臺灣，可見臺灣對日本帝國主義的重要性。

日本下令停戰後，深怕李鴻章病情惡化，不利談判，快速提出了狠毒無比的和約章案，並限四天內答覆。清廷方面，深恐李體力不支，加派李經方為全權大臣，與伊藤談判。李經方認為日方和約草案要求過苛，請伊藤酌情減輕。然伊藤卻乘機當面威嚇李經方說：「日本為戰勝國，中國為戰敗國。……如不幸此次談判破裂。則我命令一下，七十艘之運兵船，搭載大軍，舳艫相接，直往戰地。如此則北京之安危，就有不忍言者。中國全權大臣一去此地，能否再安然出入北京城門，亦屬不能保證。」

在此後的一週裡，經過李鴻章和伊藤兩度面談，日本將條款略作讓步，賠款由三億兩減為二億兩，並將遼東割讓地範圍略為縮小，自此絕不再讓步，而停戰期限已將屆滿，於是經清廷許可，李鴻章同意簽字。

四、中日馬關條約

一八九五年四月十七日（光緒二十一年三月二十三日），中日雙方代表在馬關，正式簽訂中日馬關條約。要點如下：

㈠中國承認朝鮮獨立。
㈡中國割讓遼東半島及臺灣、澎湖所屬島嶼給日本。
㈢中國賠款二億兩，分八年交清。
㈣割地內人民在兩年之內，任便遷居。逾期不遷，視為日本臣民。

(五)中國開放沙市、重慶、蘇州、杭州爲通商口岸。
(六)日人得在各通商口岸從事各項工業製造。
(七)換約後三個月日本撤兵。

五、三國干涉還遼事件

馬關條約的內容一公布，驚動了俄國。日本取得遼東半島，阻塞了俄國的南侵野心。那時俄國的西伯利亞大鐵路已建築至中國東北的邊境，正想向中國談判借地修路，經過中國東北由旅順、大連出海。現在，日本棋先一著，奪得中國東北的遼東半島，等於給了俄國的南侵一個當頭棒喝。於是，俄國立刻聯絡利害與共的德、法兩國共同出面干涉，壓迫日本退還遼東半島給中國。

日本內審國力，外察世局，實在無力再對三國作戰，只好忍辱屈服。結果，同年十一月八日，簽訂中日遼南條約。中國收回遼東失地，但由中國另外補償三千萬兩銀給日本。此即世界近代史上鼎鼎有名的「三國干涉還遼事件」。如此推演的結果，日本在馬關條約裡實際從中國所得到的領土，就只有寶島臺灣了。

第二節　臺灣獨立與軍民抗日

一、臺灣民主國的曇花一現

甲午戰爭的結果，中日兩國於一八九五年簽訂馬關條約。馬關條約規定中國割讓臺灣、澎湖給日本，立刻引起臺灣同胞的反對和反抗，立即宣布獨立。日本則派遣強大艦隊以武力強行接收臺灣，臺灣同胞經過六年的堅守苦戰，終於不支，淪入日本魔掌。此即一般所謂的「臺灣獨立抗日運動」。

馬關條約割讓臺灣的消息傳出後，臺灣人民「奔走相告，聚哭於市，夜以繼日，哭聲達於四野。」邱逢甲領導臺灣紳民請巡撫唐景崧代電清廷收回成命，不得如願。邱逢甲在電文中義正詞嚴，慷慨激揚說：「臣等桑梓之地，義與存亡，願與撫臣誓死守禦；設戰而不勝，請俟臣等死後，再言割地。」邱逢甲欲死守臺灣，臨難不逃。可是後來當日軍登陸基隆，尚未進攻臺北的時候，他卻挾款十萬兩，未戰先逃，逃回中國大陸，徒留笑柄。

那時，南洋大臣張之洞眼見俄、德、法「三國干涉還遼事件」成功。張之洞受到鼓舞，主張循此模式，由外交途徑，借重英、法之力量，依賴國際勢力，阻止日軍接收臺灣，可是無果而終。

在清廷無法修改條約和國際援助無望的情勢下，臺灣人民爲自求多福，終於在一八九五年五月二十五日創立遠東第一個「臺灣民主國」。公推巡撫唐景崧爲總統；邱逢甲爲義勇統領；劉永福爲民主大將軍，鎮守臺南；林朝棟守臺中。製作藍地黃虎國旗，定年號爲「永清」。唐景崧半推半就，卻在拜受大命之日，望向北京九叩首謝罪。隨即電告清廷，聲明永遠尊奉清廷為正朔，遙作屏藩。同一天，又發表一篇獨立文告，昭告中外說：「願人人戰死而失臺，絕不願拱手而讓臺。……此非臺民無理倔強，實因未戰而割全省，為中外千古未有之奇變。」從此，獨立和抗日的浪潮遍布臺灣全島。

在日本方面，因恐臺灣受三國干涉還遼之影響，發生變故。因此，馬關條約在煙臺換約生效後，就急派樺山資紀任臺灣總督，領兵前往接收臺灣。清廷則派李經方為全權代表前往臺灣辦理移交。那時，臺灣已經宣布獨立，雙方代表不敢上陸，就在基隆外海的日本軍艦上舉行交割簽字儀式。在此五天之前，也就是五月二十九日，日軍一萬多人已在基隆附近的澳底登陸，對臺灣展開血腥鎮壓。

日軍登陸後，勢如破竹。五天之內，占領基隆。基隆潰兵退到臺北，要求唐景崧領導出戰，可惜唐景崧趁著兵慌馬亂之際，溜之大吉，逃之夭夭。他從淡水慌張搭乘德商輪船逃到廈門。隨後，邱逢甲、林朝棟相繼逃往福州。臺北城內群龍無首，秩序大亂。積屍遍地，哭聲鼎沸。日軍不知虛實，不敢冒然前進，徘徊觀望了兩天。此時臺北士紳為了安定秩序，就推派辜顯榮（鹿港人）帶同美國記者和德國商人，前往基隆出面迎敵帶路。日軍終於一槍不發，不武之勝，於六月七日進入臺北城。「臺灣民主國」曇花一現，僅僅十三天就壽終正寢。

二、義勇軍的抗日作戰

臺灣民主國雖然消失了。可是臺灣義勇軍和臺灣義民並不屈服，仍不願接受日本的異族統治。當臺灣民主國宣布獨立之初，那時原有的清朝駐臺軍隊四萬多人，自告奮勇，組成一支「臺灣義勇軍」，展開抗日戰爭。同時，許多具有強烈民族意識的民間組織，也以「義民」的身份自動反抗和抵抗日軍占領臺灣。這樣一來，日本要統治臺灣，立刻面臨臺灣義勇軍和臺灣義民的雙重反抗力量。

日軍占領臺北城後，六月十七日，臺灣總督府就在臺北舉行始政典禮，展開對臺灣的殖民統治。那時日軍所能控制的地區，僅限於臺灣北部的基隆、臺北和淡水一帶。日本臺灣總督想要統治全臺，尚倚仗日軍的強大武力來剷除臺灣的反抗勢力。

臺北失守後，日軍向南進攻，從桃園、新竹到苗栗，沿途遭到臺灣義勇軍的頑強抵抗。那時臺灣中南部正值雨季，山洪時發，渡河行軍不易，日軍遂暫時按兵不動。到七月底，日軍大舉南犯，義勇軍和劉永福的黑旗軍苦戰無果，節節敗退，臺中和彰化相繼淪陷。九月，雙方激戰於彰化和雲林之間，死傷慘重。八卦山之役，義勇軍之犧牲尤爲英勇壯烈。最後，日軍爲了速戰速決，一舉攻下殘兵重地的臺南城，採取了三面圍攻臺南的戰略。一路自彰化經嘉義南下，二路自枋寮登陸經高雄北上，三路自西海岸的布袋嘴登陸攻向臺南。臺南自此陷入重圍。日本臺灣總督樺山資紀寫信勸劉永福率部投降，爲永福所峻拒。永福以孤軍苦守絕地，久戰數月無功，又無外援支助，最終彈盡援絕，眼見大勢已去，不得不西渡廈門，回到廣東的欽州故鄉。十月二十一日，日軍攻下臺南，臺灣的抗日運動告一段落。爲了紀念劉永福在臺南領導抗日之功，今天的臺南市有永福路，也有永福國小。

三、義民的游擊抗日

劉永福內渡後，臺灣義勇軍的抗日作戰雖告瓦解，可是臺灣義民依然控制著鄉區田野，繼續對日軍展開游擊作戰，聲東擊西，出沒無常。北部地區的義民抗日，由簡大獅領導；中部地區則以柯鐵虎爲代表；南部地區則以林少貓最具代表性。

在義民抗日作戰的過程中，一八九六年日軍曾在雲林地區遭受重大失敗，惱羞成怒，遂展開「雲林大屠殺」，進一步激發了民眾的抵抗意志和作戰精神，直到一九二〇年才告平息。在南部地區則以義民攻擊潮州辦務署事件規模最大。在此一事件中，閩客鄉民共推領袖與林少貓並肩作戰，並得到恆春原住民的響應，合力抗日。終因武器落後又無統一指揮而告失敗。在日軍的強大武力鎭壓下，此一時期臺灣義民雖然英勇抗日，前仆後繼，然犧牲慘重，因參加抗日而戰死或被俘殺害者，高達一萬多人。

從一八九五年十月到一八九七年底爲止，戰事始終未停。一八九六年一月開始，日軍以高壓手段對付義民，殺人盈野，死傷枕藉，義民不爲所屈。日本束手無策，一年之中，連續換了兩任總督。先是以桂太郎取代樺山資紀，接著又以乃木希典取代桂太郎。前後三任總督都不得要領，統治不了臺灣。迨一八九八年（光緒二十四年）二月，兒玉源太郎出任臺灣總督後，才使得久經戰亂的臺灣，撥亂反正，恢復正常狀態。

兒玉源太郎是位將軍亦是一位政治家，能詩善賦，中國文學修養很深。他擔任臺灣總督又任用足智多謀的後藤新平擔任民政長官，良相佐國，使得他的治臺政績大放異彩。兒玉源太郎走馬上任後，放棄高壓政策，改採懷柔政策。先對反抗義民，畫清楚河漢界，互不侵犯，然後再行勸降。同時，在臺灣整理金融，安定經濟，開發交通，發展實業，使得飽經戰火洗劫的臺灣苦難同胞，一新耳目。於是，人心漸服，大局漸安。到一九〇二年，臺灣南部被視爲游擊英雄的鳳山林少貓部眾被消滅後，抗日戰事全部終止。臺灣總督府宣布平定全島，日本完全統治了臺灣。

四、臺灣獨立與抗日之檢討

回顧清朝將臺灣、澎湖割讓給日本後，臺灣同胞的獨立和抗日運動，雖然在武力懸殊，敵我戰力相差甚遠的惡劣情勢下，難逃失敗的命運。可是其英勇之作戰，壯烈之犧牲，則令後人景仰，懷念不忘。在列強袖手旁觀，清朝駐臺官吏貪生怕死，紛紛逃亡的惡劣局面下，臺灣同胞依然以落後武器，單憑旺盛士氣，奮力抵抗裝備精良的強大日軍，支撐達六年之久。臺灣同胞這種保家衛土的精神，將永垂史冊。

在臺灣獨立和軍民抗日的過程中，最令人不齒和髮指的是，那批腐敗僞君子的清朝駐臺官吏。他們在宣布臺灣獨立的時候，義憤塡胸，信誓旦旦地說：「願人人戰死而失臺，絕不願拱手而讓臺。」可是，當日軍占領基隆尚未攻打臺北之前夕，唐景崧、邱逢甲、林朝棟這批號稱臺灣民主國三大領袖的人物，立刻原形畢露，貪生怕死，未戰先逃。此種極端懦夫的表現，連橫竟令人意外地爲他們辯護。

連橫說：

以景崧之文，永福之武，並肩而立，若萃一身，乃不能協守臺灣，人多訾之。顧此不足為二人之咎也。夫事必先推其始因，而後可驗其終果。臺為海中孤島，憑恃天險，一旦援絕，坐困愁城，非有海軍之力，不足言圖存也。且臺自友濂受事後，節省經費，諸多廢弛，一旦事亟，設備為難。雖以孫吳之治兵，尚不能守，況於戰乎。

連横爲唐景崧多方辯解，筆者不敢苟同。蓋事前既知臺灣爲海中孤島，一旦援絕，不足言圖存，就不應宣布臺灣獨立，招來日軍武力鎮壓，平白犧牲臺灣軍民。既已宣布獨立，就須死守，與土與民共存共亡，以表志節。見風轉舵，未戰先逃，僅徒然遺臭史冊，枉然犧牲數萬同胞軍民，自己則苟且偷生。此種無恥惡行，實爲清吏貪生怕死的鄉願惡習所致，亦爲清末腐敗，對外戰爭連戰連敗，招致亡國之痛的根由。

第三節　臺灣總督與殖民統治

一、總督大權的由來

日軍登陸臺灣以後，雖然臺灣民主國曇花一現，可是，由於臺灣義勇軍和臺灣義民前仆後繼，堅強抗日作戰，使得日軍征服臺灣一波三折。戰事曠日持久以後，征臺日軍損兵折將，又傷日本國家財力。日本占領臺灣，不但無所得，反傷國力。因此，在日軍登陸臺灣三年後，引發日本國內議論紛紛，興波作浪，甚至主張乾脆「以一億日圓賣掉臺灣」較為合算。那時，法國聞風，興趣盎然，表示願意承接。後經日本國會表決結果，以此微差距之票數，否決此案。日本打算出賣臺灣的提案胎死腹中。

當一八九五年十月底，首任臺灣總督樺山資紀弭平了臺灣義勇軍的抗日作戰以後，接著面臨更為棘手、更為艱困的臺灣義民的游擊抗日作戰。想殲滅游擊戰爭比打贏正規戰還困難幾倍，臺灣距離日本本土遙遠，遙不可及。際此非常之時，處此非常之地，倘要徹底打贏此一非常之戰，勢非授以臺灣總督非常之權不為功。職是之故，日本國會於一八九六年三月通過「法律第六十三號」，簡稱「六三法」。依據「六三法」，在臺灣地區內，臺灣總督所發布的命令與法律同等效力。加以臺灣總督本身又是由武官兼任。因此，臺灣總督實際上握有臺灣地區的行政、立法、司法以及軍事大權。臺灣的軍政大權由總督一人包辦。這樣一來，臺灣同胞的生殺予奪之權，就完全操在臺灣總督一人之手了。因此，臺灣總督形同臺灣的「土皇帝」。更有人說，由於「六三法」的實施，臺灣已變成「日本帝國中的帝國」。

二、總督大權的演變

㈠「六三法」

根據一八九六年日本國會所通過的「六三法」，臺灣總督獨攬臺灣的軍政大權，毫無節制或制衡力量。總督可以隨心所欲地制定法律或發布命令，羅織罪狀，重刑殺人，「六三法」變成臺灣惡法的來源。例如：總督府頒布「臨時法院條例」，設立臨時法院，對於抗日義民逕行宣判死刑或重刑，此外，另頒布「匪徒刑罰令」，對於抵抗官吏或軍人處以死刑。

(二)「三一法」

依據「六三法」，總督擁有的權力過大，引發臺灣的知識份子推動「廢除六三法運動」。到一九〇二年，第四任臺灣總督兒玉源太郎又正式宣布已經平定臺灣全島。此後，日本國會議員也常在日本國會裡質疑「六三法」是否涉嫌違背憲法。因此之故，一九〇六年日本國會通過「法律第三十一號」，簡稱為「三一法」。規定臺灣總督所頒布的法律或命令，不得和日本國內的法律或敕令相牴觸。日本國會以「三一法」取代「六三法」，對總督的大權稍有限制。不過，臺灣總督依然大權在握，限制不多。

(三)「法三號」

第八位臺灣總督，也是第一位文官總督的田健治郎，於一九一九年十月到任。一九二一年，日本國會制定「法律第三號」，簡稱為「法三號」，再一次對臺灣總督的大權加以規範。規定日本國內之法律原則上適用於臺灣，臺灣總督只有在特殊情況下才能制定法律。至此，「法三號」又取代了「三一法」。

三、歷任總督的瀏覽

從一八九五年日本占領臺灣起算，至一九四五年日本戰敗放棄臺灣爲止，日本統治臺灣正好五十年。在這半個世紀的統治臺灣期間，日本共派出十九位臺灣總督。這十九位臺灣總督可以區分爲三個階段如下：

㈠初期武官總督時期

前七任總督由武官擔任，治臺共計二十四年。前七年是以武力征討臺灣的抗日運動。後十七年則是以漸進主義推動臺灣的各項建設，企求取得臺灣同胞的認同，展開「同化主義」政策。

㈡文官總督時期

中間九位總督由文官擔任，治臺共計十七年。由於一九一九年第一次世界大戰結束以後，民族自決的浪潮瀰漫全世界，爲順應世局，日本政府乃於一九一九年十月派出田健治郎擔任臺灣總督，開啓了文官總督時期。

㈢後期武官總督時期

最後三任總督恢復由武官擔任，治臺共計九年。爲配合日本擴大侵略戰爭的需要，日本就在七七事變全面侵華戰爭的前一年，派出海軍大將小林躋造任臺灣總督，恢復武官總督治臺，一直到一九四五年八月日本戰敗放棄臺灣爲止。

臺灣歷任總督一覽表

背景	總督姓名	任職起訖時間	任職時間	出身	重要記事
初期武官總督	1. 樺山資紀	一八九五年五月～一八九六年六月	一年二個月	海軍大將	(1) 臺灣交割。 (2) 國會通過「六三法」。
	2. 桂太郎	一八九六年六月～十月	四個月	陸軍中將	
	3. 乃木希典	一八九六年十月～一八九八年二月	一年四個月	陸軍中將	
	4. 兒玉源太郎	一八九八年二月～一九〇六年四月	八年二個月	陸軍大將	(1) 平定全島。 (2) 實施「無方針主義」。 (3) 實施「語言同化政策」。
	5. 佐久間左馬太	一九〇六年四月～一九一五年五月	九年一個月	陸軍大將	(1) 國會通過「三一法」。 (2) 任期最長之總督。
	6. 安東貞美	一九一五年五月～一九一八年六月	三年一個月	陸軍大將	

背景	總督姓名	任職起訖時間	任職時間	出身	重要記事
	7. 明石元二郎	一九一八年六月～一九一九年十月	一年四個月	陸軍大將	
文官總督	8. 田健治郎	一九一九年十月～一九二三年九月	三年十一個月	上院議員	(1)實施「內地延長主義」。 (2)國會通過「法三號」。
	9. 內田嘉吉	一九二三年九月～一九二四年九月	一年	上院議員	
	10. 伊澤多喜男	一九二四年九月～一九二六年七月	一年十一個月	上院議員	
	11. 上川滿之進	一九二六年七月～一九二八年六月	一年十一個月	上院議員	
	12. 川村竹治	一九二八年六月～一九二九年七月	一年二個月	上院議員	
	13. 石塚英藏	一九二九年七月～一九三一年一月	一年六個月	上院議員	

背景	總督姓名	任職起訖時間	任職時間	出身	重要記事
	14. 太田政弘	一九三一年一月～一九三二年三月	一年二個月	上院議員	
	15. 南弘	一九三二年三月～一九三二年五月	三個月	上院議員	任期最短之總督
	16. 中川健藏	一九三二年五月～一九三六年九月	四年三個月	上院議員	
後期武官總督	17. 小林躋造	一九三六年九月～一九四〇年十一月	四年三個月	海軍大將	三大施政方針爲：「皇民化、工業化、南進基地化」
	18. 長谷川清	一九四〇年十一月～一九四四年十二月	四年一個月	海軍大將	
	19. 安藤利吉	一九四四年十二月～一九四五年十月	十個月	陸軍大將	在臺實行征兵制

四、殖民統治的方法

㈠多元並舉的殖民統治

一八九五年日本占領臺灣以後，一直把臺灣視作殖民地進行統治。殖民統治的方法是從政治、社會、經濟、教育等各方面，同時並舉，簡列如下：

1. 在政治方面：臺灣大小官吏清一色是日本人，臺灣人沒有參政的機會，也就是以日本人統治臺灣人。因此，從一九一〇年代起引發了連續不斷的臺灣人請願運動和民族運動。

2. 在社會方面：日本以警察、憲兵、軍隊三種力量，維持臺灣的社會治安，統治臺灣人民。尤其，從一九〇二年總督府宣布全臺平定時起，警察更利用保甲制度作爲輔助機構，統治全臺灣人民。

3. 在經濟方面：在「工業日本，農業臺灣」的口號下，發展臺灣農業，將臺灣的米和糖大量輸往日本，以補充日本工業化後農產不足的問題。一九四一年，日本發動太平洋戰爭後，爲配合戰爭需要，又喊出「工業臺灣，農業南洋」的口號，發展臺灣工業，把工業產品從臺灣就近送到南洋戰場去支援戰爭。

4. 在教育方面：從日本占領臺灣開始，日本在臺灣就從學校和社會各方面，積極推動日本化教育，各學校全面推展日語教學，以期同化臺灣人。

㈡典型的警察政治

日本殖民統治臺灣，以實施警察政治爲政策的重心，並以臺灣固有的保甲制度爲輔助機構。警察的職權，包羅萬象，無所不包。主要職權包含三項：

1. 執行法律和維持公共秩序：例如審查出版物、監視公共集會、管制槍砲彈藥、審理小刑案、取締吸食鴉片、管理番地、當鋪、旅館、妓女戶等。

2. 協助地方政府處理一般行政業務：例如政令宣傳、收稅、維修道路、戶口普查、管理戶籍等以支援地方行政。

3. 執行經濟統制措施：日本統治臺灣後期，因為戰爭需要，實施全面性經濟統制。利用警察干涉市場交易，取締囤積物質和謀取暴利的商人，物資一律由官方配給等等，都經由警察負責執行。

警察的職權，不僅無所不包，員額編制也大量擴充。自從一八九八年兒玉源太郎總督大刀闊斧，改革警政，深入各地，即便是窮鄉僻壤、深山內地仍廣設派出所，此外，設置訓練機關，培養警察人才，召募臺胞「巡查」作為輔助人才。警力大量擴充的結果，三年後，也就是一九〇二年，臺灣已經有派出所九百三十個，警察和巡查共五千六百七十五人。此外，為了執行「理番政策」，到一九四〇年底，為管理六十多萬人的原住民，在深山設置派出所四百八十六個，布置警察和巡查五千一百一十一人。臺灣不論平地或山地，處處布滿警察，無人不管，無事不管，可以說，臺灣是個道地的警察國家。

㈢傀儡的保甲制度

其次，因為警察所管理的人太眾，事也太繁，所以臺灣總督府就地取材，利用臺灣在清代原有的地方自治組織「保甲制度」作為警察執行業務的輔助機關。一八九八年八月，總統府公布「保甲條例」，全面成立保甲，實施連保連坐責任。規定十戶爲甲，十甲爲保。保設保正，甲設甲長。全爲義務職，在自宅處理保甲事務。警察控制及管理各項地方行政事務，保正及甲長則義務協助警察處理這些事務，形同警察的傀儡。

此外，爲鎮壓「匪徒」及防範天災，又由保甲裡選十七歲至四十七歲的男子組成「壯丁團」，成爲協助政府鎮壓武裝抗日份子的重要工具。保甲和壯丁團之經費，均由保甲內各戶人家自行負擔。在警察指揮監督下，維持地方秩序。臺灣總督善於利用臺灣固有的保甲制度，迅速建立民間自衛組織，使警察的控制深入民間的每一個人。此種警察政治的殖民統治方法，既經濟又高明。

(四)警察政治的威力

日治時期，在民間，警察具有無上權威，又事事都管。百姓一遇到警察，莫不畏懼三分，心裡害怕，所以都稱警察爲「大人」。家裡遇有小孩哭鬧，父母經常語帶威嚇說：「大人來了，不要哭。」來唬弄小孩。又譬如臺灣接收那年，筆者七歲，還清楚記得，臺灣接收後經濟和交通都尚未復原，時有鄉下農夫牽著牛車運送貨物到臺南市區，一路上牛隻邊拉車也邊拉糞，把牛糞撒在市區馬路上。那時候，在日本統治下的警察餘威尚在，警察就把車主的農夫帶到派出所，訓斥一頓兼打屁股。不久之後，牛車走在市區道路上，我們所看到的眞象是：當牛要拉便時，車主農夫馬上手持畚箕緊貼牛屁股「接糞」。這些都是日本殖民統治臺灣之下，警察政治的威力和趣事。

五、殖民統治的演變

臺灣同胞皆從中國大陸移民而來，漢族文化在臺灣早已經根深柢固。一時之間，天地倒轉，要臺灣同胞猛然接受不同文化的異族統治，根本無法適應，也無法接受。日本占領臺灣以後，臺灣同胞的苦悶成爲日本統治臺灣的難題和考驗。臺灣割讓日本以後，臺灣同胞自發性的獨立運動和抗日作戰，都是由此而起。此爲自然之理，也是自然現象。

爲了要克服文化不同所造成的統治難題，日本治臺的入手要道，就是採取「同化主義」的政策。可是兩個不同文化的民族，要同化成爲一個相同文化，談何容易。一個民族文化的改變，誠非一蹴可及，必須一步一步地長久培養，漸漸地適應，才能慢慢地改變。職是之故，日本統治臺灣，採取的是以「漸進主義」的方法，達成「同化主義」的政策目標。漸進主義的方法則是順應時勢，因時推移，歷經三個階段的演進過程。介紹如下：

(一)無方針主義時期（一八九五年至一九一九年）

此一時期爲武官總督時期。日本占領臺灣以後，以武力鎮壓臺灣同胞的抗日運動，師老無功。所以，最初三年，兩換總督，前後三任總督尙未平定臺灣。到了第四任總督兒玉源太郎於一八九八年二月到任後，起用足智多謀的後藤新平爲民政長官。兒玉源太郎名義上擔任總督的時間長達八年多，實際上後六年都在日本國內兼任軍政要職，所以他任內臺灣的統治工作，大多委由後藤新平規劃和實施。

後藤新平是一位留學德國的醫生。他主張統治臺灣必須建立在「生物學原理」上面，也就是說，要先調查清楚臺灣的風土民情和社會情況，然後對症下藥，因應時需，提出可行方案。他的此項政策被稱為「無方針主義」政策。根據此一政策，他先對臺灣的人口、土地、資源、民情風俗、產業經濟等等各方面作深入完整的調查後，再展開對臺灣的各項建設，貢獻至大。臺灣的醫療衛生建設和財政經濟建設，大多由他完成，是日治時期建設臺灣的一大功臣。

兒玉源太郎總督於一九〇六年四月卸任臺灣總督，後藤新平則於同年十一月卸任民政長官。他們倆人卸任後，繼任的幾任總督也都「蕭規曹隨」，秉持「無方針主義」政策，繼續治臺，建設臺灣。直到一九一九年最後一任武官總督明石元三郎卸任為止。

(二)內地延長主義時期（一九一九年至一九三六年）

此一時期為文官總督時期。第一次世界大戰於一九一八年十一月結束。受到美國總統威爾遜（W. Wilson）所提倡民族自決號召的影響，一九一九年以後，民族自決的思潮瀰漫全世界，民主獨立的運動也遍布四海五洲。世界各殖民地紛紛掀起獨立運動，時勢所趨，日本的治臺政策，不得不順應潮流，改弦更張。一九一九年十月，日本結束武官總督的時代，改派田健治郎擔任臺灣總督，是為文官總督治臺之始。

田健總督標榜以「內地延長主義」的政策為施政方針。他強調臺灣是日本內地國土的延長，是日本領土的一部分，而非殖民地。因此，日本治臺的目標，是要同化臺灣人，使臺灣人成為日本人。他所提出的口號是「日臺融合，一視同仁」。因此，在他任內，於一九二二年公布新「臺灣教育令」。在教育方面，取消中等以上學校的日、臺學生「分校教育」。換言之，除初等學校之外，開放日本學生和臺灣學生「同校共學」。

從田健總督開始，日本的文官總督共有九位十七年的統治期間，「內地延長主義」的施政方針一直維持不變，是日本統治臺灣較爲順暢穩健的時期。

㈢皇民化運動時期（一九三六年至一九四五年）

最後三任總督恢復由武官擔任，共計九年的統治期間。爲配合日本對外擴大侵略戰爭的需要，日本就在發動七七事變全面侵華戰爭的前一年，派出海軍大將小林躋造爲臺灣總督，恢復武官總督治臺，一直到一九四五年八月日本戰敗放棄臺灣爲止。

小林總督就任後，立刻提出「皇民化、工業化、南進基地化」做爲統治臺灣的三大原則。茲將日本在臺灣進行的「皇民化運動」的內容介紹如下：

1. 尊崇日本天皇運動：要求臺灣人崇拜日本天皇，尊崇天皇爲至高無上的精神領袖。
2. 學習日語運動：禁止臺灣人使用漢文，強迫全面學習日語。例如：稱呼「阿爸」爲「多桑」。
3. 改姓名運動：一九四〇年開始，公布鼓勵臺灣人改用日本人姓名的辦法，使臺灣人無形中成爲日本人。
4. 改信仰運動：禁止臺灣民間的寺廟，燒掉佛壇牌位。要求臺灣人改拜日本神社，改信日本社道。
5. 設置皇民奉公會：成立於一九四一年，負責訓練青年，組織幹部，作爲日本南侵的準備工作。

第四節　民族運動與抗日事件

一、臺灣的民族運動

由於「六三法」及其後「三一法」的存在，日本派到臺灣的總督，不論是文臣或武將都掌握著「至高無上」的大權。臺灣同胞在政治上、經濟上以及文化教育上，都飽受日本的統治和壓制，無法出人頭地。不過，從一九一四年第一次世界大戰爆發以後，國際情勢開始大變。一則一九一七年俄國共產革命成功，二則一九一九年中國五四運動爆發，三則第一次世界大戰結束後民族自決的呼聲高唱入雲等因素，在在刺激了臺灣同胞的民族運動，也產生了新的抗日事件。

臺灣的民族運動是由留日學生或臺灣島內的知識份子，以組織各種社團及發行刊物的方式，去推動四個階段的民族運動或政治運動茲簡介如下：

(一)廢除六三法運動

一九一八年林獻堂在東京召集臺灣留日學生，組織「啓發會」，並自任會長，展開了廢除「六三法」的運動。同時，受到中國五四運動的影響，仿效北京的「新青年」雜誌，在東京創辦「臺灣青年」，展開了臺灣人的民族及文化啓蒙運動。

其次，隨著臺灣留日學生的日益增加，一九二〇年「啓發會」改組擴大爲「新民會」，最後又演變爲「臺灣青年會」。會長林獻堂，會員有蔡惠如、羅萬俥、吳三連、郭國基、蔡培火等百多人。這批優秀的留日學生，利用假期回到臺灣各地作巡迴演講，喚起臺灣同胞的抗日情緒。此外，他們把一九二七年創刊於東京的「臺灣民報」遷到臺北發行，於一九三〇年三月改名爲「臺灣新民報」，成爲日治時期臺灣人所辦的唯一報紙。

廢除「六三法」的宗旨，是主張取消臺灣總督的特別立法權。因爲倘若臺灣總督可以制定各種特別法，臺灣就不能納入日本憲法體系。臺灣雖已變成日本領土，可是臺灣人卻得不到日本憲法的保障，此爲臺灣人心中的最痛。雖然「六三法」已在一九〇七年被「三一法」所取代，但是實際上兩者大同小異，無太大的差別。因此，「三一法」也被籠統地視爲「六三法」。

(二)臺灣議會設置請願運動

一九二一年臺灣島內的知識份子和社會精英，在臺北組織「臺灣文化協會」，以與在東京的「臺灣青年會」的活動，遙相呼應。此時，他們的政治訴求已經轉變爲「臺灣議會設置請願運動」，此爲臺灣人民族運動最初的全島性組織。它在全島各地舉辦超過八百多次的演講，對臺灣人的啓蒙運動貢獻最大。

臺灣文化協會成立後，全力支持林獻堂及留日學生所發起的「臺灣議會設置請願運動」。從一九二一年到一九三四年爲止，年年向日本國會請願，都不得要領，無果而終。其間，在一九二三年的時候，蔣渭水、蔡培火等人組織「臺灣議會期成同盟會」作爲長期抗爭的社團，可是總督府則以違反「治安警察法」爲藉口，大肆逮捕該同盟會的主要份子，史稱「治警事件」。

㈢要求地方自治運動

由於臺灣文化協會裡面有一派社會主義者，以連溫卿、王敏川爲代表，提倡農工運動。他們受到共產主義活動的影響，走向「左傾」，進而主張臺灣獨立，要求民族解放的革命戰爭，史稱「新文協」。文化協會裡的其他會員，如林獻堂、蔣渭水、蔡培火、楊肇嘉等人出面阻止無效後，宣布脫離該會，另起爐灶，而於一九二七年組織「臺灣民眾黨」，是爲臺灣史上第一個合法政黨。

「臺灣民眾黨」以要求地方自治爲主要訴求，積極推動地方自治改革運動。臺灣民眾黨在蔣渭水的領導下，扶助農工運動，走向激烈路線，使得溫和派的林獻堂等人宣布退黨。

一九三一年一月，總督府以該黨之主張違法爲由，下令解散臺灣民眾黨，爲首的蔣渭水等十六人被捕下獄。此爲從事激烈的政治運動人物的共同下場，古今中外皆然。

㈣主張臺灣獨立運動

受到「臺灣文化協會」的啓蒙運動影響，臺灣農民於一九二五年成立「二林蔗農組合」，此爲第一個農民運動團體。此一社團之活動目的，在對抗日商所包辦的製糖公司對蔗農的剝削。同時，一般佃農也在各地陸續成立「農民組合」，向地主展開抗爭。最後，這兩個組合併成一體，統一成「臺灣農民組合」，總部設在鳳山，是日治時期規模最大的農民運動團體。

一九二七年十二月四日，「臺灣農民組合」在臺中召開第一次全島代表大會，決議設置一支特別活動隊，依據馬克思主義來推動工農運動，展開無產階級的政治鬥爭。半年之後，臺灣共產黨員謝雪紅的勢力滲透進來，該組合的首領簡吉、趙港等人也都暗中加入臺灣共產黨。從此，臺灣的農民運動，除具有抗日的意味之外，也兼具政治鬥爭的色彩。

謝雪紅是彰化人，二十四歲時進入中共創辦的上海大學唸書，後又轉往莫斯科就讀東方大學。二十八歲（一九二八年）時在上海組織臺灣共產黨，主要人物有謝雪紅、林木順和中共黨員的翁澤生等人。他們公然提出「臺灣民族獨立」、「建立臺灣共和國」的激烈主張，在系統上必須接受日本共產黨的指揮。在謝雪紅的奔走下，把臺灣文化協會和臺灣農民組合內的激進派，一併納入臺灣共產黨內。因此，到一九三一年六月，臺灣總督府下令逮捕為首人馬，並強迫解散臺灣共產黨。到此，臺灣的民族獨立運動，正式結束。

二、臺灣的抗日事件

其次，在抗日運動方面，根據日方文件資料，自一八九七年到一九〇二年的五年期間，臺灣抗日志士共有八千多人被捕，其中約有三千五百人被殺。在戰爭中犧牲者更不知凡幾。自從一九〇二年林少貓事件平定後，日本就宣布臺灣全島恢復治安，正式從事建設工作。可惜這種平靜只暫時維持了五年的時間。自從一九〇七年開始，臺灣各地的抗日事件死灰復然，層出不窮。茲將最主要之三件，介紹如下：

㈠一九一三年苗栗事件

苗栗事件又稱羅福星事件。羅福星是苗栗的客家人，曾經擔任新加坡華僑學校校長。參加中國同盟會，經歷過三二九黃花岡之役而倖免於難，深富革命思想。一九一一年十月，奉孫中山之命到臺灣發展組織。在苗栗組織同盟會，進行臺灣獨立運動。不幸在推廣革命組織時，在淡水遭日方逮捕，受株連同志達一千二百多人，史稱「苗栗事件」。此一事件，雖然未起事而先失敗，但在孫中山的革命思想影響所及，臺灣人尋求獨立運動之活動，已初見端倪。

(二)一九一五年噍吧哖事件

噍吧哖事件又稱西來庵事件。領袖余清芳是屏東人，曾任鳳山縣警員，因爲懷恨日人暴政，憤而辭職。嗣於一九一五年遷居於臺南市後庄鄉，鄰近噍吧哖（今玉井）。當時不忍坐視噍吧哖百姓受日人壓迫而決心起事。一九一五年四月，余清芳與臺南古廟西來庵的董事們密謀，利用西來庵的改築和廟會，募集軍餉並廣招同志，參加抗日。大家共推余清芳爲大元帥，以「大明慈悲國」的名義，昭告四方。一時之間，臺北、臺中、南投、嘉義、屏東各地人民，紛紛響應，革命勢力遍及全島。日方立刻出動臺南和臺中各地軍警共同進勦，以大砲轟擊村落。尤其在進攻噍吧哖時，村民被殺達三百零九人，犧牲最慘重，所以俗稱「噍吧哖事件」。事件平息後，日軍展開大審判，被判死刑者近千人。

(三)一九三〇年霧社事件

霧社在今天的南投縣仁愛鄉，當地居民多爲泰雅族的原住民，是日本人治理原住民的行政中樞，所以駐在霧社的日本人特多，達四百二十七人。在各番地中，霧社的開發程度首屈一指，被日人譽爲「模範番社」。

因爲被列爲「模範番社」，所以日本當局就在霧社大興土木，造橋修路，建學校，造官舍，全部調用當地原住民義務勞役，而無視原住民的狩獵和耕種時節，原住民生計大受影響。日本人對於原住民婦女的姦淫和騙婚，也時有所聞。積年累月的壓迫和奴役，原住民早已不堪其苦，不忍其辱，積怨日深。遇有機會，終於暴動，一發而不可收拾。

一九三〇年十月二十七日，霧社決定舉辦一年一度的秋季運動大會。在籌備期間，有一名山胞因爲工作不力而被日本警察擊打致死，引發了全體山胞的新仇舊恨。因此，在原住民頭目莫那魯道的帶領下，誓志復仇。他們利用運動大會開幕典禮的時候，以升旗爲信號，事先埋伏在會場四周的山胞五百多人，一湧而出，闖入會場，殺盡在場的日本人，同時圍攻警察派出所、郵局、日人宿舍等，企圖把日本人趕盡殺絕，一網打盡。一共殺死了日本人一百三十四人，重傷二百一十五人，占領霧社三天，奪得武器彈藥後退入深山。

事件發生後，臺灣總督府迅速調派軍警三千五百多人，動用飛機、大炮，甚至違反國際法施放毒氣，以期滅絕種族。經過五十多天的苦戰，終於平定此一事件，在此一事件中被犧牲的山胞高達二百多人，霧社頭目莫那魯道在戰役中壯烈殉難。霧社事件，固然顯示了日本統治虐待山胞的一面，更充分看出日軍慘無人道屠殺山胞的一面。由於此一事件完全暴露日本統治原住民的不當行爲，迫使臺灣總督石塚英藏等官員鞠躬下臺，也使日本重新檢討對原住民的治理政策。

第五節　移風易俗與教育發展

一、後藤新平的遠見卓識

日臺文化的不同，風土民情的迥異，是日治初期日本最大的難題和挑戰。臺灣並不是因為臺日戰爭戰敗而接受日本統治的，而是因為中日戰爭中國戰敗把臺灣割讓給日本。因此，臺灣同胞認為自己並沒有打敗仗，為何要接受異族統治呢？此為日本接收臺灣一波三折，遭到臺灣軍民堅強抵抗達七年之久的根本原因。

日本接收臺灣的最初三任武官總督，從樺山資紀，到桂太郎，再到乃木希典近三年（一八九五年五月至一八九八年二月）的統治工作，以武力征討為不二法門。換言之，就是以打敗臺灣義勇軍，清除臺灣義民的游擊抗日，為他們的神聖任務。唯此任務已使三位總督焦頭爛額，鞠躬下臺，再也無餘力從事興革，建設臺灣。

到一八九八年二月，第四任總督兒玉源太郎走馬上任，有了民政長官後藤新平的良相佐國後，日本的臺灣統治方法才改弦易轍，撥亂反正。後藤新平深懂統治臺灣問題之關鍵所在，在於必須先克服日臺文化不同的問題，然後始可言及統治臺灣。兒玉源太郎總督因為長期在日本國內兼任軍政要職，分身乏術，無法專心致力於治臺工作，所以對後藤新平充分信任，也言聽計從。而後藤新平也都能把握問題重心，展現政治智慧，不負所望。

後藤新平主張統治臺灣不宜躁進，應該認清大局，採取漸進主義政策，一步一步地同化臺灣同胞。倘要同化臺灣同胞，一則須先了解臺灣文化和風土民情，再對症下藥，移風易俗，使臺灣文化較爲落後的一面，同化於日本文化較爲進步的一面，治臺工作自然可以水到渠成。二則須發展臺灣教育，啓迪民智，培養認同，建設臺灣的艱鉅任務自然可以事半功倍。後藤新平能有如此的遠識卓見，又能知行合一，是日本治臺初期的統治工作能夠反難爲易，卓有成效的主要因素。

二、展開調查

爲要了解臺灣文化和風土民情，後藤新平首先作了許多對臺灣的基本調查，且爲往後的總督施政立下典範。介紹如下：

㈠人口調查

一八九六年總督府首先完成全臺人口調查，全臺總人口數爲二百六十萬人。十年後，開始進行人口普查。一九〇五年，臺灣總人口數增爲三百一十萬人。到了日治末期，臺灣總人口數已增加到六百五十八萬人，是原日本開始治臺時的二點五倍。至於人口結構方面，閩粵籍人數始終占有九成。日本人比率雖有增加，但至日治末期僅占百分之六，原住民比率則日漸減少。其次，論及職業人口，臺灣人始終以農業爲主，從事工商業人口則自一九二〇年代開始才逐漸成長，顯見自一九二〇年代以後，臺灣已逐漸從農業社會走向工商社會。

㈡土地調查

從一八九八年至一九〇四年進行爲期七年的土地調查。調查結果，清出大量隱田。全臺田園從調查前的三十六萬甲增加到調查後的六十二萬甲，政府的土地稅收增加百分之七十以上。總督府利用土地調查的機會，一併解決清治時期一田二主的困擾。辦法是：確定小租戶爲土地所有權人，大租戶則由政府以公債加以補償。如此一來，中部地區的大租戶就以日本政府補償的公債成立彰化銀行。由於土地稅收的大量增加，從一九〇五年起，臺灣總督府的財政得以自給自立，不再需要仰賴日本國庫的補助。再者，因土地所有權確定歸屬於小租戶，大家對土地買賣交易有了安全感，始能吸引日本資本家來臺投資土地，促進開發，繁榮經濟。

㈢林野調查

從一九一〇年到一九一四年，實施爲期五年的林野調查。臺灣絕大多數的林地，早期均由臺灣同胞利用和收割，但從未領有所有權狀。此類林地一律視爲無主地，收歸國有，變成官有林地。清查結果，官有林地高達九十二萬甲，民有林地僅達六萬甲。林野調查的結果，除了明定林野界線之外，同時確定林野的所有權。透過官有地放領的方式，轉移給來臺投資的日本資本家，從事開發臺灣森林。

㈣文化調查

日本接收臺灣後，發現臺灣同胞的文化，完全承襲中國的漢族文化。漢族文化裡，很多老舊的傳統風俗習慣，都和日本明治維新以後所建立的現代文化格格不入。例如：臺灣同胞生活在農業社會裡，古來就「日出而作，日入而息」，沒有守時習慣；也缺乏法律常識，以致沒有守法觀念；清朝治臺對於醫療衛生完全無爲而治，以致臺灣的醫療衛生公共設施完全落空；總督府認爲臺灣同胞吸食鴉片、男人辮髮、女人纏足，是最嚴重的三大陋習。

爲了順利推動殖民統治臺灣，以上種種落後不符合現代文明的風俗習慣，在在需要設法改革或解決，使臺灣文化向上提升，和日本文化並駕齊驅，才是日本統治臺灣的根本之道。

三、移風易俗

一個民族的文化是經過百年千年的演進，潛移默化，逐漸形成。所以要想改變文化，誠非一蹴可及。尤其在日本治臺初期，島內未靖，征戰不停。日本想要同時在臺灣移風易俗，更應小心翼翼，愼重將事。日本人很聰明，凡事分緩急輕重。先從不影響人民生計，且對人民有利無害的守時、守法、公共醫療衛生改善等方面，下手進行。至於廢除三大陋習，涉及民族固有習慣，茲事體大，則依漸進主義之政策去推動實施，不急於一時。茲分項簡介如下：

㈠建立守時習慣

清朝治臺時期，臺灣原以農曆爲基準，以初一和十五區分一個月，每四年就出現一個閏月，又定出一天十二個時辰，既沒有時鐘爲準，也較複雜。日本治臺後，引進陽曆，規定一週七天的星期制，又規定星期日爲例假日。一年十二個月，共有三百六十五天，其中有十三個國定假日。各機關團體學校均須制定作息時間表。不但使人民能夠按規定時間照表作業或洽公，且有固定休假時間從事休閒活動，增進健康。人民一舉兩得，何樂不從。

從一八九六年一月一日起，臺灣正式進入格林威治世界標準時間系統，使臺灣時間與世界接軌。一九一〇年代初期，總督府又建立了完整的全臺報時系統。每一家庭均需備有時鐘，透過收音機廣播準確對時。從此，國內國外的公務來往、坐車乘船、經商旅行，一概依時作業。人民漸漸養成守時習慣，進入現代化生活，對臺灣的工商發展和社會進步，貢獻至大。

(二)養成守法觀念

日本明治維新以後，擺脫舊封建社會，進入現代化的法治國家。日本占領臺灣以後，立刻把整套的西方法治系統，如法炮製，引進臺灣。一八九六年，日本在臺灣開始建立法院制度，設置法官、檢察官，受理民事和刑事案件。興建西式監獄，以監禁和教化罪犯。此外，更引進西方律師制度，爲訴訟人之權益作辯護及保護。刑事案件由法院獨占審理，不准民間私刑。民事案件也由法院依法審判，別無選擇。不論民事或刑事案件，法官均需依法審判，不因個人身分不同而有差別待遇。謹守「法律之前，人人平等」的法律基本原則。結果，使臺灣人樂於接受來自西方的法律概念和法律制度，邁向現代的生活社會。臺灣人因此樂意守法，漸漸養成守法的觀念。此爲日治時期臺灣治安良好、社會安定的基本原因。

㈢建立醫療衛生系統

清朝治臺時期，完全忽視公共衛生和環境清潔問題。所以臺灣傳染病名目繁多且盛行。例如：鼠疫、傷寒、霍亂、天花、瘧疾、結核病、梅毒等等，危害健康，死亡率高，人民壽命不長。後藤新平以醫生的專業專長，從多方面著手解決此類問題。簡介如下：

1. 在各主要都市普設自來水廠，從飲水衛生杜絕病媒，並建立飲用水和排水溝分開的衛生觀念。
2. 動用警察和保甲力量在民間住戶進行滅鼠工作，進行春秋大掃除，實施病患隔離消毒，強迫種牛痘打預防針等等措施。到一九二〇年代以後，臺灣的傳染病已消失滅跡了。
3. 自一八九八年起，在全島各大都市陸續設立醫院，並成立醫學校培養醫生人才。
4. 一九一六年總督府頒布「臺灣醫生令」，規定醫師除具備一般學歷資格外，尚須通過檢定考試，嚴格把關醫師資格。

以上種種措施，根本解決了臺灣的傳染病及人民健康問題，使臺灣人耳目一新，病害消除，欣然接受日本的文明統治。

㈣廢除三大陋習

清朝以來，臺灣同胞男人辮髮，女人纏足，積習已久，且視之爲民族認同的象徵。其次，自一八五八年臺灣開港以後，洋商認爲有利可圖，將鴉片輸入臺灣。清朝自從一八四二年中英鴉片戰爭慘敗且喪權辱國以後，未敢在臺灣禁止鴉片，造成臺灣人吸食鴉片氾濫成災，無人置問，問題日益嚴重。

日本統治臺灣以後，發現臺灣這三大陋習問題嚴重，必須革除。可是又顧慮多端，既擔心引起臺灣人民反抗，又害怕得罪洋人，引發衝突。因此，當時後藤新平的應付之方，就是採取溫和及漸進方法，逐步處理。簡述如下：

1. **禁吸鴉片措施：**一八四〇年，在中國，因爲林則徐雷厲風行，嚴禁鴉片之吸食及買賣，引發中英鴉片戰爭。「前事不忘，後事之師」，後藤新平引以爲鑑，他採取了較溫和的手段加以處理。一八九七年，臺灣總督府將鴉片收歸官方專賣，不得私營。規定只有經醫師證明爲煙癮領有證明書者，始可向官營的專賣局購買鴉片吸食。年代一久，吸食鴉片的風氣自然消失。

2. **斷髮和放足措施：**總督府並不明令禁止辮髮和纏足，而是採取漸進政策，透過學校教育和報章雜誌的宣導，鼓勵斷髮和放足。到一九〇〇年，由臺北醫師黃玉階在臺北成立「天然足會」，號召中上階層人士以身作則，倡導解放纏足。一九一一年，中國辛亥革命成功，中國出現斷髮風潮，流風所及，臺灣民間也出現斷髮運動。最後，到一九一五年，總督府眼見時機成熟，便順水推舟，利用警察及保甲制度，全面推動斷髮和放足工作，圓滿達成任務。風氣所及，臺灣人也漸漸改穿流行的歐美或日本式的服飾及鞋帽，進入現代化的生活方式。

四、教育發展

(一)殖民地式的教育

教育是「百年樹人」的事業，是「立國之本」。世界任何一個先進國家，無不重視教育。因爲只有教育進步發達，才能培養優秀的治國人才，爲國所用。有人才，國家才有未來。中國到了清朝，教育依然停滯在「私塾時代」，沒有現代化的學校教育制度，所以國衰民貧，終至改朝換代。日本從一八六八年明治維新開始，以教育作爲強國根本，全面推動現代化教育，使日本臻於富國強兵之境，成爲世界強國。

當一八九五年日本占領臺灣的時候，臺灣承襲中國的私塾制度，日本人視臺灣爲「不文明之地」，所以立刻把「近代學校制度」引進臺灣。可是，日本對臺灣的教育發展呈現矛盾現象。一方面，日本人認爲臺灣既然納入日本版圖，就應與日本本土一視同仁，發展現代化教育，以期有助於日本之富國強兵。可是另一方面，日本人又對臺灣的統治特別敏感。因爲日本接收臺灣之初，臺灣軍民奮勇堅強抗日，抵制日本統治臺灣，對臺灣充滿戒心，不敢放手大力發展臺灣的現代化教育。結果，日本在利害相權的考慮下，以漸進主義的原則，發展臺灣的學校教育。日本人僅僅發展臺灣的中小學教育，而非大專教育，以防臺灣人民智大開以後，不易順從，不好統治，進而去推動民族獨立運動，脫離日本統治。換句話說，日本在臺灣所實施的是「殖民地式的教育」。

(二)初等教育

1. **國語傳習所**：日治時期的國語，就是日語。日軍一登陸臺灣，首當其衝的問題就是，日臺人民語言不通。所以，日本在臺灣未設立學校之先，總督府立刻於一八九六年在臺北設立「國語傳習所」，其後陸續在日軍收復的各地設立「國語傳習所」，教導臺灣人學習日語，以利統治。

2. **公學校**：一八九八年，總督府在臺灣各地設立六年制的「公學校」，以取代「國語傳習所」，專供臺灣學齡兒童就讀，以學習日語爲主要教學內容。到一九一九年，首任文官總督田健治郎大力推動增設公學校，到一九〇年全臺灣的公學校已有八百二十五所，學生六十二萬多人，就學率達百分之五十七。一九四三年，正式實施六年制義務教育。到一九四五年日本結束統治臺灣的時候，學齡兒童的就學率已達百分之八十以上，接近小學普及教育的目標。

3. **小學校**：總督府在臺灣設立六年制「小學校」，專供在臺的日本人子弟就讀。教學內容與日本國內之小學一致，以利學生畢業後返回日本升學，不生困難。到一九四一年，總督府頒令，取消「公學校」與「小學校」之名稱，一律改稱「國民學校」。

4. **番人公學校**：設立四年制的「番人公學校」，專供原住民學齡兒童就讀。爲遷就原住民子弟之程度，所以教學的內容與「公學校」不同，主要是學習日語。

(三)中等教育

1. **國語學校**：設立三到四年制的國語學校，以培養初等教育師資和公私業務人才。

2. **醫學校：**設立五年制醫學校，以培養初級醫事人才。

3. **州立臺中一中：**一九一五年，林獻堂號召臺灣士紳捐資興學，成立臺中州立臺中第一中學校，是為今日的臺中一中。

㈣大專教育

1. **師範教育：**一九一九年，設立臺北師範學校。其後，陸續設立臺南、臺中及臺北第二師範學校。

2. **專門職業學校：**一九一九年以後，陸續設立臺北農林專門學校、臺北商業專門學校、臺南商業專門學校和臺南高等工業學校等。

3. **臺北帝國大學：**一九二八年，創設臺北帝國大學。此為日治時期臺灣獨一無二的大學。總督府更將它定位為華南和南洋研究中心，明顯為日本向外侵略預備鋪路。

㈤留學教育

臺灣在日本的殖民地教育統治之下，只重視及擴充初等教育。中等教育之學校寥寥無幾，而大學更僅設立臺北帝國大學一所，學生很少。一九四四年，臺北帝國大學全校學生僅有三百五十七人。在此一情形下，優秀的臺灣子弟，想要擠進大學窄門唸書，難之又難。相反地，出國留學反倒容易。所以，有志升學的優秀學生紛紛出國留學。

臺灣學生在本地學日文，出國留學自然以赴日留學占絕大多數，也有少數人前往中國大陸或遠赴歐美國家留學的。根據統計，一九〇二年東京地區的臺灣留學生只有三十多人，逐年增加，到一九三〇年已增加到一千三百多人。這些留日學生原本就是臺灣的優秀子弟，到日本接受現代教育的陶冶後，更成為最具進步文化的知識份子。例如，林獻堂就前往東京，召喚這批留日學生組織社團，創辦報刊，推動臺灣的民族運動和文化啓蒙運動。留日學生不但成為臺灣發展的希望，後來他們學成歸臺後更成為臺灣社會的領導階層，成為帶動臺灣經濟發展和社會進步的主要力量。

五、得失檢討

平心而論，日本治臺期間，在臺灣「移風易俗」和「發展教育」，無非都是希望達成「殖民統治臺灣」之目的，所採取的兩個手段而已。然而，這兩個手段實施的結果，不「僅日本同化臺灣同胞」、「殖民統治臺灣」之目的如願以償。而且，在實際上，臺灣社會除舊布新，臺灣同胞同蒙其利。日本治臺，可謂一箭雙鵰，一舉兩得。

首先，就移風易俗來講。日本人一步一步，致力革除臺灣舊有的風俗習慣，把日本明治維新後所建立的進步新文化，引進臺灣。臺灣人從此養成「守時」、「守法」的優良習慣，建立新的法治社會。同時，日本又苦心孤詣，多方努力消滅臺灣各種傳染病的流行蔓延，建立醫療體系和公共衛生環境，使臺灣人得以生活在現代文明的進步社會裡，益增健康，康樂一生。凡此種種成就，均為臺灣史上空前未有。此為日本治臺成功之處，亦使臺灣同胞同享其果。

其次，就發展教育來講。日本在臺灣發展教育，一心注目營於臺灣學童學習日語的初等教育。至顯且明，日本人在臺灣，企圖以「語言同化教育」政策，達成殖民統治臺灣之目的。不過，在初等教育裡面，仍有一個微妙問題，就是日本把日本學童、臺灣學童以及原住民學童，分開成三種教育系統，在不同校共學。一般學者都把它視作「差別待遇的教育」，由此批評日本人在臺灣實施歧視臺灣人的殖民教育。筆者大不以爲然。因爲當小學生入學的時候，日本學童的日語程度早已是家常便飯，臺灣學童的日語則是一竅不通，原住民學童更不用提了。三方面的日語程度天差地別，根本無法同校共學。因此，日本人依據「因材施教」的教育原則，實施分校教學，應該無可厚非。日本人眞正應該受到批評的是，日本在臺灣只發展中小學教育，不發展高等教育。換句話講，日本只想以初等教育的語言教學來同化臺灣人，以防患臺灣人接受高等教育後，民智大開，反而進行臺灣的民族獨立運動，脫離日本的殖民統治。這才是眞正的歧視教育、眞正的殖民地教育。

最後，根據總督府所進行臺灣人口調查統計的資料，直到日本治臺末期，在臺灣的日本人口，僅僅占臺灣總人口數的百分之六。可是他們的職業都屬於「高人一等」的官吏、軍警、企業家、教師、技術師等，也就是俗稱的「統治階級」。另一方面，臺灣人的職業始終以農業爲主。從一九二〇年以後，才漸漸有工商業人口，也就是俗稱的「庶民階級」。此種以極少數「統治階級」來統治極大多數「庶民階級」的政治，才眞正是「典型的殖民統治」。

第六節　戰時臺灣與工業發展

一、日本向外侵略的步伐

日本明治維新達成富國強兵目標以後，積極向外侵略擴張。先後歷經甲午戰爭、日俄戰爭以及第一次世界大戰，日本三戰三勝以後，躍居世界五強之一。國勢之盛，令人刮目相看。經由三次戰爭，日本從馬關條約得到臺灣作爲南進基地，從日俄和約，日本得到控制南滿的權利。一九一〇年，日本正式宣布併呑朝鮮，作爲西進基地。到這時候，日本的西進侵略和南進侵略，都已打好基礎。下一步，就是要展開全面侵略。

一九三〇年前後，受到世界經濟大恐慌之波及，日本國內產生經濟及政治危機。日本軍方及時把握契機，企圖以對外侵略掩飾國內危機。一九三一年，日本立刻發動九一八事變，占領中國東北。到了一九三七年，拜西安事變之賜，中國國共內戰息鼓收兵。停止內戰，準備抗日。日本深恐中國壯大，喪失侵華良機，立即發動七七事變展開全面侵華，以期實現其西進侵略。可惜長期深陷中國泥沼，欲進不得，欲罷不能。此時，美國又對日本實施石油及鋼鐵等戰略物質的全面禁運。爲求解脫，遂欲奪取南洋各地的戰略物資，支援侵略戰爭，日本狗急跳牆，轉而發動南進侵略。

一九四〇年六月底的歐洲戰場，法國投降，日本乘虛而入，占領越南北部。八月間，日本喊出「大東亞共榮圈」的口號，企圖稱霸大東亞地區，包括越南、泰國、馬來亞、婆羅洲、荷印、緬甸、印度、乃至澳洲、紐西蘭的廣大地區通通在內。

一九四一年十二月八日，日本艦隊偷襲美國在太平洋海軍總基地的珍珠港，引發了太平洋戰爭。戰爭擴大以後，臺灣的優越地理位置，自然成爲日本向南洋侵略的前進基地。臺灣從此捲入日本的侵略戰爭風暴，成爲日本的戰爭基地，實施戰時體制。

二、臺灣的工業化運動

㈠日治初期是「工業日本，農業臺灣」

日本占領臺灣之初，正是日本國內工業突飛猛進的時候。日本國內工業發達以後，農村人口大量流向都市，造成都市人口大增，農村人口流失，使得農產品大減，造成「米荒」的嚴重問題。西歐列強在工業發展之初，也發生同樣問題。它們的解決方法是進口糧食，可是進口糧食就會增加國家的財政負擔。日本人解決此一問題的方法相當輕鬆。日本從臺灣和朝鮮兩個殖民地大量輸入米糧，一毛不花，輕而易舉，節省了爲數可觀的外匯支出，同時增強了日本工業成品的國際競爭力。因此，日本得到臺灣以後，臺灣立刻成爲日本的米倉。那時候，日本對臺灣殖民地的政策和口號是：「工業日本，農業臺灣」。

㈡日治後期是「工業臺灣，農業南洋」

自從日本發動侵略戰爭以後，「工業日本，農業臺灣」的政策，就隨著戰局的改變而發生變化。臺灣位在日本領土的最南端，常被比喻爲一艘「不沉沒的航空母艦」，自然地成爲日本進攻東南亞的踏板。尤其，日本在一九四一年發動太平洋戰爭的前後，臺灣更成爲日本的軍隊、裝備、糧食、飛機、艦隊等等的集結地。在地理位置上，便利日本的南進侵略。在戰爭進行期間，爲了原料的供應方便，也爲了工業分散上的安全需要，日本終於改變政策，在七七事變發生的前一年（一九三六年），改派海軍大將小林躋造爲臺灣總督，適時適地提出「皇民化、工業化、南進基地化」做爲統治臺灣的三大原則。

臺灣的「皇民化運動」已如前敘。爲了推動「工業化」和「南進基地化」，一九三六年，總督府成立「臺灣拓植株式會社」，執行經濟南進任務。從臺灣把資金、技術、人才等輸入東南亞、海南島等地，發展南洋的農業，同時把南洋的資源送入臺灣，積極推動「臺灣工業化」。臺灣工業化的結果，使臺灣原先的「工業日本，農業臺灣」，搖身一變，變成「工業臺灣，農業南洋」的角色。也因此，高雄港的重要性提升，變成當時大東亞共榮圈的物資運輸中心。

三、臺灣工業化的內容

㈠發展水力發電

電力是工業發展的動力來源，沒有電力就沒有工業。一九三四年和一九三七年，日月潭第一和第二水力發電廠先後完成，是當時亞洲最大的發電廠。到一九三九年底，全臺灣的大小發電廠共有一百三十五處，總發電量近三十七萬瓦。

(二)發展重工業

發展煉鋁、鑄銅、冶鐵、機器製造、輕金屬煉製等重工業。例如：成立高雄的日本鋁業公司、高雄鐵工廠、汐止鐵工廠、鐵道部的火車機關車製造廠、三菱重工業會社的基隆船塢等。

(三)發展基本化學工業

發展酸、鹼等基本化學工業。例如：基隆的臺灣電氣化學公司、新竹的臺灣化學工業公司、高砂化學工業會社、臺灣香料會社、臺灣油脂工業會社、臺灣拓殖會社嘉義化學工場等。

(四)發展軍需基本工業

利用海外資源，例如鋁、鎂、鎳、合金鐵、玻璃、鋼鐵、橡膠等之冶煉和製造，發展與軍需工業相關的基本工業，使臺灣成爲軍需品的生產基地，減輕日本重工業的負擔。

在臺灣開發史上，日本發動對外侵略戰爭，無疑是臺灣經濟結構史上的一大轉捩點。臺灣經濟在荷蘭統治時期，由「狩獵社會」轉變爲「農業社會」。到了日本治臺的末期，爲配合日本侵略戰爭的發展，又由「農業社會」轉變爲「工業社會」。根據日本政府的統計資料，從一九四〇年開始，情勢轉變，臺灣的工業生產量開始超過農業生產量。這表示臺灣已經開始步入工業社會。

四、戰時管制

現代的戰爭，是一個總體戰爭（the total war）的時代。戰爭一爆發，全國的人力、物力及軍力，包括國防、政治、經濟、財政、交通、社會、教育等等所有力量，都要全國總動員，一起投入戰爭，支援戰爭，才能贏取戰爭的最後勝利。因此，日本發動侵略戰爭以後，臺灣也不例外，立即進入日本的戰爭體制，實施各種戰時管制。

㈠經濟管制

民眾依照政府配給領取固定的糧食，由政府統一收購銷至日本的稻米。利用警察干涉市場交易，取締囤積物資和謀取暴利的商人，亦不准農家囤積糧食，且農產品應優先供應軍隊。

㈡資金統制

戰爭末期，爲了籌措資金支援戰爭，實施金融統制政策，故推行「獎勵儲蓄運動」，強制每一個家庭都須參加「國民儲蓄組合」，購買政府公債。結果，民間資金流向政府指定的用途。

㈢鐵器充公

在珍珠港事變發生之前，美日關係緊張惡化。美國對日本實施鋼鐵及石油禁運，使日本軍火工業缺乏鋼鐵，政府只能從民間強制蒐集銅像、鐵窗以及一切金屬製品等，俗稱「金供出」。

(四)封鎖新聞

政府控制報紙、廣播和電影，且由軍方壟斷戰爭消息。報喜不報憂，甚至顚倒是非，將憂報喜，使民眾蒙在鼓裡，不知戰地眞相。

(五)民防管制

臺灣人民都必須遵照政府規定，參加各種軍事或消防演習，從事義務勞動。每一個家庭都須自建防空壕，空襲警報一響，馬上躲進防空壕避難。

五、臺籍日本兵

(一)軍伕

從一九三七年日本發動全面侵華戰爭，到一九四五年日本戰敗投降爲止，共計八年的時間，日本在臺灣以各種方式徵召臺灣青年從軍，助日作戰。可是日本對於臺灣士兵很不放心，因爲臺灣人和中國人同文同宗，深怕臺灣士兵在中國戰場上萬一倒戈相向，後果不堪設想。所以在「侵華戰爭」期間，日本不敢用臺灣兵於前線作戰。在戰地裡，臺灣兵僅負責一些打雜工作。例如：搬運軍械砲彈、運糧炊事、鋪路造橋、築戰壕、建營房等等工作。換言之，臺灣兵在日本侵華時期，不是正規軍人，他們僅是「軍中工人」的角色而已，稱爲「軍伕」。

㈡高砂義勇隊

在霧社事件中，原住民勇敢善戰和英烈犧牲的精神，日本人感觸很深。所以當一九四二年初，日本發動太平洋戰爭，進占菲律賓、馬來西亞等地區，要進行艱辛的熱帶叢林作戰時，立刻想到利用臺灣的原住民參加作戰。因為臺灣原住民與南洋地區的民族，同屬南島語系，不論在生活環境、語言習俗等方面處處雷同。尤其，臺灣原住民的勇敢作戰精神更令日本人敬佩。職是之故，一九四二年三月起，日本軍方在臺灣召募四千多人的原住民，施以正規軍事訓練，組成「高砂義勇隊」，派赴南洋協助日軍作戰。

㈢志願兵

一八九五年，臺灣併入日本領土，但日本以殖民地統治之。一九一〇年，日本正式併吞朝鮮，併以殖民地統治朝鮮。後來，由於侵略戰爭之需要，一九三八年，日本首先在朝鮮實施「陸軍特別志願兵制度」。志願兵制度只是募兵制，不是徵兵制。由於日本對臺灣兵具有同宗同文的種族疑慮，所以臺灣雖然比朝鮮提早十五年併入日本領土，但實施募兵制則較朝鮮遲晚四年。也就是說到一九四二年，日本發動太平洋戰爭後，由於兵源孔急，才在臺灣實施募兵制，陸續召募陸軍及海軍特別志願兵，共錄取一萬六千五百多人。

㈣正式徵兵

一九四一年十二月八日，日本偷襲珍珠港，爆發太平洋戰爭，正式形成第二次世界大戰。美國羅斯福總統向國會發表演說，宣布全國總動員以贏取戰爭的最終勝利。提出美國每個月生產飛機一千架，建造航空母艦一艘之目標，使美國成爲「民主國家的兵工廠」（arsenal of democracy）。一九四三年開始，訓練和裝備完成的美國陸海軍和強大艦隊群，陸續投入歐亞兩大戰場。此時，在太平洋戰場上，日軍不但戰區擴大，而且戰線拉長，已經深陷困境。現在又面臨日新月盛的美國強大艦隊的凌厲攻勢，日本在太平洋的廣大戰區，招架不住，節節敗退，損兵折將，兵源後繼無力。就在一九四四年十二月，日軍正式在臺灣實施徵兵制度，脅迫臺灣役齡青年入伍當兵。不論是志願兵或正式徵兵的臺灣兵，通通運往南洋作戰，不敢送到中國戰場。那時候，被徵召入伍的臺灣兵共約三十萬人，其中有三萬多人戰死沙場或葬身海底。

六、美軍轟炸臺灣

㈠美軍放棄登陸臺灣

一九四一年十二月八日，太平洋戰爭爆發後，美國和英國的大戰略是：「重歐輕亞」。也就是，先集中全力在歐洲打敗德國後，再回師到亞洲消滅日軍。因此，戰爭初期，日軍在東南亞地帶的侵略戰爭，攻無不克，戰無不勝。當一九四二年日軍攻下菲律賓的時候，遠東美軍司令麥克阿瑟將軍（簡稱麥帥）曾依依不捨，向報界放出豪語：「我一定要回來。」（I shall return）。兩年後，美國新兵訓練完成，新造艦隊也整裝完竣，迅速投入歐亞兩大戰場。太平洋上，在美軍「逐島躍進」（Island Hopping）的雷厲攻勢下，日軍招架不住。

美國太平洋海軍司令尼米茲上將，原先計畫登陸臺灣，以臺灣作爲腳踏板進攻日本本土，並切斷日本本土與南洋戰場之間的交通線。另一方面，麥帥則堅持實現他要回到菲律賓的諾言，他主張菲律賓是日本在太平洋戰場的最大基地，必須先收復菲律賓，殲滅日軍主力，始能克敵致勝。美國兩位沙場將帥立場不同，戰略迴異，各自堅持，僵持不下。最後，美國最高統帥的羅斯福總統於一九四四年七月二十六日，親自遠赴檀香山，當面聆聽兩位將帥的詳細報告後，審愼決定採納麥帥的主張，由麥帥負責收復菲律賓，放棄登陸臺灣的計劃。此一決定，使臺灣倖免於淪爲戰場的厄運。

(二)美軍取得臺海制空權

臺灣雖然逃過淪爲戰場之厄運，可是美軍改採轟炸臺灣的戰略。目的在掩護美軍登陸菲律賓的戰爭，期使臺灣的日軍無法支援菲律賓的日軍。在美軍轟炸臺灣之前，先有美、日兩國飛機在臺灣沿海外面進行空戰。筆者曾目睹臺南飛機場外海天空所發生的美日飛機空戰實況。大約有近百架的飛機在空中互相追逐纏鬥，彼此較勁盤旋。不一會兒，就看到一架又一架印有紅太陽標誌的飛機冒煙，翻觔斗幾圈後，墜入海中。因爲那時日本飛機的性能和裝備，皆遠遜於美國飛機，造成日本軍機在空戰中慘敗的致命傷。臺灣海峽的制空權從此由美軍掌握。

㈢美軍轟炸臺灣

美軍在臺灣沿海取得制空權以後，從航空母艦起飛的美機就開始轟炸臺灣。一九四四年秋冬之際，美機轟炸目標，首先鎖定臺灣各地的飛機場、港口和各軍事基地，企圖癱瘓日本在臺灣的軍事設施，使日軍失去抵抗作戰能力。其次，則轟炸工業及交通設施，使臺灣失去生產和運輸能力，癱瘓臺灣經濟，也使臺灣無從獲得外援，企圖使日軍在臺灣坐困孤島，彈盡援絕。

最後，美機才大肆轟炸臺灣各大都市，企圖造成民眾恐慌，使民心大亂。一九四四年十一月十四日，東京以最不尋常的坦白方式宣布，一天之內，美國飛機轟炸臺灣各大都市在千架次以上。據說，日本天皇曾感嘆地說：「他們終於來了。」

因此，那時在臺灣，早在美機前來空襲之前，日本政府就透過收音機廣播，甚至動員警察和保甲組織，全面勸導都市居民趕快疏散到鄉下。日本勸導民眾喊出的口號是：「疏開！疏開！高鼻子來你就知。」臺語的「疏開」是指疏散到鄉下，「高鼻子」是指美國人。可惜勸導效果不佳。到一九四五年三月，狀似蜂群的美機再度前來。筆者那時已經六歲，記憶猶新。臺南市被轟炸時，炸彈如雨下，濃煙蔽日，看不清對街房子，也來不及躲進防空壕，市民死傷慘重。午後，美機飛走了，眼看市區陷於一片火海，沒水沒電，整個市區任其燃燒至僅剩灰燼。當天傍晚，全市居民一窩蜂湧向永康、新市、新化等鄉下，連夜徒步疏散避難，形成難民潮。臺南市一夜之間變成空城，無人敢住。戰爭的傷害和可怕，只有身臨其境才能領略。日本發動侵略戰爭，無辜的臺灣同胞，竟然受災受難。

第七節　臺灣建設與開發規模

一、日本在臺灣的建設

茲將日本統治臺灣半個世紀的期間，所推動之臺灣各項建設的成績，分門別類，列舉如下：

(一)對內交通建設

1. 一九〇八年完成臺灣西部縱貫鐵路。從此，臺灣南北可以陸運，專靠海運之時代結束了。沿海海盜自然消失。
2. 一九一八年完成臺中花蓮間之東西橫貫公路。
3. 一九二四年完成基隆蘇澳間之鐵路。
4. 一九二五年完成高雄港及基隆港之擴建工程。從此，高雄港成為日本侵略南洋之物資運輸中心。
5. 一九二六年完成花東鐵路。
6. 一九二九年完成蘇花公路。

7. 一九三六年臺北高雄航空線及臺北花蓮航空線開航。
8. 在臺灣各地設置廣播電臺六所，郵局和電信局各約二百所，電話用戶達二百八十萬戶。

㈡對外交通建設

1. 一八九六年開闢基隆神戶間之定期航海線。
2. 一八九九年開闢淡水香港間之定期航海線。
3. 一九二五年開闢高雄橫濱間之定期航海線。
4. 一九三四年開闢日臺無線電話。
5. 一九三五年開闢日臺定期航空線。

㈢內政建設

1. 一八九六年設立臺北、臺中、臺南醫院。
2. 一八九九年起，在臺北、臺南、彰化、嘉義、澎湖等地設立救濟院。
3. 一九〇四年完成臺灣土地調查，保障私人土地所有權，增加政府財政稅收。
4. 一九〇四年臺北博物館開幕。
5. 各主要都市普設自來水廠，用戶達一百五十六萬戶。因從飲水衛生杜絕病媒，從此臺灣各種傳染病漸漸消滅。

㈣財經建設

1. 一八九七年發布臺灣特別會計法。一九〇五年達成臺灣財政自主目標。
2. 一八九九年實施樟腦專賣制度、食鹽專賣制度。
3. 一九〇〇年創辦臺灣銀行，發行紙幣，安定金融。
4. 一九〇一年起，在臺灣發展糖業，由日本大資本家在臺灣廣設新式糖廠四十五家。
5. 一九〇五年實施菸酒專賣。
6. 一九〇六年起，大量製茶外銷。

㈤水電森林

1. 一九一二年完成阿里山森林鐵路，開發高級檜木，運往日本建屋。該鐵路為世界三大高山鐵路之一，現已發展為觀光鐵路。
2. 一九一四年起，開發八仙山森林、太平山森林。
3. 一九二四年起，全面開發國有林。
4. 一九二八年完成桃園大圳。
5. 一九三〇年完成嘉南大圳。該大圳由日本水利技師八田與一經過十年時期興建完成，灌溉十六萬甲農田，是當時世界第三大水利工程。
6. 一九三五年完成日月潭水力發電廠。為當時亞洲最大發電廠，是日治時期促進臺灣工業發展之主要動力來源。

㈥教育建設

1. 一九〇九年起，在各地廣設小學校、公學校、番人公學校等，使臺灣走向現代化之學校教育制度。
2. 一九一九年起，在各地廣設高等普通學校、各類職業學校、專門學校、師範學校等。
3. 一九二八年創辦臺灣帝國大學，此爲臺灣第一所大學，也是日治時期臺灣唯一的一所大學。
4. 一九四三年，正式實施六年制國民小學義務教育。到一九四五年日本結束統治臺灣的時候，學齡兒童的就學率已達百分之八十以上。可惜當年臺灣帝國大學只有三百五十七位學生。

二、日本開發臺灣的規模

日本治臺初期，完全以殖民地的方式來統治臺灣，以便吸取臺灣的資源去富強日本。可是經過十多年後，日本人進一步領略到臺灣的重要性。他們開始了解，與其以殖民地統治臺灣，倒不如把臺灣同化爲日本領土，進一步加以開發，對日本會更加有利。於是，一九〇九年開始，日本把日本農民大批移民到臺灣，以便利用日本移民來同化臺灣人。茲略述如下：

㈠開發臺灣東部

1. 一九〇九年，日本創立花蓮港廳，投入鉅資，進行官營移民，建設許多日本村。例如：豐田村、林田村、吉野村等。合計約五百多戶，近三千人。

2. 一九一一年開始，利用臺東製糖會社，經營旭村、鹿野村、鹿寮村、敷島村等。

㈡開發臺灣西部

1. 一九三二年，在臺中州經營秋津、豐里、鹿島、香取、八州等各村。

2. 一九三五年，在臺南州經營榮村、春日村等。

3. 一九三五年，在高雄州經營日出、千歲、常盤等各村。

㈢開發臺北市

1. 一八九九年起，逐步建設臺北市區之交通道路、西式高樓、更改街道名稱等。

2. 一九二八年，臺北市人口數已超過二十萬人，一躍而爲臺灣第一大都市。

3. 一九三二年，完成大臺北都市計劃，以北門廣場爲中心，半徑六公里以內地區爲計劃區域，共有五十五條道路。預定能容納一九五五年的人口六十萬人。

㈣日本移民臺灣之規模

1. 一九四五年八月中旬日本戰敗的時候，日本駐在臺灣的軍隊約二十萬人，日本在臺僑民約有三十萬多人。那時候，臺灣人約有六百一十萬人。

2. 今天臺灣許多地方，例如豐原、神岡、石岡、清水、龍井、永靖、二水、田中、田尾、民雄、高雄、玉井、岡山、鳥松、初音、月野、瑞穗、關山、關西、鶴岡、豐川、豐田、壽豐、富里等等，都是日治時期日本人開發臺灣所遺留下來的日式地名。

三、日本建設與臺灣抗日之矛盾問題

(一)日本為自私而建設臺灣

綜觀日本統治臺灣五十年之歷史，可謂建設良多，成績斐然。移民開發臺灣也遍及全島，人數龐大。結果，臺灣大力開發了，交通發達了，社會進步了，經濟繁榮了，教育也普及了。很明白，日本開發臺灣五十年的成績，遠勝過臺灣前此三百年的經營成果。難怪日本人經常自我炫耀，誇口說：「日本的統治，帶來了臺灣的近代化和繁榮。」又說：「臺灣的統治顯然成功。」

可是在另一方面，我們也看到：日本治臺期間，臺灣的民族運動始終不斷，抗日事件也層出不窮。這些矛盾現象是如何產生的呢？我們如能從地理條件和歷史淵源去追根究柢，就不難解開這個歷史謎題。

臺灣因地理條件，物產豐厚，居地位要衝，早已成爲日本夢寐以求的一塊天堂樂土。因此，當日本從中日馬關條約得到臺灣以後，日本經營臺灣的政策方針，就是以殖民地的方式來統治臺灣，榨取臺灣的富源去壯大日本的國家力量。此項政策方針可從日本治臺初期的日本外務大臣陸奧宗光的奏章「關於臺灣島嶼鎮撫策」（參見山邊健太郎所編「臺灣」）一文中得到印證。該文裡說：

我國占領臺灣之要旨，不外乎在於二端。即：一則以臺灣島作為將來擴展我版圖到對岸之中國大陸及南洋群島之根據地；二則在開拓臺灣島之富源，移植我工業製造，壟斷工商利權。換言之，臺灣之占領，乃在將來作為完成我國拓境及通商二目標之階梯也。

由是觀之，日本治臺自始就以統治者的姿態，君臨臺灣。臺灣人也就以被統治者的卑賤地位，接受統治。這樣一來，在統治者和被統治者之間的對立和抗爭，就無法避免了。日本在臺灣半個世紀的統治，可以說是「壓制的五十年」、「奴化的五十年」。臺灣人被統治的地位，始終如一。因此，日本統治臺灣五十年，有建設，有成就，同時也有民族運動有抗日事件，原因在此。

解開了此一歷史謎題，我們自然而然就了解：日本人建設臺灣僅是一種手段，利用臺灣建設成果去壯大日本國力才是目的。因此，日本的建設臺灣，是爲日本的富強而建設，並非爲臺灣的繁榮而建設，更非有愛於臺灣而建設。只是在這個建設過程中，臺灣人無形中連帶受到好處而已。此爲讀史者不可不有的認識。

(二)日本為自私而建設臺灣之事實

1. **在日本治臺初期：**在「工業日本，農業臺灣」的口號下，臺灣農業發達，農產品日增以後，米、糖、茶等農產品，便一批一批地輸往日本，以解決日本工業發達後農產不足的問題。臺灣成爲日本的米倉。

2. **在日本治臺期間：**很多交通建設，固然有助於臺灣產業的發達，但其眞正目的則在於控制臺灣的社會治安。各種產業的建設目的在榨取臺灣資源，爲日本人賺錢謀利。教育建設雖然普及，但一直停滯於中低階層的教育，故其眞正目的則在於奴化臺灣人，去爲日本帝國效忠效勞。

3. **在日本治臺末期：**爲侵略戰爭的需要，轉而喊出「工業臺灣，農業南洋」的口號，大力發展臺灣工業，推動「臺灣工業化」及「南進基地化」之政策。將臺灣工業產品及民生用品，送到南洋戰場去。臺灣人在戰時經濟管制下，民生困極。未蒙其利，反受其害。

第五章　臺灣接收與殖民統治

第一節 從開羅宣言到日本投降

一、第二次世界大戰的形成

第二次世界大戰，是人類歷史上規模最大、死傷最慘重的一次大戰爭。大戰初期，亞洲戰場和歐洲戰場是分開打仗的。亞洲戰場自日本於一九三七年發動七七事變全面侵略中國開始。當時，中國只宣布全面抗日，未敢正式對日宣戰。因爲按照國際法，中日正式宣戰後，其他國家立刻成爲中立國。中立國必須保持中立，不偏不倚，不可援助交戰國的任何一方。那時候，日本強，中國弱。中國急需求取外援，支持抗戰。直到一九四一年十二月八日，日本艦隊偷襲美國在太平洋的海軍總基地珍珠港。翌日，美國正式對日本宣戰，中國才跟著對日本宣戰。到這時候，中美共同對日作戰，美國可以光明正大，援助中國。中國戰場成爲太平洋戰爭的亞洲戰場。

其次，在歐洲戰場方面。一九三九年九月一日，德軍突然向東侵略波蘭。兩天後，英法兩國向德國宣戰，開始了歐洲戰爭。在歐戰前一個星期，德國與蘇聯簽訂「德蘇互不侵犯條約」。另以密約瓜分波蘭，所以蘇聯暫時按兵不動。由此，鼓勵了德軍轉向西邊侵略。德軍以機械化部隊，配合飛機大炮，進攻中西歐各中小國家，直如秋風掃落葉，摧枯拉朽，就連法國也招架不住，於一九四〇年六月二十二日投降，中西歐落入德國手中。德國的下一步驟，就是要渡海攻英。德國空軍猛炸英國各大城市，長達一年，英國不爲所屈。優越的英國皇家空軍，始終掌控了英倫海峽的制空權，使得德軍望海興嘆，無法渡海登陸英國。希特勒眼看攻英無望，突然之間，調軍東向，於一九四一年六月二十二日轉攻蘇聯[1]。歐洲戰場從此擴大。德國從此面臨兩面作戰，東西受敵。遲至一九四一年十二月二十一日，德義兩國才正式向美國宣戰。到這時候，亞洲戰場和歐洲戰場合流，匯成名實相符的第二次世界大戰。

二、開羅宣言

到了第二次世界大戰的末期，美國總統羅斯福、英國首相邱吉爾，以及中國的蔣介石主席等三大巨頭，曾於一九四三年十一月間，在埃及首都開羅召開高層會議，達成了對日本作戰的共同方針。在此以前，由於蘇聯早已預感到，德蘇戰爭勢在必行，欲避免對德日兩面作戰的危機。而日本方面，因計劃偷襲珍珠港，卻避免對美蘇兩面作戰之危機。在此種情勢下，日蘇兩國就臭氣相投，狼狽爲奸，於一九四一年四月十三日簽訂「日蘇互不侵犯條約」。由此緣故，蘇聯總理史達林，以日蘇互不侵犯條約爲藉口，不便參加開羅會議。在開羅會議結束後一週，美、英、蘇三國領袖，另在伊朗首都德黑蘭召開高層會議，研商在歐洲戰場對德國作戰的方針。

開羅會議結束後，爲顧及三國領袖回程旅途的安全，遲至十二月三日，始在三國首都同時宣布「開羅宣言」。宣言強調：「三國此次戰爭之目的，在制裁日本之侵略」，更宣稱：「三國之宗旨，在使朝鮮恢復獨立，在收回第一次世界大戰開始後，日本在太平洋上侵略所奪得之一切島嶼，及在使中國東北四省、臺灣、澎湖等歸還中國。」從此，開羅宣言便成爲中國收復和占領臺灣的唯一說詞和根據。今天，海峽兩岸的國共雙方，均異口同聲，口徑一致，表示根據開羅宣言「中國擁有臺灣」。

三、雅爾達密約

當第二次世界大戰近尾聲的時候，爲商討戰後的歐洲善後問題，並敦促蘇聯對日參戰的條件問題，一九四五年二月間，羅斯福、史達林、邱吉爾三巨頭，在黑海邊的蘇聯領土雅爾達，召開高層會議。那時候，羅斯福總統根據軍方的報告，估計如要打敗日本，至少要再打一年半以上的戰爭，多犧牲五十萬以上的美軍，才能克敵致勝。羅斯福總統爲了減少美軍登陸日本的犧牲，早日結束對日戰爭，遂邀請史達林對日參戰。史達林以日蘇互不侵犯條約爲藉口，乘機討價還價，勒索敲詐。羅斯福則步步退讓，委曲求全。結果，三國領袖簽訂「雅爾達密約」，對外密而不宣。根據密約的規定，羅斯福答應戰後讓外蒙古獨立，庫頁島南半部和千島群島歸蘇聯所有，以及恢復一九〇五年日俄和約裡，蘇聯被日本侵害的一切權益，包括中國東北的各項權益在內。交換條件是，史達林答應在德國投降後三個月，對日宣戰。

雅爾達密約裡，有關外蒙古獨立及中國東北權益，應屬中國的權限範圍，他國無置喙餘地。羅斯福答應史達林，願意出面說服中國的蔣主席同意。不料，兩個月後，羅斯福總統於四月十二日病逝[2]。之後，德國於五月七日正式投降。六月十五日，始由繼任的美國總統杜魯門將「雅爾達密約」的內容，通知中國的蔣介石主席。在國際法上，中國既未簽訂這個密約，是沒有必須遵守該密約的義務。可是形勢比人強，基於現實情勢的考慮，中國只能委曲求全，接受美國的勸告，派遣宋子文和蔣經國赴俄談判，簽訂「中蘇友好同盟條約」，中國和盤接受「雅爾達密約」裡蘇聯要求的條件，交換所得僅是中蘇同盟條約三十年的空殼子。蘇聯外交的狡猾奸詐，又添一樁。

四、波茨坦宣言

雅爾達會議結束以後，蘇聯紅軍從東邊向德國反攻，英美聯軍從西邊向德國急進。東西夾攻，節節勝利。德軍招架不住，兵敗如山倒。德國終於在一九四五年五月七日正式投降。希特勒則在德國投降之前一週，神祕式地自殺身亡。歐洲戰場息鼓收兵。在亞洲戰場方面，六月二十一日，美軍經過三個月激戰的慘重犧牲後，占領琉球。日本本土和臺灣都被美軍轟炸得滿目瘡痍，處處斷垣殘壁。為了儘速結束對日戰爭，美國杜魯門總統、英國首相艾德禮[3]，以及蘇聯總理史達林等三巨頭，在柏林西南郊的波茨坦舉行高層會議。結果，於七月二十六日發表「波茨坦宣言」。史達林藉口礙於「日蘇互不侵犯條約」的存在，不便出面。所以，波茨坦宣言就以美、英、中三國領袖的名義發布。該宣言再度警告日本，強調：「日本必須無條件投降，否則將完全毀滅。開羅宣言所開條件必將實施。日本之主權，必將限於本州、北海道、九州、四國及同盟國所決定的其他小島之內」。

五、日本投降

日本軍閥猶作困獸之鬥，完全漠視波茨坦宣言的嚴厲警告，準備背水一戰。這時候，史上空前龐大的美國艦隊群，已經駛近日本沿海，準備兩棲登陸日本本土。八月六日，美國第一顆原子彈投擲在日本第八大都市廣島，日人死傷十二萬多人。八月八日，蘇聯落井下石，對日本宣戰。蘇聯爲追求自身利益而對日宣戰，固然實現「雅爾達密約」的諾言，卻違背「日蘇互不侵犯條約」的規定，印證了希特勒的那句狂言：「條約是一張廢紙」。翌日，俄軍就蜂湧攻入中國東北。同一天，美國第二顆原子彈投擲於日本海軍基地長崎，日人死傷更多。面對原子彈史無前例的威猛力和殺傷力，日本人瞠目結舌，驚慌萬狀。八月十四日，日本裕仁天皇終於向全世界廣播，低聲下氣，正式宣布日本無條件投降。規模空前的第二次世界大戰，正式結束。[4]

第二節　臺灣的權力真空時期

從一九四五年八月十四日，日本戰敗投降開始，到同年十月二十五日在臺北市中山堂舉行臺灣地區受降典禮爲止，這中間有七十天的時間，日本的臺灣總督府既無正式權力再統治臺灣，中國政府也未能及時趕到臺灣設官立治，形成臺灣政治的權力眞空期。

此段的權力眞空期，可以十月五日作爲界線，分爲前段時期和後段時期，加以介紹。

一、前段時期

在前段時期裡，先有中國戴笠將軍所指揮的調查統計局，派遣兩位上校，陪同四名美國軍官，飛抵臺北。他們的任務是，安排一千三百多位美軍戰俘，運離臺灣。九月五日，這批美軍戰俘在基隆港由美國軍艦接送，撤出臺灣。到九月十日，美國的戰略情報局派遣代表團十五人，從昆明飛抵臺北，觀察動靜，蒐集情報。此段期間，如同在日本本土一樣，在臺灣的日軍，也有少數年輕氣盛的軍官，不能接受戰敗的事實，暗中陰謀抗拒，準備背水一戰。他們企圖聯合臺灣地方人士，宣布臺灣獨立，或尋求聯合國託管臺灣。當時，末代臺灣總督安藤利吉獲知後，立刻出面強力制止，此事才平息下來。少數的日本軍官憤而自殺身亡，充分顯示日本軍官的武士道精神。

安藤總督不但制止少數軍官的越軌行爲，而且充分配合盟軍的要求，協助維持臺灣的社會秩序。那時候，臺灣的地方領導人士亦挺身而出，自動自發組織「治安維持會」，協助總督府，共同維持社會秩序。結果，疏散到鄉下的城市居民，紛紛回到老家，重整家園。因轟炸所造成的殘垣斷壁和廢物垃圾也快速清理乾淨，保持環境衛生。水電開始供應，交通恢復正常，市場照常營業。各港口和機場也動用大批人力，清理廢物，重建航道跑道，恢復正常運作。總之，戰爭轟炸所造成的破壞，很快就復原。

二、後段時期

在後段時期裡，臺灣人對於即將回到祖國懷抱，莫不歡欣鼓舞，期待從此可以擺脫殖民地統治的生活，過著自由幸福的安樂日子。因此，臺灣人熱烈歡迎國民政府派遣來臺的接收官員和國軍的到來。臺灣人這種興高采烈回歸祖國的場面，與五十年前日本接收臺灣時候，臺灣人組織義勇軍抗日相比較，簡直無法相比。茲將歡迎的場面，介紹如下：

㈠一九四五年十月五日，臺灣行政長官公署祕書長葛敬恩中將，率領四十七人的接收先頭部隊，和一百多人的美軍顧問團，一起乘坐美國飛機抵達臺北的時候，從臺北松山機場起，直到行政長官公署（今之總統府）門前為止，歡迎的行列長達十多公里，沿途接受臺灣人的舉臂歡呼，鼓掌相迎。葛將軍到臺灣後，在他首次的公開演講中，指示日本人要照常工作，宣布定於十月二十五日在臺北舉行正式受降典禮。不料，他在演講中，突如其來，說臺灣是個「次等領土」，臺灣人是「二等國民」，臺灣省位在「關外」，未接受眞正中國文化的薰陶。此番話一出口，臺灣人不但大失所望，而且義憤塡胸，悔恨交加。

㈡同年十月十七日，原駐福建的林雲儔的七十二軍一萬二千多人，分乘三十多艘美國軍艦駛入基隆港，即日進入臺北。當時臺灣人唱出了一首「歡迎國軍歌」。歌詞如下：「臺灣今日慶升平，仰首青天白日青。哈哈！到處歡迎；哈哈！到處歌聲。六百萬人同快樂，簞食壺漿表歡迎」。臺灣人歡迎國軍的歌聲，溢於言表。

不料，國軍登陸臺灣以後，臺灣人看到的，竟然是頭帶斗笠，腳穿草鞋，服裝髒破，有的背大鍋，挑米簍，隊伍散漫，步履蹣跚。這種殘兵敗將的模樣，臺灣人看後，莫不搖頭嘆氣，不敢相信。大家都說，這樣的中國軍哪能打敗日軍呢？據事後的了解才知道，在中國大陸，這些兵大都是被抓去當兵的，根本沒有受過正規的軍事訓練。那時候，比較精銳的部隊都留在中國大陸打國共內戰儘管打內戰的精銳部隊根本打不過共軍，甚至很多都是集體投降，不堪一戰，造成大陸江山很快就淪陷。

很多荒唐詭異的怪事發生。我們從當時美軍顧問團軍官的著作裡得知，當美國軍艦運送這批國軍開進基隆港的時候，他們風聞臺灣島上尚有很多日本的敢死自殺隊，竟然不敢上岸。他們要求先派「美軍偵察隊」登岸查清楚後，才能放心上岸。這下子，把美國人弄得啼笑皆非。美國人氣炸了，把他們痛斥一頓，威脅要把他們強拋到岸上去，他們才伏首就範，乖乖上岸。我們想到，這就是中國國軍會到處打敗仗，而且未戰先逃的原因。

回想日治末期，筆者尚在孩童時候。經常目睹日本憲兵三五成群，騎馬上街巡邏。日本憲兵不但衣冠整潔，光鮮亮麗。而且，騎在馬上，雄糾糾、氣昂昂，精神奕奕，威風凜凜。令人看了，不禁心生敬畏，肅然起敬。日軍的此種良好形象，拿來和國軍相比較，兩者相去一萬八千里。

第三節　臺灣接收與日人遣返

一、接收臺灣的準備工作

自從一九四三年底「開羅宣言」宣布時起，在重慶的國民政府立即準備接收臺灣的工作，其過程介紹如下：

㈠一九四四年四月十七日，在重慶成立「臺灣調查委員會」，由陳儀擔任主任委員，進行調查和了解臺灣的各種情況。

㈡同年十二月二十五日，在重慶成立「臺灣行政幹部訓練班」，培訓人才，準備接收臺灣。

㈢一九四五年八月二十九日（日本投降後兩週），蔣主席特任陳儀爲「臺灣省行政長官」。九天後，又任命陳儀兼任臺灣省警備總司令。

㈣同年九月二十日，重慶國民政府正式公布「臺灣省行政長官公署組織條例」，作爲在臺灣設官立治的法律依據。

二、殖民統治的復活

依照上述四個階段的準備過程，由陳儀領導統治戰後的臺灣，已成定局。茲將戰後統治臺灣的幾個重要問題，介紹如下：

㈠蔣主席選定陳儀主政戰後臺灣的理由

1. 陳儀和蔣主席是浙江同鄉，又在日本唸同一所軍校，具有同鄉同校之誼。一九二七年，蔣總司令在北伐途中，陳儀勾結上海地下組織，協助蔣總司令順利進占上海，由此建立了兩人深厚的革命情誼。

2. 一九三四年，陳儀出任福建省主席長達八年。上任次年，代表中國到臺灣，參加日本治臺四十週年的「始政四十年紀念博覽會」。可以說，他是當時中國高官裡的「臺灣通」。

3. 陳儀的軍政資歷完整。他擔任過兵工署長、軍政部次長、省主席、行政院祕書長等軍政要職，深得蔣主席的器重和信任。

㈡在臺灣不設省政府而改設「行政長官公署」的立法理由

臺灣受日本統治長達五十年之久。尤其是大戰末期，日本在臺灣全面推動「皇民化運動」，臺灣人已經變成日本人，而不是漢民族，情形特殊。因此之故，臺灣與大陸其他各省完全不同，不可設置省政府，必須改設「行政長官公署」。

㈢殖民統治臺灣的復活

依照「臺灣省行政長官公署組織條例」的規定，臺灣行政長官綜理臺灣全省政務，可以指揮監督在臺灣省的中央各機關，又可在職權範圍內發布署令和制定單行法規。最嚴重的是，行政長官兼臺灣省警備總司令。這樣一來，「臺灣省行政長官」就獨攬了臺灣的行政、立法、司法以及軍事大權。這完全是日本殖民統治臺灣的總督制復活，只不過是把「總督」的名稱改爲「行政長官」而已。所以，那時候民間都以「新總督」來戲稱陳儀。

臺灣同胞在飽受日本殖民統治五十年之後，緊接著又要遭受同宗同文的中國新殖民統治。前門拒狼，後門進虎。臺灣人的命運何其坎坷，臺灣人的處境何其悲慘。

三、臺灣接收

第二次世界大戰，日本是被美軍打敗的。所以，日本的投降，是向以美軍爲主體的同盟國盟軍投降，而不是向中國投降。因此，日本戰敗投降以後，盟軍最高統帥麥克亞瑟將軍（以下簡稱麥帥）所發布的盟軍第一號命令是：「在中國（東三省除外）、臺灣與越南北緯十六度以北地區之日本全部陸海空軍應向中國戰區最高統帥蔣介石將軍投降」。根據此項命令，一九四五年九月三日在南京舉行中國戰區的受降典禮。何應欽上將代表中國，岡村寧次大將代表日本，雙方簽署投降文件。至於中國戰區臺灣地區的受降典禮，則於同年十月二十五日在臺北中山堂舉行。臺灣行政長官陳儀代表盟軍，安藤總督代表日軍簽署投降文件。受降典禮的會場布置，簡單莊嚴。禮堂上方四柱懸掛著中、美、英、蘇四國國旗，下方則懸掛著四國領袖的玉照，顯示受降者是四國盟軍。

陳儀是在受降典禮的前一天，也就是十月二十四日，坐美國軍機飛抵臺北的。是日，臺灣同胞歡迎陳儀抵臺的場面，既感人又盛大。沿路歡迎群眾，人山人海，萬人空巷，家家戶戶高掛中華民國國旗，交通要道貼滿歡迎標語。臺灣同胞的臉上無不布滿快樂的歡欣，以迎接美麗的未來。

翌日，臺灣地區的受降典禮儀式結束後，陳儀代表中國政府向記者們宣告：「從今天開始，臺灣及澎湖群島已正式重新歸入中國版圖。所有一切土地、人民、政事都已置於中國主權之下。」從此，臺灣由中國的國民政府暫時接管和統治。

陳儀一生投筆從戎，軍人出身，不識法律，更不懂國際法。主持受降典禮，簽署受降文件，並不表示中國依此擁有臺灣主權。否則，依照麥帥的命令，中國東北戰區由蘇聯代表盟軍受降，東北地區的主權便移轉給蘇聯。這樣一來，不就天下大亂了嗎？在國際法上，主權的轉移必須由交戰國雙方正式簽訂和平條約，再經雙方政府正式批准後，擇期互換批准書完畢，才算合法轉移領土主權。一八九五年所簽訂的中日馬關條約，就是依照上述的國際法程序，清廷將臺灣主權割讓給日本。

四、陳儀的失敗施政

陳儀走馬上任後，仗其權大勢大，在臺灣施展各項施政措施。他頒布許多單行法規，不合政理，不得民心，終於引發臺灣史上民眾暴動最烈、殺戮人數最多的二二八事件。二二八事件的前因後果，相當複雜，影響深遠，將在下一節專題介紹。這裡先介紹陳儀治臺初期的幾項失敗施政。略述如下：

㈠去日本化及清算漢奸

因爲日本侵略中國，對中國人民的傷害太深、太重，所以中國人對日本人深惡痛絕，仇日心理特別強烈。現在，陳儀把臺灣同胞視作日本敵人看待，而不是以漢族同胞相待。陳儀上任後，很快就宣布臺灣的報紙書刊禁用日文，日治時代的書刊、電報等有不利於中國的內容者，一律銷毀。文化的整頓，無可厚非。可是對於一向使用日文閱讀的臺灣知識份子來講，一時之間，無法迅速熟悉使用中文，大有茫然世局，與世隔絕之感。

其次，一九四六年一月十五日，陳儀公布「臺灣省漢奸總檢舉相關規程」。此項規程要檢舉的對象，不是「匪諜」，而是「漢奸」。顯然是指日治時代曾爲日本服公職的臺灣同胞。這些臺灣同胞在戰後的臺灣，依然安分守己，沒有爲非作歹，沒有危害社會。爲達成「去日本化」之目的，徒使人人自危，造成人心惶惶。相反地，那時臺灣島內潛伏匪諜不少，隨時可以危害社會，動搖國本，陳儀卻不聞不問，倒行逆施，令人匪夷所思。

㈡成立省參議會及殺害忠良

陳儀到任後，從中國大陸帶來一大批貪官汙吏統治省政府。各地方首長、企業首長及學校校長，均由外省人包辦。可是因爲語言障礙的關係，無法直接統治地方基層，所以臺灣行政長官公署迅即於一九四五年十二月十六日，公布「臺灣省各級民意機關成立方案」。依此，全省各地成立村里民大會、縣市參議會，最後於一九四六年五月一日成立臺灣省參議會，作爲臨時性的地方自治。

縣市參議員和省參議員中，有很多人能盡忠職守，揭發時弊。最有名的案例是，省參議員王添灯和林日高舉發：臺糖公司由日本財產所接收的十五萬噸白糖，被行政長官公署以洗錢方式，輾轉流落上海出售，售款則匯入孔宋四大家族帳戶。致使臺灣白糖缺貨，造成糖價大漲。王添灯又舉發專賣局長任維鈞，私呑鴉片七十公斤，私運香港變賣，貪汙不法。王添灯參議員的勇敢舉動和忠良表現，經過新聞界的忠實報導，臺灣人給予掌聲。可是八個月後爆發的二二八事件，他惹來殺身之禍。其他很多勇於質詢，舉發不法的省縣市參議員，或忠實報導的報社老闆和名記者，也都在二二八事件中被殺、被捕或遭通緝。

㈢支援國共內戰及妄想徵兵

世界大戰快結束的時候，在臺灣，除了儲存有足供二十萬駐臺的日軍食用兩年的軍糧外，尚存有更多準備運往南洋戰場支援前線日軍的食糧、軍需品及軍火彈藥等，價値在美金二十億元以上。無疑地，這是中國接收臺灣的最大戰利品。當時，陳儀喊出「愛國」和「爲國軍反共保臺而輸糧」的美麗動聽口號，把這些戰利品運輸到大陸支援國共內戰。那時候，在碼頭和倉庫的工人，日以繼夜，把這些物資裝船外運，有目共睹。有人相信，這些物資在運往前線途中，曾經「繞道而行」，中飽私囊。

其次，在一九四六年時，駐臺國軍始終維持在三萬人左右的兵力。軍紀敗壞，造成民怨。尤其陳儀政府官員的貪汙惡行，早已是臺灣人茶餘飯後的指責話題。陳儀不知悔悟，突然於二月間發布命令，預定於九月間開始在臺灣徵兵。臺灣青年將被徵調到「祖國」大陸去鎮壓共匪黨徒。此令一出，立刻引發臺灣人的憤怒吼聲，陳儀大驚失色。臺灣人力斥陳儀在臺灣違法徵兵。因爲戰後中日兩國尚未簽訂和約，中國無權在臺灣徵兵。陳儀應將在臺灣的三萬國軍調到大陸去打國共內戰，才是名正言順。臺灣人願意自組「臺灣自治軍」保衛臺灣，不勞國軍好心保衛臺灣。

因爲反對的聲浪震撼全臺，而且，振振有詞，句句有理。陳儀知難而退，在臺灣的徵兵計劃胎死腹中。往後的歲月，遲至一九五一年，立法院通過「兵役法」，並經總統公布實施後，臺灣省政府始於同年七月二十五日，依法發布接收臺灣以來的首次徵兵令，共有一萬二千人應徵入伍服役。

㈣接收日產變成劫收

在日治末期，爲達成臺灣「工業化及南進基地化」的政策目標，日本人在臺灣大力發展工業，支援戰爭需要。這些工業可以分爲三類：

1. 屬於總督府的公營產業。
2. 屬於日本企業家的私營產業。
3. 日臺合資的私營產業。

至日本戰敗投降後，上述三類產業通通被視作「敵產」，由臺灣行政長官公署於一九四六年一月設立「日產處理委員會」，負責處理接收事宜。但上述第三類的日臺合資的私營產業，如遇臺資占半數以上股份者，可以出售，由臺資取回其應得款項。然後，剩餘款項加上第一類及第二類的所有公私產業，一律接收歸公。接收日產的總値共約舊臺幣一百一十億元之鉅。規模和金額之龐大，成爲中國接收臺灣的另一個重大戰利品。這些戰利品全部收歸國有，轉化為國營或省營企業兩大類：

1. 國營企業：包括石油、電力、鋁業、糖業、肥料、鹼業、鹽業、機械等大產業。

2. 省營企業：包括銀行、人壽保險、產業保險、菸酒專賣局、樟腦局、交通、水泥、紙業、農林、工礦等產業。

在接收過程中，接收人員見錢眼開，貪汙舞弊的惡形惡狀，時有所見所聞，使「接收」變成「劫收」，與戰後國民政府在淪陷區「劫收」日產的情形一模一樣。關於此點，中國記者唐賢龍在南京出版的「臺灣事變內幕記」一書裡，曾有一段如下的描述：

> 自從國內的很多人員接管以後，便搶的搶，偷的偷，賣的賣，轉移的轉移，走私的走私，把在國內「劫收」時的那一套毛病，統統都搬到了臺灣，使臺灣人非常看不起，以致很多貴重的東西大都喪失。……臺灣在日本統治時代，本來確已進入「路不拾遺，夜不閉戶」的法治境界，但自「劫收」官光顧臺灣以後，臺灣便彷彿一池澄清的秋水，忽然讓無數個巨大的石子，給擾亂得混沌不堪。（引自陳芳明「臺灣戰後史資料選」第五十頁）

五、日本軍民的遣送回國

一八九五年，中日馬關條約規定，臺灣、澎湖割讓給日本。同時又規定：「割地內人民，在兩年之內，任便遷居。逾期不遷，視爲日本臣民。」依此規定，條約沒有強迫臺灣人民必須遣送回中國大陸。臺灣人民可以自由選擇成爲中國國民或日本國民。

可是，一九四五年，接收臺灣後，中日之間遲未簽訂和約，所以在臺灣的日本軍民沒有選擇餘地，必須全部遣送回日本。

那時候，在臺灣，有二十萬多日軍和三十萬多日僑，總共約五十萬人。要把他們遣送回國，是一項巨大工程。令人欣慰的是，日本自從明治維新以後，以教育作爲強國根本。不論是學校教育或軍事教育皆最注重精神教育。講法治，守秩序，奉公守法，遵守紀律，形成日本精神。因此之故，五十萬之眾的日本軍民，遣送回國以前，在臺期間，大家都能靜待遣送，從未聞有違法亂紀發生，有助於臺灣的社會安定。

除臺灣之外，中國戰場和南洋戰場必須遣送回國的日軍和日僑，數量更是驚人，高達數百萬之眾。那時的日本，在美軍慘烈轟炸之後，滿目瘡痍，生產停頓，失業嚴重。而且，又即將面臨嚴冬酷寒，頓時要湧進數百萬的日軍日僑回國，百姓無以維生，自是意料中事。麥帥雖然百戰功高，打敗日本。可是此時的他，頗具菩薩心腸，善解日本人的苦境。他下令遣送工作不急於一時，應作周全準備，從容不迫，穩定進行。

在臺灣地區的遣送工作，臺灣總督方面，顧及日本軍民的生計問題，曾事先與中國和美軍代表簽訂協約，約法三章，中國必須維持日本軍民遣送回國以前的糧食，供應無虞。可是不久，日本人就發現，陳儀政府早已搜括臺灣的公私糧產運到中國大陸去支援國共內戰。臺灣島內發生嚴重米荒，物價飛漲。日本人慌張之餘，日軍代表馬上向美軍聯絡組告急，說中國人不講信用，沒有遵守「在日軍遣送完畢以前，保持足夠的糧食」的約定。美國人相信此一事實，也目睹此一事實。美軍方面，深恐萬一日軍斷糧，被逼上梁山，後果不堪設想，立刻急電東京的麥帥總部，建議加速遣送的日程。最後，終於在一九四六年三月底以前，把最後一批的日軍遣送回日本。

至於日本僑民則比日軍延後一個月，全部撤離臺灣。日本人回國時，每人只准攜帶現金一千圓日幣和旅途所需食品，加上兩袋衣物行李。日本人具有法治精神，遵守規定，秩序良好，黯然離開臺灣。因為日本人的此種優良的民族精神，使得他們能在戰後從廢墟瓦礫中重建家園，迅速復原復興，不到二十年的光陰，就一躍而成為世界經濟大國，事非僥倖。

六、安藤總督的大將典範

安藤利吉是日本派駐臺灣的末代總督。他出身於日本陸軍大學，一九四四年晉升陸軍上將。該年年底被任命為第十九任臺灣總督，兼日本第十方面軍司令。當他履任的時候，日軍在各戰場上的敗局已成，軍用民用物資均極度困乏。他就在臺灣厲行經濟統制，並且實施徵兵制，支援戰爭。日本戰敗投降後，他代表日軍參加臺灣地區的投降典禮。

在日本宣布投降，中國尚未正式接收臺灣以前的「政治眞空時期」，他頗能克己復禮，盡忠職守，一方面制止少數日本少壯軍官企圖抗拒投降的越軌行動，另一方面又能全力配合盟軍的要求，暫時協助維持臺灣的社會治安。在臺灣正式接收後，又能密切配合陳儀政府的要求，將臺灣各級政府及公務財產，清清楚楚地完整移交。最後，又順利達成五十萬日本軍民遣送回國的重責大任。可以說，在他總督任內及任後，應做該做的每一項任務，都能善盡職責，是一位值得尊敬的日本總督。當他的重責大任全部圓滿達成後，馬上以日本戰犯的名義被捕。一九四六年四月十九日，在未被審判之前，他在上海獄中，服毒自盡，時年六十二歲。縱觀安藤總督的一生閱歷，眞符諸葛武侯所說的「鞠躬盡瘁，死而後已」。不愧爲一位具有十足日本精神，奉公守法的大將典範。

第四節　二二八事件

一、二二八事件的遠因

一九四七年（民國三十六年）二月二十七日傍晚時分，臺北市專賣局的緝私員和警察，因爲取締一名販賣「私菸」維持生活的寡婦林江邁，而開搶射死一名圍觀的無辜民眾陳文溪，引發公憤。次日，臺北全市譁然。罷工、罷市、罷課，同時並作。民眾到處遊行示威，反對陳儀政府的暴政。憤怒之火，迅速蔓延臺灣全島。史稱「二二八事件」。

二二八事件，是臺灣史上規模最大，殺戮最慘烈的一次民變。它的遠因有二：

㈠陳儀大權，毫無節制

近代西洋政治學家孟德斯鳩有句名言：「有權者必濫權，防止之道，在以權制權。」陳儀治臺，一人獨攬軍政大權。中央政府又在中國大陸窮於應付國共內戰，無力顧及臺灣局勢。陳儀的權力之大，毫無節制，毫無制衡力量。濫權施政，勢所必然。加以他從大陸帶來一大批貪官汙吏，把臺灣社會打亂得天翻地覆，民怨沸騰。此情此景下，一遇火種，立刻可以成爲燎原之勢不可收拾。

㈡日中治臺，清濁倒轉

臺灣在日治時期，雖然飽受殖民統治的痛苦，可是日本治臺，政治清明，法治良好。現在，陳儀這批腐化官僚到了臺灣後，政治腐敗，貪汙橫行，加以經濟蕭條，民生困苦。日本治臺與陳儀治臺兩相比較，一夕之間，清濁倒轉，不忍卒睹。臺灣人不堪其苦，悶積在心中的怨氣，醞釀了一年多的時間，終因取締菸販的芝麻小事，於一九四七年引爆了震撼中外的二二八事件。所以「冰凍三尺，非一日之寒也」，二二八事件絕不是突發事件。

二、二二八事件的近因

二二八事件爆發之前，關於臺灣島內的貪汙腐敗、軍紀敗壞、特權橫行、岐視臺人、經濟壟斷、失業嚴重、治安惡化等等現象，當時的臺北報刊以及上海、南京、北京、天津、香港等地各報刊的駐臺記者，都有詳實具體的報導。綜合各方資料，茲分四類，舉要說明如下：

㈠國軍的軍紀敗壞

接收國軍，素質落後，軍紀敗壞。臺灣人常常看到國軍偷了腳踏車，背在背後，到處求售脫手，因爲他們不會騎車。又常看到國軍坐車不買票，越過柵欄跳進火車站月臺，再從車窗爬進火車廂。所以，那時的國軍，被民間戲稱爲「賊仔兵」。

由於知識落後，有些士兵看到自來水心生好奇，就到街上路邊攤買個水龍頭，回到營房（暫時借住在學校教室）將水龍頭往牆壁一插，然後一轉流不出水來，就破口大罵。又有些無駕照的士兵，擅自把十輪軍用大卡車開到市區，橫衝直撞，撞死無辜百姓後，立刻揚長而去。

臺灣人一向看慣了軍紀嚴明、軍容壯盛的日本軍隊。現在，猛然看到如此素質落後，漫無軍紀的國軍，莫不搖頭，不敢相信。

㈡官員的貪汙腐敗

陳儀政府從日本手中接收數量無比龐大的日產，共一百一十億元舊臺幣。在接收過程中，貪汙舞弊，中飽私囊的例子，層出不窮，使得「接收」變質爲「劫收」（關於大小貪汙的實例，詳載於一九四七年南京中國新聞社出版部，唐賢龍《臺灣事變內幕記》一書中）。例如，那時日本人在臺灣留下有四十五家的新式糖廠，竟然以未見過糖廠之外省人來接收並擔任這些糖廠的廠長。接收臺南市麻豆鎮總爺糖廠的那位外省人廠長，看到財產名冊中的「金槌」（中文的鐵槌，日文爲金槌）二十五支，以爲是「黃金的槌子」，就囑咐工友把它送到廠長宿舍來。迨送到後，廠長眼看不是黃金，竟是鐵槌，當場痛罵工友一頓。笑話就此傳開。

㈢用人的浮濫不當

陳儀認爲臺灣人受日本奴化教育太深，不懂三民主義，又不會說國語，不宜做官。因此，臺灣接收後，政府機關、企業主管和學校校長等高層職位，青一色由外省人包辦。唯一例外，是小學校長用臺灣人，因爲外省人不懂臺語，無法領導全部講臺語的小學師生。可以說，外省人完全取代了日治時期日本人在臺灣的殖民統治地位。最離奇的是，臺灣人所擔任的低層職位和外省人相比，同一職級同一工作，外省人的薪水竟是臺灣人的兩倍。這樣一來，高層職位，臺灣人無分；低層職位，竟不能同工同酬，省籍歧視嚴重到極點。所以，那時臺灣人仇視中國官，蔑稱外省人爲「阿山」。

不但如此，原先臺灣總督府只有一萬八千三百位行政人員，現在陳儀政府卻在「牽親引戚」的陋習下，膨脹到四萬三千多人。用人浮濫至極，而且均是外省人的天下。

㈣經濟的嚴重惡化

陳儀來臺後，把日軍儲存在臺灣的龐大糧食和戰略物質，運到中國大陸去支援國共內戰，造成臺灣的「米荒」。不僅如此，又在臺灣實行專賣制度，設置「專賣局」，將樟腦、火柴、菸酒、鹽、糖、碳等等民生物質，統統納入政府專賣，使得大批民間企業破產。工廠停工，失業嚴重，民不聊生。此外，又設置「貿易局」，獨占全臺的農工產品的產銷和進出口，以利官商勾結，使得臺灣經濟惡化，雪上加霜。更甚者，中國大陸的通貨膨脹，很快波及臺灣，臺灣亦通貨膨脹，經濟陷入絕境。人民無米爲炊，大家都靠吃番薯渡日。

三、二二八事件的經過

㈠醞釀階段

戰後，臺灣人目睹這一大批新來的貪官汙吏的不法行徑和惡行惡狀，街頭巷尾普遍流行著一句諺語：「狗走了，豬來了。」狗是指日本人，豬是指外省人。因爲狗雖兇猛，但能替主人守門看家。豬「不潔不淨」，隱喻貪污，而且「光食而不做事」，隱喻做事不負責任。這句諺語充分表達了當時臺灣人對外省人的失望和不滿，也讓臺灣人開始懷念起日治時代的法治和清明的「殖民統治」。

二二八事件發生的前後，臺灣島內也流行著一首民謠，形容當時的臺灣：「轟炸驚天動地，光復歡天喜地，接收花天酒地，政治黑天暗地，人民呼天喚地。」足見臺灣人對於接收後的失望痛苦。一遇火種，便可如火山爆發，一噴而出，一發而不可收拾。

㈡事變過程

一九四七年二月二十八日一大早，由臺北市延平北路圓環和萬華龍山寺一帶的民眾帶動，上街敲鑼打鼓，遊行示威，發動全市罷工、罷市、罷課。群眾立刻一呼百應，群起而攻。憤怒的群眾立刻衝入警察派出所，打人毀物。消息一傳，由四面八方而來的群眾，也湧到重慶南路的專賣局，把局裡面的一切物品抛到街上，放火燒掉。到了下午，群眾更衝到行政長官公署請願，遭公署衛兵開槍射殺，就改向新公園聚集。在新公園內召開「民眾大會」占領公園內的廣播電臺，向全島人民播送事件的經過，號召大家勇敢起來反抗暴政。至此，這個星星之火立刻成為燎原之勢，演變為全島性的排斥和打殺「阿山」（外省人）的事件。

當天下午三時左右，陳儀發布臺北戒嚴。漫無紀律的軍警，射殺了許多無辜的路人，更加激怒了群眾。臺灣人以牙還牙，在街上看到「阿山」，便以石頭或木棍打殺得頭破血流，跪地求饒。又把外省人商店的一切物品，扔到街上燒掉，但絕不私吞，只求洩憤。此一動亂透過廣播和電話，迅速蔓延到全島各地，而以基隆、臺北、新竹、臺中、嘉義、高雄等地最為慘烈。臺灣頓成恐怖世界。

㈢陳儀向南京請兵

在動亂中，三月二日下午，由官民代表共同組織「二二八事件處理委員會」，在臺北市中山堂開會，商討如何平息動亂，恢復秩序，還給臺灣同胞應有的權益和損失。處理委員會於三月七日達成協議，向陳儀提出「四十二項目改革方案」。包括：臺灣行政長官公署應改為省政府，人民有言論、出版、集會自由，撤除警備總司令部、禁止帶有政治性的逮捕拘禁、徵兵限於守臺不參加內戰、槍決緝菸兇手、解除國軍武裝、廢除專賣局和貿易局、起用臺灣人擔任公職、實施縣市長民選等等。這些改革的要求正是反映二二八事件的起因。如果實現，就從根本推翻了國民政府在臺灣殖民統治的腐敗政治，自然不可能爲陳儀所接受和採納。老奸巨猾的陳儀，表面上虛與委蛇，暗地裡卻急電南京請求救兵。那時在南京的蔣介石，立刻警覺到臺灣對他未來處境的重要性。他在百忙之中，不假思索，就急從上海調派國軍第二十一師，急赴臺灣協助鎮壓。

三月八日下午，來自中國大陸的鎮壓部隊，分別由基隆港和高雄港登陸臺灣，進行血腥的大屠殺。國軍利用機關槍的屠殺行動，漫無目標，見人就殺，持續一星期之久，成千上萬的臺灣同胞成爲槍下冤魂，死難人數迄今無從查考。

四、國軍濫殺無辜臺胞

(一)臺灣精英盡成冤魂

當時臺灣的地方代表和精英份子，因爲參加各地的「處理委員會」，協助政府平息動亂，應有功於國家社會。其次，臺灣島內的報社老闆和新聞記者盡忠職守，揭發時弊，報導眞相，有利於政府據以進行改革，促使政治進步。可是，這些功臣良民均中了陳儀的緩兵之計。當國軍鎭壓部隊到後，不分青紅皂白，都被一網成擒，捉去槍殺。這種沒有天理、沒有公道的濫殺忠良，形成臺灣人才的斷層，是臺灣史上的最大慘劇和最重損失。

被殺害的臺灣精英份子不勝枚舉。例如：王添灯（省參議員、處理委員會主席）、林茂生（臺大文學院長、民報社長）、陳圻（臺灣信託公司董事長）、林連宗（省參議員）、宋斐如（人民導報社長）、吳鴻祺（臺灣高等法院法官）、施江南（四方醫院院長）、林宗賢（板橋鎮長）、陳能通（淡水中學校長）、阮朝日（新生報總經理）、吳金鍊（新生報總編輯）、湯德章（臺南名律師）、葉秋木（宜蘭農林學校校長）、鄭進福（花蓮國大代表）、張七郎（花蓮名醫、國大代表）、張宗仁（花蓮中學校長、張七郎之長子）、張果仁（花蓮名醫、張七郎之三子）、陳澄波（嘉義名畫家）以及很多臺北市參議員和律師，列不勝列。

(二)美國領事的目睹紀錄

當時，美國國務院所刊行的「對華白皮書」裡，曾有一段敘述增援國軍運到臺北後，立刻漫無目標，展開血腥濫殺的慘況眞相。茲引錄如下：

三月九日起，發生廣泛而無差別的殺戮行為。在美國領事館的宿舍前面，工人並未有任何挑釁行為，就被刺刀刺死。也看到軍人搶奪行路人的錢財。婦女從家中被拉走，老人跑出去抗議，即被兩個軍人砍倒。服務於教會醫院的一位加拿大籍護士，勇敢地奔梭於槍彈中，搶救受傷的人們。當她帶領負傷者往醫院的途中，軍人從後開槍把負傷者射死。年青的臺灣青年被細縛起來，用鐵線貫穿手掌，拉過街道盡端。教會附近，一個小學女教師從後面被擊，被掠奪。有一美國婦女的家，受到附近陣地的機槍射擊，一位英國企業家要去救他，子彈貫穿了他的衣服，幸未打中身體。另一個外國人看到一個騎自行車的青年，被憲兵叫下來，用刺刀刺穿了手掌。有人要躲，有人要逃，可是人們被射擊。軍人看到任何喜愛的東西，即掠奪過來。三月十日，領事館附近萬華一帶，許多商店主人被射擊。

五、共軍殲滅不法國軍

上敘文字記載，爲美國領事人員在現場目擊的實況紀錄，不可能造假或杜撰故事。依此看來，增援國軍第二十一師的漫無軍紀，搶奪財物，搶走婦女，射殺無辜等惡劣行徑，與原來駐臺國軍，如出一轍。至於亂槍打鳥式的屠殺臺灣同胞的殘忍手段，則爲原駐臺國軍望塵莫及。如此毫無軍紀的國軍，已經是土匪集團，而不是軍隊。

在國共內戰時期，毛澤東早在井岡山發祥地以嚴守軍紀，親民愛民，訓練共軍。毛澤東下令共軍實施「八大紀律」如下：「㈠說話要和氣。㈡買賣要公平。㈢借東西要還。㈣損壞東西要賠。㈤不打人不罵人。㈥不損壞青苗。㈦不調戲婦女。㈧不虐待俘虜。」由於共軍紀律嚴明，所以在大陸共軍「深得民心」。民兵幾百萬人自動自發，全面支援共軍作戰。相反地，國軍如此軍紀蕩然，傷民害民，「大失民心」，孤軍作戰，毫無民援。此爲國共內戰僅僅四年，江山立刻變色的根源。

蔣介石不明是非，匆忙之間，就近急從上海調派國軍第二十一師急駛臺灣，協助鎮壓民變。第二十一師分從基隆港和高雄港上岸後，立刻展開血腥殺戮。他們開著軍用大卡車，架起機關槍，毫無人性，看到三五成群的臺灣同胞，就亂槍打鳥式的掃射，十足展現他們的威風凜凜、耀武揚威。可是，

「冤魂地下有知，神明天上有眼」。這支只會屠殺「手無寸鐵」無辜臺灣同胞的第二十一師土匪國軍，趁其在臺灣的「戰勝餘威」，不久奉命回防上海。在上海保衛戰中，立刻被共軍一舉殲滅。可以說，善惡之報，立見分明。共軍雖然被蔣介石罵爲「匪軍」，卻能出面主持正義，替無辜的臺灣同胞「出一口氣」，報「一箭之仇」，徹底嚴厲制裁漫無軍紀的不法國軍第二十一師。

六、二二八事件的善後

三月十四日，臺灣警備總司令部宣布：全省已告平定，即日起展開肅奸工作，也就是清鄉工作。警備總部假借「戶口調查」的名堂，大事逮捕所謂「異議份子」，進行秋後算帳。被捕人士爲廣及全省各地的領導人士，紛紛送進監獄，或遠送火燒島去受無期徒刑。大多數有去無回，下落不明。

爲了處理善後，三月十七日，南京政府派遣國防部長白崇禧爲「宣撫使」前來臺灣。經過十天的走馬看花，白將軍向上層的報告說：「二二八事件是潛伏於島內的共匪，和蒙受日本教育遺毒的少數暴徒，煽動民眾而發生的叛亂事件。」這個報告漠視事實，顚倒是非。把陳儀敗政和國軍亂紀屠殺的責任，推得一乾二淨，更把事變責任推給無辜的中共和日本。因此，白崇禧的不當處置，不但沒有平息事變，反而遺害無窮，造成很多後遺症。

不過，在白崇禧的報告裡，也針對事件爆發前後臺灣社會各界對政府所提出的許多改革意見，納入了他對中央政府的建議。後來，形成國民政府對二二八事件的善後處理原則。那時候，國民政府在大陸打國共內戰，已經預感到大局不樂觀。蔣介石心裡有數，最壞打算是步鄭成功之後塵，退守臺灣。蔣介石極度關心臺灣的善後和安定。所以，他接受了白崇禧的幾許建議，後來付諸實施的改進事項，包括：

㈠調整臺灣政治制度

將「臺灣省行政長官公署」改制為「臺灣省政府」，派遣文官魏道明為首任臺灣省主席。擺脫國民政府對臺灣的殖民統治之獨裁政體。

㈡調整臺灣地方人事

臺灣省政府委員及各廳處長酌增臺灣人名額。臺籍公務員和外省籍公務員的待遇，須同工同酬。消除臺灣人憤憤不平的歧視待遇。

㈢縮小公營事業範圍

將「專賣局」改制為「菸酒公賣局」。開放樟腦、火柴業准許民營。撤銷「貿易局」，允許民營煤礦，使臺灣人得有私營經濟的活動空間。

上述各項措施，都是針對二二八事件前為臺灣人普遍詬病和指責的政治敗象所做的補救措施。臺灣人在「二二八事件處理委員」所提出的四十二項改革方案，雖然沒有全部被採納，但已接受了局部意見，例如：改善殖民統治體制、不歧視臺灣人及使臺灣人有較多的謀生機會等，展現了國民政府治臺的改善誠意。對於平息眾怒，撫平創痛，自然有所助益。

七、二二八事件的檢討

㈠失敗的治臺政策

國民政府接收臺灣的時候，在臺灣不設省政府，而改設「行政長官公署」，進行獨裁式的殖民統治。治臺政策從一開始就走向失敗的道路。昔日，日本治臺之初，臺灣人不願接受「異族」統治，大興抗日義師。日本國會才通過「六三法」授權臺灣總督一人獨攬軍政大權，進行殖民統治臺灣。現在，臺灣接收了，臺灣同胞興高采烈，歡欣鼓舞，熱烈慶祝回歸「祖國」懷抱。可惜祖國竟把臺灣同胞視作「異族」，完完全全抄襲日本統治臺灣的惡法，令人百思莫解。由此演變，臺灣接收後僅僅一年半的時間，立刻爆發震撼中外的二二八事件，實肇因於失敗的治臺政策。

在二二八事件爆發後，增援國軍正在腥風血雨，殘酷屠殺臺灣同胞的時候，三月十六日，香港出版的「青年知識」第二十期，刊出史堅「臺灣的災難」一文，曾有客觀的評論說：「一八九五年日本的『接收』，臺灣人所得到的，是殖民地的『法治』。可是一九四五年中國的『接收』，臺灣人卻又得到『無法無天』的統治，他們覺得前者比後者還要好。最低限度，還有法律依據，不致無所適從。這也是另一個顯然的對照。」

㈡二二八事件的三個階段

綜觀二二八事件的整個演變過程，可以劃分爲三個階段如下：

1. **暴動階段**：事件發生後，前十天是臺灣人用石頭和木棍打殺外省人的階段。

2. **鎮壓階段**：從三月八日增援國軍登陸臺灣，到三月十三日為止的六天期間，是國軍用機關槍大肆屠殺臺灣人的階段。

3. **清鄉階段**：三月十四日以後，是政府展開肅奸工作，以連坐法及線民密報，大批逮捕異議份子的清鄉階段。

㈢二二八事件的遺害

二二八事件所產生的後遺症有三：

1. **製造省籍對立問題**：由於陳儀一到臺灣走馬上任，便清一色引用外省人做官，歧視臺灣人，引發臺灣人對外省人的不滿和敵視。此後，在二二八事件中，臺灣人棍打外省人，大陸國軍掃射屠殺臺灣人，以及往後的清鄉工作，在在造成臺灣人和外省人之間的省籍對立問題。

2. **傷害臺灣民主政治**：臺灣的精英和知識份子在二二八事件中被消滅殆盡，形成人才斷層。加以二二八事件後，由於政府的防範和壓制措施，臺灣人對於政治莫不視為禁忌。直到二十多年後，臺灣的新生一代興起，才大力推展臺灣的民主政黨政治運動。

3. **引發臺灣獨立運動**：在國軍的無情屠殺和陳儀的肅奸清鄉之下，倖免於難的臺灣異議分子，例如廖文毅兄弟等，知道大難即將臨頭，遂紛紛逃亡海外。在海外各地結合當地的臺灣人和留學生勢力，推動臺灣獨立運動。可以說，二二八事件是臺獨運動的起點。

八、陳儀伏法

二二八事件剛結束不久，美國駐華大使司徒雷登（Leighton Stuart）在憤怒之下，親向蔣介石面交一份「有關臺灣局勢的備忘錄」，嚴重抗議國軍在二二八事件中對臺灣人的屠殺暴行。那時候，國共內戰正緊張，蔣介石急需美國的軍經援助。爲了對美國的抗議做出友善的回應，蔣介石當機立斷，接受白崇禧的建議，在四月二十二日免職陳儀，並把「臺灣行政長官公署」改組爲「臺灣省政府」。任命戰時旅居美國與美國有良好關係的魏道明爲首任臺灣省主席。「臺灣行政長官公署」的廢除，象徵著「殖民統治」的暫時告一段落。

陳儀被免職召回南京後，暫時屈就中央政府顧問。不久即東山再起，改任浙江省主席。可是在一九四九年二月一日內戰危急萬分的時候，他的部屬湯恩伯將軍，揭發了他將投共的陰謀，因此被捕解送臺北，於六月十六日以「叛亂罪」執行槍決。可以說，多行不義必自斃。

九、魏道明省主席的改善措施

魏道明於一九四七年五月十六日就任首任臺灣省主席。他在一年半的任期內，原則上，就白崇禧對臺灣所提的建議，在他的職權範圍內予以實施。他所採取的改善措施，主要如下：

㈠補救省籍歧視問題

臺灣省政府十四位省府委員中，有七位是臺籍委員，占其半數。

㈡結束戒嚴壓制統治

宣布解除戒嚴，結束清鄉。停止新聞、書刊及郵電檢查。

㈢增加臺民謀生機會

「專賣局」改為菸酒公賣局。除菸酒維持公賣外，其他如樟腦、火柴、木炭等，開放民營。

㈣改進官商勾結弊病

裁撤「貿易局」，改設物質調節委員會。

㈤開放商業自由買賣

鼓勵買賣自由。解除文具、書籍和印刷品的統制。

㈥允許民營企業經營

解除煤炭內銷管制，允許民營煤礦。

㈦保證民食不虞匱乏

頒布「低糧價制度」。由政府規定每戶人家的標準糧。糧商必須在標準內供應，否則，一律查辦。

㈧撫卹受難公教人員

對二二八事件受難的公教人員進行撫卹，但受難平民則不予補償。

總之，魏道明已經就陳儀治臺的許多敗政對症下藥，給予改善。雖然未能盡如人意，卻已盡其在我。對於臺灣人就業的增加，生活的改善，經濟的繁榮，以及社會的安定，頗有助益。

十、二二八事件的平反

二二八事件是臺灣現代史上的一大浩劫和最大的悲劇。事件發生後不到兩年，國民政府退守臺灣。爲了鞏固臺灣作爲反攻大陸的基地，在長期戒嚴體制之下，政府將二二八列爲禁忌，不准觸及追究。在民間方面，對於國軍以機關槍屠殺臺灣人的慘劇，餘悸猶存，噤若寒蟬，不敢碰及此一禁忌，只把仇恨怨懟悶積在心中，戒急用忍。一直到事件發生後的四十年——一九八七年解除戒嚴後，也就是蔣經國在世的最後一年，反對黨人士才打破禁忌，公開呼籲政府必須平反二二八。在「事過境遷」的時空轉變下，政府已經開始領悟到：若不及時化解此一歷史傷痕，進一步療傷止痛，二二八將會給臺灣的未來埋下不可預知的後果。於是，爲使二二八事件得到平反，政府陸陸續續採取下列具體補救措施：

㈠政府公布研究報告

一九九二年，行政院公布由賴澤涵等學者共同研究撰寫的「二二八事件研究報告」。首度由官方就此事件提出較爲客觀公正的詳實報告，爲歷史傷口的療傷止痛，揭開序幕。

㈡興建二二八紀念碑

一九九五年二月二十八日，二二八紀念碑在臺北市新公園落成。李登輝總統親臨致詞指出，他以國家元首身分，承擔政府對二二八所犯的過錯，並致深切的歉意。

㈢受難者的國家補償

同年三月二十三日，立法院快馬加鞭，通過「二二八事件處理及補償條例」。四月七日，總統公布實施。該條例規定受難者補償金額最高爲新臺幣六百萬元，同時規定每年二月二十八日爲和平紀念日，全國放假一天。

㈣興建二二八紀念館

受難者家屬爭取多年的二二八紀念館，在臺北市政府全力推動下，於一九九七年二月二十八日，也就是二二八事件五十周年紀念日，正式落成。

㈤二二八紀念碑文定稿

當一九九五年二月二十八日在臺北市興建二二八紀念碑的時候，「有碑無文」是一大缺撼。碑文內容既要求眞，又要兼顧社會現實環境，其敏感難定，自不待言。可是在受難者家屬和紀念基金會的共同努力下，用字遣詞，反覆思索，終於趕在二二八事件五十週年紀念的一月底定稿。使得這個不幸的歷史事件正式獲得平反，也使國人大致了解事件的眞相。碑文全文抄錄如下：

十一、二二八事件紀念碑文

一九四五年日本戰敗投降，消息傳來，萬民歡騰，慶幸脫離不公不義之殖民統治。詎料臺灣行政長官陳儀，肩負接收治臺重任，卻不諳民情，施政偏頗，歧視臺民，加以官紀敗壞，產銷失調，物價飛漲，失業嚴重，民眾不滿情緒瀕於沸點。

一九四七年二月二十七日，專賣局人員於臺北市延平北路查緝私菸，打傷女販，誤殺路人，激起民憤。次日，臺北群眾遊行示威，前往長官公署請求懲兇，不意竟遭槍擊，死傷數人，由是點燃全面抗爭怒火。為解決爭端及消除積怨，各地士紳組成事件處理委員會，居中協調，並提出政治改革要求。

不料陳儀顢頇剛愎，一面協商，一面以士紳為奸匪叛徒，逕向南京請兵。國民政府主席蔣中正聞報即派兵來臺。三月八日，二十一師在師長劉雨卿指揮下登陸基隆。十日，全臺戒嚴。警備總司令部參謀長柯遠芬、基隆要塞司令史宏熹、高雄要塞司令彭孟緝及憲兵團長張慕陶等人，在鎮壓清鄉時，株連無辜，數月之間，死傷、失蹤者數以萬計，其中以基隆、臺北、嘉義、高雄最為慘重，事稱二二八事件。

斯後近半世紀，臺灣長期戒嚴，朝野噤若寒蟬，莫敢觸及此一禁忌。然冤屈　積，終須宣洩，省籍猜忌與統獨爭議，尤屬殷憂。一九八七年解嚴後，各界深感沉病不治，安和難期，乃有二二八事件之調查研究，國家元首之致歉，受難者與其家屬之補償，以及紀念碑之建立。療癒社會巨創，有賴全民共盡心力。勒石鐫文，旨在告慰亡者在天之靈，平撫受難者及家屬悲憤之情，並警告國人，引為殷鑑。自今而後，無分你我，凝為一體，互相以愛，相待以誠，化仇恨於無形，肇和平於永恆。天佑寶島，萬古長青。

財團法人二二八事件紀念基金會　謹立

中華民國八十六年二月二十八日

第六章　兩蔣治臺與發展演進

第一節　蔣介石的反攻大陸時期

一、國共內戰的始末

㈠中共的誕生

一九一七年十一月，列寧所領導的蘇俄共產革命成功，建立了世界上第一個共產國家。隨即成立「共產國際」，積極向世界各國推展共產主義。在「共產國際」的推動下，一九二一年七月一日，中共在上海舉行「第一次全國代表大會」。出席代表僅有十三人，代表全國七個地區和五十七位黨員。毛澤東代表湖南出席開會；大會選舉陳獨秀為中央局書記。中國共產黨（簡稱中共）正式誕生。

㈡第一次國共合作

由於中共成立的時候，人丁稀少，力量薄弱，很難迅求發展。「共產國際」遂派人至中國，找孫中山進行「國共合作」，目的在利用國民黨扶助中共的成長。終於促成孫中山「聯俄容共」的晚年政策。交換條件是：孫中山答應中共黨員以個人身分加入國民黨，蘇俄則答應軍事和經濟援助孫中山創辦黃埔軍官學校，使孫中山可以練兵以完成國家統一。由此形成第一次國共合作。

㈢國民黨結束「容共」

一九二五年三月十二日，孫中山在北京病逝。此時，蔣介石領導黃埔軍，兩次東征，統一南方。一九二六年七月九日，蔣介石從廣州誓師北伐，一路克敵致勝，收復華南和華中。可是蘇俄顧問鮑羅廷擁立汪精衛在武漢成立中央政府，蔣介石也在南京成立中央政府，形成寧漢分裂。一九二七年四月十二日，蔣介石在上海下令「清共」，殘殺清除中共黨員。三個月後，汪精衛也在武漢宣布「分共」，對中共黨員大開殺戒。國民黨正式結束「容共」。毛澤東、朱德、周恩來等人倖免於難。從此以後，國共兩黨全面破裂，兵戎相見，沒完沒了。

㈣第一階段的國共內戰

毛澤東在湖南「秋收起義」失敗後，便和朱德在江西井岡山建立紅軍（共軍）的第一個基地，作為共軍長期發展的總基地。其他中共要員則分別在全國各個邊區和山區盤踞一方，成立「蘇維埃」（農民代表大會）政府。到一九三〇年六月，全國共有十五個蘇維埃區。一九三〇年，蔣介石打贏「中原大戰」，消滅舊軍閥勢力後，回過頭來開始剿共。在短短四年之內，對江西中央蘇區進行五次剿共戰爭。前四次，連戰連敗，武器落到共軍手中。第五次，蔣介石御駕親征，出動百萬大軍，飛機二百架，激戰一年。共軍不支，突圍而出，作長途逃難的迂迴行軍，經由中國西南逃向中國西北，經過十一個省。終於一九三五年十月，落腳陝西，此即中共史上引以自豪的「二萬五千里長征」。

㈤西安事變促成第二次國共合作

蔣介石眼看共軍在陝西落地生根，就急調張學良的東北軍和楊虎城的西北軍到陝西，進行第六次勦共戰爭，以期一舉滅共。張學良在強大的內外壓力下，於西安力諫蔣介石「停止內戰，一致抗日」無果後，一九三六年十二月十二日，張楊兩將軍合力劫持蔣介石，實行兵諫。史稱「西安事變」。

西安事變發生後，宋美齡、宋子文、周恩來等人飛抵西安，經過十三天的談判結果，蔣介石口頭答應「停止內戰，一致抗日」。十二月二十五日，西安事變落幕。日本深怕坐失侵華機會，迅即於半年後發動七七事變，展開全面侵華戰爭。大敵當前，國共同仇。為了抗日，立即形成「第二次國共合作」。國共雙方，共同抗日。

㈥蔣毛的重慶會談

一九四五年八月十四日，日本戰敗投降。兩週後，毛澤東應邀飛抵重慶，舉行歷史性的「蔣毛會談」。蔣介石和毛澤東兩巨頭「王見王，面對面」共商戰後的國家大計和統一問題。表面上，共同發表「國共雙十協定」，冠冕堂皇，宣布國共長期合作，召開政治協商會議，共同建設一個獨立、自由和富強的新中國。實際上，並未解決對於解放區問題、軍隊歸屬問題等具體重大的問題。雙方各自磨刀霍霍，準備決戰。

(七)四年的國共決戰

一九四六年六月，國民政府命令共軍退出在華北和東北的新占領區，爲中共所峻拒，由此點燃了內戰的戰火。在國共決戰之初，國軍總兵力爲四百三十萬大軍，共軍只有一百二十萬人，雙方實力相當懸殊。內戰一開始，蔣介石採取「全面進攻，速戰速決」的戰略，攻城掠地；共軍則「以退爲進」，引誘國軍深入，使國軍戰線拉長，補給困難。蔣介石只得改變戰略，由「全面進攻」改變爲「重點進攻」。國軍重蹈日軍侵華失敗的覆轍，此爲內戰第一年的戰況。

一九四七年七月以後，共軍渡過黃河，占領中原地區，把戰爭推向國統區。十月十日，中共喊出了「打倒蔣介石，解放全中國」的口號，並正式頒布實施「中國土地法大綱」，掀起土地改革的高潮，鼓勵廣大的新生農民踴躍從軍，保家衛產。

一九四八年的前半，東北、西北、華北、華中均爲戰場，到處烽火。除豫東一役而外，國軍連戰連敗。共軍同時收復延安，士氣大振。一九四八年的後半年，國共內戰進入第三年。共軍全面進攻，展開國共決戰的三大戰役：遼瀋戰役、淮海戰役，以及平津戰役。在短短一百四十天的時間裡，國軍幾全覆沒，折損一百五十萬兵力，占當時國軍總兵力的四成左右。從此，國軍大勢已去，欲振乏力。共軍則從集體投降的國軍那收繳大批美式武器，又有大批新生農民支援前線。中共有了大批武器，也有了大量兵源。兵力大增，勢力大振。國共實力的對比形勢，全盤反轉。

(八)蔣介石江山淪落

一九四九年一月二十一日，在內外交困的「倒蔣」強大壓力下，蔣總統愴然宣布下野，由副總統李宗仁「代行總統職權」（非繼承總統）。李宗仁代理總統後，妄想與中共和談，以促成國共隔長江而治。如所預料，和談失敗。更諷刺的是，國民黨的和談代表團張治中等人竟然投共，留在北京，不回南京。

在國共和談失敗後，一九四九年四月二十一日，毛澤東和朱德立刻發布「向全國進軍」的命令。共軍號稱百萬雄師，分別由長江的東邊、中間和西邊，兵分三路，同時渡過長江天險。隨即向國軍展開快攻，直如秋風掃落葉。短短八個月期間，共軍席捲整個中國大陸，把國軍趕出大陸。蔣介石知道大勢已去，無力回天，十二月十日，悵然飛抵臺北。從此，在他有生之年，未再返回大陸。誠如李後主所說：「無限江山，別時容易見時難。」

蔣介石江山淪落，源自西安事變的發生，使他的勦共、滅共，功虧一簣。所以，蔣介石對張學良「恨之入骨」，把張學良終生囚禁。中共則拜西安事變之賜，起死回生，周恩來歌頌張學良是中國的愛國將軍、千古功臣。

二、蔣介石退守臺灣

(一)退守臺灣的理由

自一九四八年九月三大戰役陸續展開後，國軍兵敗如山倒，國民政府已經搖搖欲墜。在軍事慘敗，經濟崩潰，以及內部分裂的窘境下，蔣介石不得不謀求退路。他安排以史地學者出身的張其昀組成小組，進行研究分析。研究結果，決定退守臺灣。理由如下：

1. 臺灣海峽天險，隔開臺灣與中國大陸。那時候，中共全靠陸軍席捲中國大陸，尚無強大的海空軍，無法渡海攻臺。以史為例，一六六一年鄭成功打下臺灣，趕走荷蘭人的時候，清朝也是單靠陸軍統一中國大陸，沒有強大海軍，無力渡海攻臺。必須等到一六八三年，康熙帝訓練完成水師，乘著鄭氏政府內亂不穩的良機，才一舉渡海攻下臺灣。

2. 日本統治臺灣五十年，建設良多，進步繁榮。在當時，臺灣、遼東半島以及京滬地區，同被列為中國最進步的三個地區。如能在臺灣秣馬厲兵，生聚教訓，足可做為將來反攻復國的基地。

(二)搶運國寶和黃金到臺灣

遷臺方案決定後，蔣介石的遷臺準備工作，主要有三項如下：

1. 在人事布局上：一九四八年十二月二十九日，任命親信陳誠出任臺灣省主席，蔣經國為國民黨臺灣省黨部主委，以確保臺灣這個最後基地的安全。其次，又任命精忠將領湯恩伯為京、滬、杭警備總司令，以固守上海這個財庫寶地。

2. 搶運國寶方面：由杭立武負責將故宮博物院的國寶，趕運到臺灣避難。蔣介石重視國寶的意義，表示「傳承中國正統」，遠勝於國寶本身之價值。當一八六〇年第二次英法聯軍攻入北京，和一九〇〇年八國聯軍打入北京的時候，列強從北京搶走大批中國國寶，蔣介石引以為鑑，不再重蹈覆轍。當七七事變爆發後，他立刻下令保護並搶運故宮博物院的國寶。為躲避日軍的轟炸破壞，這一大批國寶由北京運出後，迂迴經過中國西南地區，送至重慶避難。抗戰勝利後，運回南京。最後，在大陸快要淪陷之前，又改運臺灣。

3. 搶運黃金方面：蔣介石在兵馬倥傯之際，慌忙之間，下令將上海中國銀行所存巨額黃金、銀元、美金等搶運到臺灣。此項工作既風險又浩大，故派遣三大要員分工進行。由中央銀行總裁俞鴻鈞負責公文處理，蔣經國協調軍方實施上海戒嚴，宋子文協調海關總署派艦運送。

一九四八年十二月一日深夜，上海外灘全面戒嚴，雇用挑夫，以螞蟻雄兵式地將一擔一擔的黃金從中國銀行大樓搬出，送上黃埔江岸的海關緝私船「海星號」。此為第一批，全數運到臺灣。為了搶時間，緊接著又有第二批和第三批的黃金搶運，海運、空運同時進行。這三批黃金，總共約有四百五十萬兩。這一大批黃金的動支使用，悉由國防部財務署長吳嵩慶一人直接聽命於蔣介石，不經由行政院財政部。所以，吳嵩慶形同蔣介石的帳房先生。

㈢黃金和美援穩定臺灣局勢

這批搶運到臺灣的四百五十萬兩黃金，在臺灣的用途主要有三：

1. 以八十萬兩黃金作爲發行新臺幣的準備金，穩定當時面臨經濟恐慌的臺灣經濟。
2. 維持撤退到臺灣的八十萬國軍之軍需，以及面臨共軍渡海攻臺的應戰準備。
3. 支應從大陸撤退來臺的一百多萬公教人員和難民的生活所需。

這批黃金數量雖大，但據估算，用於上述三大用途，僅能支撐兩年時間。不過，「天無絕人之路，自助必有天助」。一九五〇年六月二十五日韓戰爆發。美國爲了保衛它的西太平洋防線，不但派遣第七艦隊保衛臺灣，而且從一九五一年起，經濟援助臺灣，及時化解了臺灣的財政拮据和經濟困境。美援從一九五一年起，到一九六五年六月爲止，前後長達十五年，總金額達十五億美元。這場及時雨下了長達十五年，化解了臺灣的重重危機，穩定了臺灣的經濟民生，也鞏固了國民政府在臺灣的統治基礎。

㈣陳誠頒布臺灣戒嚴令

陳誠就任臺灣省主席的時候，中國大陸的戰局已經惡化到無可挽救的地步。兵慌馬亂，人心惶惶。幾十萬的大陸難民，有如過江之鯽，蜂湧逃入臺灣。共產黨員也混水摸魚，夾雜其間，乘機潛入臺灣。爲了控制局面，保持臺灣安定，陳誠當機立斷，採取許多「防火牆」的措施。嚴格規定大陸各省人民，須憑「入臺證」才准入境。尤其，軍隊撤退到臺灣，也必須先繳械清點才能上岸。由於這些防範措施的雷厲風行，才使得大陸崩潰前的混亂局面，沒有蔓延至臺，保障臺灣處於安定的局面。

一九四九年四月二十一日，共軍渡過長江天險，揮軍南進，聲勢俱下。華中、華南、西南到處烽火。臺灣雖然尚處安定，可是爲求萬全之策，未雨綢繆，五月二十日，陳誠頒布「臺灣戒嚴令」。往後，這個戒嚴令在臺灣持續執行三十八年之久，直到一九八七年七月，才由蔣經國總統宣布解除戒嚴。半年後，蔣經國病逝。就這樣，臺灣創下了戒嚴時期最長的世界紀錄。

根據一九四九年一月十四日國民政府所修正頒布戒嚴法的內容，戒嚴期間的禁止事項很多，主要有五項如下：

1. 政府得禁止集會、結社及遊行、請願，並取締言論、講學及出版物之自由。
2. 得限制或禁止有礙治安之人民宗教活動。
3. 得禁止罷市、罷工、罷課及罷業等。
4. 得檢查郵信、電報及出入境之車輛、船舶、飛機等之旅客。
5. 得檢查私有槍炮軍火及其他危險物品。

㈤蔣介石在臺灣復行總統職權

陳誠主政臺灣之初，由於大陸戰局的逆轉惡化，在朝野的強大壓力下，一九四九年一月二十一日，蔣介石宣布引退，由副總統李宗仁代理總統。李宗仁上臺後，對於整個大局一籌莫展，面對國共和談也一無所成。一九四九年十二月五日，李宗仁藉口養病，流亡美國華盛頓。兩天後，蔣介石宣布國民政府遷移臺灣，並以臺北爲「臨時首都」。

在此以前，蔣介石曾於一九四九年五月底到臺灣視察，進行了解臺灣情況。最初住在高雄壽山，不久改下榻於臺糖所建的新北市草山賓館。由於草山優雅寧靜，風景宜人，以後遂長住草山。可是他又覺得草山有「落草爲寇」的忌諱，所以把草山改名爲「陽明山」，以表示他尊崇和效法明代大儒王陽明的心志。

當蔣介石逃到臺灣的時候，大陸上的國軍，僅剩下胡宗南的三十萬人馬困守成都盆地，和宋希濂的幾萬軍隊活動於四川南部。十二月十九日，宋軍被殲，宋希濂被捕。到一九五〇年三月，共軍又在西昌解決了胡宗南的大軍，胡宗南飛逃臺灣。至此，中國大陸上的內戰全部結束。中共控制了整個中國大陸。臺灣則成爲蔣介石的反攻和反共基地。李宗仁即已流亡美國，對於勦共戰爭無補實際，又妄稱要在美國「遙領國是」。於是，在逃亡到臺灣的中央民意代表們的敦促和勸駕之下，一九五〇年三月一日，蔣介石在臺北宣布「復行視事」，繼續行使總統的職權。就這樣，國民政府在蔣介石的領導下，以臺灣作爲反攻復國的基地。

三、陳誠在臺灣的三大新政

陳誠，其人如其名，忠誠可靠。對蔣介石忠心不二，深得蔣的激賞和信任。可是在戰場上，一直是個常敗將軍。在江西勦共，一敗塗地。在東北和共軍交兵，也是個敗軍之將，是東北淪陷的罪魁禍首。然而，因爲蔣介石信任他，所以把退守臺灣的重責大任交付他。一九四八年十二月二十九日，陳誠出任臺灣省主席，不但把大陸軍民撤退到臺灣的混亂局面穩定了下來，而且在臺灣推動三大新政，爲臺灣的經濟發展奠定基礎。略述如下：

㈠舊臺幣改革為新臺幣

1. 日治時期始創臺灣貨幣：臺灣之有單獨貨幣的發行，始於日治時期。日本統治臺灣以後，於一八九九年六月創立「臺灣銀行株式會社」，發行「臺灣銀行券」，是爲臺灣地區有貨幣之始。後來，日本發動侵略戰爭以後，臺灣必須支援前線作戰，物質缺乏，物價上漲，只得增加貨幣發行量。到戰爭末期，又因遭受美軍轟炸，工廠嚴重破壞，導致通貨膨脹，貨幣發行量無限制增加。

2. 舊臺幣的發行：一九四五年八月十四日，日本戰敗投降後，「臺灣銀行券」依然在臺灣島內繼續流通使用，以穩定「過渡時期」的金融秩序，安定社會。到一九四六年五月二十日，臺灣行政長官公署才正式成立「臺灣銀行」，發行舊臺幣。舊臺幣的發行，使臺灣與大陸形成了兩種貨幣制度。舊臺幣對大陸法幣的比價是一比二十。從此，中國出現了「一國兩幣」的現象。

由於國共的內戰日益擴大，臺灣的物質源源輸往大陸，支援內戰，造成臺灣的物質缺乏和通貨膨脹。尤其是，此時大陸的經濟總崩潰，立即波及臺灣，益使臺灣通貨膨脹，雪上加霜。舊臺幣的幣值，一落千丈。舊臺幣的發行面額，也跟著節節升高。一九四六年五月二十日，舊臺幣的發行之初，最大鈔票是十元鈔。到一九四八年十二月，竟然發行到一萬元大鈔。舊臺幣的發行量也由起初的五十三億元，暴增到一九四九年六月十四日的五千二百七十億元，增加高達一百倍。

3. 新臺幣的改革：舊臺幣急速貶值，大陸逃難軍民又蜂湧至臺，嚴重衝擊臺灣的財政和經濟。爲穩定經濟，安定社會，陳誠當機立斷，於一九四九年六月十五日宣布「臺灣省幣制改革方案」。發行新臺幣，收兌舊臺灣。要點如下：

(1) 以舊臺幣四萬元兌換新臺幣一元。
(2) 新臺幣五元折合美金一元。
(3) 提撥八十萬兩黃金，作爲新臺幣發行的準備金。另撥一千萬美元，作爲對外貿易的營運基金。
(4) 新臺幣發行量最高限額爲二億元。

爲了穩定人民對新臺幣價值的信心，臺灣銀行開辦「存入新臺幣可無息換領黃金」的業務。使人民感覺而且相信：「新臺幣即黃金，黃金即新臺幣」，大大增強了新臺幣的地位，穩定幣值。此後，隨著經濟漸漸穩定，臺灣的經濟重建工作也跟著順利展開。陳誠所實施的幣制改革，立竿見影。

(二)土地改革

陳誠和蔣經國都曾在江西勦共時期頒布土地改革的方案，可惜均不了了之，無果而終。到了臺灣以後，陳誠實施土地改革，反而一舉成功。理由很簡單，在大陸時期，國民黨的高官和將領，很多都和封建地主有瓜葛牽連，甚至本人就是大地主。可是，到了臺灣，是個人地生疏的地方，國民黨和地主們兩不相關，楚河漢界，涇渭分明。改革自己困難，改革別人容易。因此，在臺灣土地改革實施起來，得心應手，成果輝煌。茲將陳誠在臺灣實施的土地改革內容，簡介如下：

1. 三七五減租：一九四九年四月，陳誠公布「臺灣省私有公地租用辦法」，自同年第一期作物開始實施「三七五減租」。辦法是把地主從佃農徵收的地租，由原來該地總收成的百分之五十減低爲不得超過百分之三十七點五，大大減輕了農民的負擔，農民生活大大改善。

2. 公地放領：一九五一年六月，公布「臺灣省放領公用地扶植自耕農實施辦法」，規定將政府及公營企業的土地放領給佃農。放領條件是：

(1) 放領價格爲該地主要作物年收量的二點五倍。

(2) 以十年分期償還。

公地放領實施結果，到一九五八年爲止，共計七萬二千甲，僅占公地總面積的四成左右。事實上，從日治時期接受過來的臺糖公司、臺灣農林、臺灣鳳梨公司等大型企業，依然保留大批土地，並未放領出去。

3. 耕者有其田：一九五三年一月二十六日，公布「實施耕者有其田條例」，要點爲：

(1) 地主保留水田三甲，旱田六甲。超出保留限度的土地，由政府徵收再放領給自耕農。

(2) 徵收價格爲該農地主要作物年收量的二點五倍。

(3) 對地主的地價補償爲：七成用實物債券分十年償還，另三成則用公營的四大公司（臺泥、臺紙、工礦、農林）的股票一次償付。

(4) 佃農以繳付實物的方式，分十年償還土地代金。

在實際上，四大公司股票的票面價值，在發放之前，已經被政府動手腳給予高估。而且，在發放之後，有些地主沒有信心，立刻拋售股票求取現金，致使股價慘跌，這些地主遭到兩面損失。結果政府順水推舟，架空了原來擁有地方實力的地主階段。另有些大地主財力雄厚，不賣股票，成為四大公司的大股東。例如鹿港大地主辜振甫就成為臺泥董事長。在另一方面，佃農則搖身一變，成為自耕農，對政府的向心力大大增加。

㈢扶植民營企業

在實施耕者有其田的同時，省政府又頒布了「公營事業轉移民營條例」。以臺泥、臺紙、工礦、農林等四大公司的股票，作為償付地價的債券，使地主把賣地收入轉向發展工業，為臺灣私人資本的發展奠定基礎。同時，為了扶植民營資本的發展。政府陸續採取了許多保護措施如下：

1. 從一九五〇年起，實施嚴格的進口管制，奢侈品一律禁止進口。
2. 削弱外商競爭力，保護本省市場。
3. 進口原料或設備者匯價較低，進口成品者匯價較高，以促進國內工業發展。
4. 一九五〇年代末期，對民營企業擴大再生產和更新設備，作為各種減免稅的優惠待遇。
5. 鼓勵民營企業與外商技術合作，對此類外商給予報酬。

陳誠於一九四八年底出任臺灣省主席。一九五〇年三月起，升任行政院長。一九五四年四月，又當上副總統。到一九五八年七月，更以副總統身分兼任行政院長，直到一九六五年三月陳誠病逝為止。在這十五年期間，陳誠在臺灣的聲望和地位，僅次於蔣介石。在此一時期，陳誠的三大新政推進順利，圓滿成功。幣制改革的成功，穩定了臺灣的金融秩序，逃過了通貨膨脹的經濟危機；土地改革的成功，提高了農民的生活水準，促進了農業的快速發展；加上扶植民營企業的成功，使臺灣人民的就業率大增，民生獲得改善，中產階段開始崛起，有利於臺灣經濟的穩定和發展。凡此種種，可說是陳誠主政臺灣十五年多的輝煌政績。

總之，二次大戰後的臺灣，從民生困窘的風雨飄搖中，逐漸走向民生安定的繁榮社會局面。陳誠的三大政績功不可歿。

四、韓戰救了國民黨

(一)蔣介石在臺灣岌岌可危

當一九四九年十二月七日蔣介石退守臺灣的時候，當時國軍的總兵力，號稱陸軍六十萬人，空軍八萬五千人，飛機四百架，海軍四萬五千人，戰船七十艘。此時，臺灣海峽對岸的共軍，已經在華南沿海各地集結龐大的部隊、飛機、船艦等，蓄勢待發，準備渡海攻臺。臺灣人心惶惶，不可終日。爲了安定民心，穩定局勢，臺灣的街頭、學校、工廠，到處播放著「保衛大臺灣」的歌聲。

一九五〇年一月五日，美國總統杜魯門正式發表聲明說：「美國無意占領臺灣，也不介入臺灣島上的軍事。」臺灣顯然已經陷入孤立無援的絕境。一週後，美國國務卿艾奇遜在美國記者聯席會上發表演說，描繪了美國在西太平洋的防線是：「北從阿留申群島、日本，經過琉球、菲律賓，南至澳洲、紐西蘭爲止。」這條防線的中間忽略了朝鮮和臺灣。而且，此時美軍已從南韓撤退，南韓防務空虛。美國對臺灣和南韓的錯誤政策，有形無形之中，鼓勵了共產世界對這兩個地區的覬覦之心。到二月間，毛澤東親率代表團訪問莫斯科。二月十四日，毛澤東與史達林簽訂了「中蘇友好同盟互助條約」。成立軍事同盟，有效期限三十年。有了蘇聯的撐腰，中共益增聲勢，有恃無恐。在此情形下，世人都預期著中共攻臺，指日可下。臺灣的局勢，岌岌可危。

一九五〇年四月十六日，中共發動海南島戰役，國軍一觸即潰，毫無招架之力。僅僅兩週，海南島就落入中共手中。到五月十八日，中共發兵占領舟山群島。到這時候，國民政府所控制的地區，除臺灣和澎湖之外，僅僅剩下福建沿海的金門、馬祖，浙江沿海的大陳、一江山等島嶼。

(二)韓戰突然爆發

在古代，韓國稱爲朝鮮。漢唐以來，向爲中國屬邦。到了甲午戰爭，日本打敗中國，中日馬關條約規定：「中國承認朝鮮獨立」。從此，朝鮮脫離了中國的屬邦。一九〇五年，日本又在日俄戰爭打敗俄國。日俄和約規定，俄國承認日本在朝鮮的政治、軍事和經濟上的優越地位，俄國不予阻撓或干涉。日本隨即派遣前首相伊藤博文爲日本駐朝鮮總督，殖民統治朝鮮。一九〇九年十二月，伊藤博文到中國東北哈爾濱視察時，慘遭朝鮮的革命志士安重根行刺身亡。日本憤怒之下，一九一〇年正式宣布併吞朝鮮。朝鮮亡國。

一九四五年八月十四日，日本戰敗投降後，美軍占領南朝鮮，稱為南韓。俄軍則占領北朝鮮，稱爲北韓。南北韓以北緯三十八度線爲分界線，各自建國。不料，一九五〇年六月二十五日，在蘇聯的策動下，北韓的金日成，迫不及待，發動韓戰。北韓機械化大軍，突然之間，以雷霆萬鈞之力，越過北緯三十八度線，長驅南下，侵略南韓。南韓軍隊猝不及防，兵敗如山倒。杜魯門總統立刻警覺到，韓戰的爆發和中共準備渡海攻臺，都是執行蘇聯稱霸亞洲的戰略方案，欲把美國的西太平洋防線切斷，斬成幾截，茲事體大。因此，美國劍及履及，兩天後，立即推動聯合國大會通過決議，要求聯合國會員國出兵援助南韓，抵抗北韓侵略。同一天，杜魯門總統又下令美國第七艦隊保衛及巡弋臺灣海峽，負責執行「臺灣海峽中立化」的政策。一方面，阻止中共武力犯臺，另一方面也阻止國民黨冒險反攻大陸，以維持臺灣的穩定和平。爲了進一步加強臺灣的空防力量。美國的第十三航空隊也奉命於八月五日駐守臺灣，防範中共空軍的犯臺意圖。

美國對臺灣的政策，因爲韓戰的爆發，一夕之間，作出一百八十度的轉變，重新介入國共內戰，使臺灣局勢轉危爲安。所以，有人說：「韓戰是國民黨的西安事變」。意思是說，西安事變救了共產黨，韓戰則救了國民黨。如此說來，蔣介石應該頒授最高動章給北韓的金日成了。

五、中美共同防禦條約

㈠韓戰的結束

韓戰爆發後，北韓共軍的攻勢凌厲，勢如破竹，長驅南下。美國駐日統帥麥克阿瑟將軍（簡稱麥帥）奉命緊急就近從日本和琉球調遣美軍，打著聯合國的旗幟，馳往韓國救援。八月初，美軍在南韓東南海岸的釜山港外圍，建立防禦線，進行釜山保衛戰。九月十五日，麥帥出其不意，率領美國艦隊從南韓西北海岸的仁川港成功登陸。一則美軍東進收復漢城，切斷南侵共軍的後方補給線。二則另一支美軍北進越過北緯三十八度線直入北韓境內。美軍的攻勢所向無敵，共軍招架不住。十月二十一日美軍的先頭部隊已快接近中韓邊界，麥帥樂觀宣布：「韓戰即將結束，預計美軍可以聖誕返鄉。」不料，就在這個時候，中共的五十萬「人民志願軍」，已經神不知鬼不覺，祕密渡過鴨綠江，進入北韓。中共志願軍突如其來，展開人海戰術，發動全面攻勢，把美軍趕回南韓。此後，雙方就在北緯三十八度線附近浴血作戰，形成僵局。

為贏得最後勝利，徹底解決韓戰問題，麥帥公開主張封鎖中國海岸，並轟炸中國東北。美國政府深怕如此將引起蘇聯根據中蘇軍事同盟，起而參戰，引發第三次世界大戰。美國政府下令麥帥三緘其口，麥帥則照講不誤。疆場將帥與中央政府意見衝突，公開見諸報端，迫使杜魯門總統於一九五一年四月十一日，宣布解除麥帥一切兵權，麥帥解甲歸田，轟動世界。至六月二十三日，蘇聯在聯合國內提議舉行韓國停戰談判。就這樣，韓戰雙方激烈交兵，你來我往，激烈戰鬥整整一年的時間。此後，形成邊打邊談的僵持局面。談判長達兩年之久，終於在一九五三年七月二十七日簽訂停戰協定。

一九五三年一月二十日，艾森豪就任美國總統，任命杜勒斯爲國務卿。此時，韓戰和談已經接近尾聲，越戰則在蘇聯和中共的推波助浪下，越演越烈。爲了牽制中共的兵力。二月二日，艾森豪宣布取消「臺灣海峽中立化」政策，同意國民黨軍隊反攻大陸。很明白，美國的用意是向中共打「臺灣牌」，以便借國民黨這顆棋子，迫使中共在停戰談判桌上讓步。

一九五三年七月二十七日，韓戰停戰協定簽字。很多美國人說，美國與中共在朝鮮兵戎相見，是在「錯誤的時間，錯誤的地點，同錯誤的對手，打了一場錯誤的戰爭。」此種輿論傾向迫使艾森豪總統不敢幫助蔣介石反攻大陸。

韓戰結束後，在國際上，美國宣布採取「恐怖的平衡」外交政策，目標在鞏固美國在西太平洋的防線，圍堵中共和蘇聯的勢力擴張。同一年，法國勢力撤出越南，南北越正式分裂。九月，「東南亞公約組織」正式成立。美國在西太平洋的「圍堵政策」防線，大致完成。

(二)九三金門炮戰

在中國問題上面，韓戰結束後，中共立刻轉移兵力到中南半島和福建沿海。一九五四年八月二十二日，中共發表「解放臺灣聯合宣言。」九月三日，發動所謂「九三金門炮戰」。一天之內，金門落彈了五千多發。隨後，國軍不甘示弱，海空軍大批出擊，狂猛轟炸廈門地區，雙方也在浙江沿海的大陳、一江山海域展開海空大戰。美國誠惶誠恐，擔心若海峽兩岸戰事擴大，勢將破壞美國即將完成的西太平洋防線的布署。所以，美國力勸蔣介石克制軍事行動，勿使戰事擴大。個性倔強的蔣介石，置之不理，我行我素。迫使美國不得不進一步行動，主張用條約來制約蔣介石的軍事冒險行動。恰好此時，十一月一日，國軍巨艦「太平號」被共軍擊沉。臺灣島內既驚慌又悲憤，發起「獻艦復仇運動」。在此種惡劣情勢下，臺灣需要美國更多的軍事援助，美國也需要臺灣的更充分的政策配合。談判延宕多時，醞釀已久的「中美共同防禦條約」終於在中美雙方「各取所需」的妥協下，一拍即合，水到渠成。

(三)中美共同防禦條約的簽訂

一九五四年十二月二日，簽訂「中美共同防禦條約」。條約的內容要點有三：

1. 條約效力範圍，限於臺灣和澎湖。至於外島，美軍不負協防責任。
2. 國民政府如要「反攻大陸」，必須經過美國同意。
3. 國民政府同意美國在臺灣、澎湖及其附近為防禦所需要而部署美國陸海空軍之權利。

美國簽訂此約之目的，一方面在阻止中共武力犯臺，另一方面也再度阻止蔣介石冒險「反攻大陸」。維持遠東現狀，不使擴大戰爭，不准破壞美國所布署的西太平洋防線為其主要目的。可以說，此一條約恢復到韓戰爆發時杜魯門總統所宣布的「臺灣海峽中立化」政策，並將其化為條約，使具有國際法上的效力。在實際上，是美國以條約的效力，約束蔣介石勿輕舉妄動，由此鞏固了美國在西太平洋的強權利益。

其次，值得注意的是，有了此一條約，固然保衛了臺灣的安全，也綁住了蔣介石一心一意想要反攻大陸的意圖。沒有美國同意，蔣介石不能打回大陸去。結束了蔣介石反攻大陸的迷夢。

㈣金馬防衛問題

中美共同防禦條約簽訂後，美軍開始協防臺灣、澎湖地區，但不協防外島。毛澤東盛怒之下，於一九五五年初，大肆轟擊浙江外海的島嶼，作爲報復。一九五五年一月，共軍攻陷一江山島嶼。二月，準備再攻大陳島的前夕，蔣經國奉命親臨危境，在美國第七艦隊的護航下，指揮及安排一萬四千多名大陳難民，平安撤退到臺灣。到這時候，蔣介石所控制的地盤僅僅限於臺澎金馬。就在此一緊要關頭，一月二十八日，美國國會通過了所謂「臺灣決議案」，授權美國總統必要時可派兵協防臺灣以外的島嶼。「臺灣決議案」生效後，中美雙方政府對於防衛金門、馬祖的看法，南轅北轍。美國政府認爲「金門馬祖對於防衛臺澎沒有軍事價値」。蔣介石堅持「無金馬就無臺澎」，「爲了保衛金馬，決心戰到最後一人」。

六、八二三金馬炮戰

㈠中美合作保衛臺灣

一九五八年初，中共陸海空軍，突然之間，全部向福建沿海地區集結。兩岸情勢劍拔弩張，臺灣國防部立刻下令臺澎金馬地區進入緊急備戰狀態。隨後，中共空軍開始在馬祖上空挑釁騷擾，耀武揚威。

國軍的海空兵力有三分之二被牽制到馬祖地區。

八月二十三日，中共出其不意，聲北擊南，突然瘋狂炮轟大小金門。在兩小時之內，落彈四萬五千多發，彈如雨下。三位金門防衛副司令吉星文、趙家驤、章傑等當場殉職。如此猛烈的炮火持續四十四天，總共落彈五十七萬多發。如此龐大的炮戰規模爲世界戰史上空前未有，此謂「金門八二三炮戰」。

八二三炮戰爆發後，美國立刻感到戰況慘烈和事態嚴重。爲了保衛臺灣這個美國西太平洋連鎖防線的重鎮，艾森豪總統立刻下令從菲律賓、太平洋甚至地中海，急調美國軍艦前來支援第七艦隊，協防臺灣海峽。如此一來，美國一時之間，迅速在臺灣海峽集結了航空母艦七艘、重巡洋艦三艘、驅逐艦四十艘及其他海空部隊。美國的強大艦隊密布在臺灣海峽上面，築成銅牆鐵壁，使共軍不得越雷池一步。當時，美國國務卿杜勒斯說，這是美國歷史上最大的一次海上兵力集結，可見美國保衛臺灣的堅定立場和必勝決心。面對美國如此強烈的介入臺海戰爭，蘇聯不甘示弱，發出警告：依據「中蘇友好同盟互助條約」，任何對中共的攻擊，就是對蘇聯的攻擊。美蘇大戰，蓄勢待發。

㈡美軍及共軍防阻戰事擴大

在炮戰進行中，美國第七艦隊謹守中美共同防禦條約的規定，美軍不負責協防外島。所以，美國艦隊僅能爲金門補給船隊護航，不直接駛入戰區，而停泊在三海浬領海以外的海面。後來，金馬海上補給線被切斷後，美軍也派出飛機爲國軍運輸機護航。毛澤東也下令，只打蔣軍，不打美軍，極力避免共軍與美軍發生直接戰鬥。由於共方和美方都能認清大局，自我克制，使得此次炮戰的性質僅僅局限於國共內戰，不致進一步擴大成爲共軍與美軍的戰爭。否則，萬一中國沿海地區擴大成戰場，不但中共承受不了，而且根據一九五〇年二月中共與蘇聯所簽訂的「中蘇友好同盟互助條約」，蘇聯有義務參戰。美蘇戰爭勢必擴大爲第三次世界大戰，後果不堪設想。因此之故，美國與中共雙方都須謹愼行事，自我克制，彼此不直接打對方。

八二三金馬炮戰，除炮戰之外，更有海空大戰。在海戰方面，共軍艦艇損失遠大於國軍。尤其空戰方面，配備著響尾蛇飛彈的國軍軍刀機，以三十二比三的輝煌戰果，大勝共軍的米格十七型飛機。經過此番海空大戰後，國軍完全掌控了臺灣海峽的制空權和制海權，才使共軍棄甲曳兵，不敢渡海攻臺，保衛了臺灣的安全。

十月下旬，杜勒斯訪臺，與蔣總統會談。席間，杜勒斯面詢蔣氏「閣下明知打不回大陸，爲何仍在臺灣高喊反攻大陸呢？」蔣氏據實回答：「我如不這樣喊，就無法穩定軍心，鼓舞士氣」。會談結果，於十月二十三日共同發表蔣杜聯合公報說：「中華民國政府認爲，恢復大陸人民之自由乃其神聖使命。美國相信此一使命的基礎，建立在中國人民之人心，而達成此一使命之主要途徑，爲實行孫中山先生之三民主義，而非憑藉武力。」此項公報明顯表明中美雙方都希望追求和平，反對以武力解決臺灣問題。由於此項政策的明確，加以中共此次武力犯臺的慘敗收場，深深領悟渡海攻臺難如登天，往後無再次輕舉妄動。就這樣，八二三金馬炮戰成爲長期國共內戰中，在戰場兵戎相見的「最後一役」。

㈢炮戰虎頭蛇尾

毛澤東眼看攻臺無望，就在十月六日親撰「告臺灣同胞書」，建議進行談判，實行和平解決。同時宣布即日起暫停炮擊一週，以利蔣軍自由地補給用品和彈藥，期滿後又宣布再停火兩週。

容筆者在此穿插一則感人肺腑的人間親情故事。在八二三炮戰當時，有一對兄弟，哥哥在金門爲國軍作戰，弟弟則在廈門爲共軍作戰。在戰爭中，兄弟兩人都逃過一劫，倖免於難。三十年後，臺灣開放大陸探親。退役後的哥哥，喜得回到大陸家鄉，探視親友。他們兄弟兩人悲歡離合，歡聚敘舊之下，從弟弟口中，哥哥才恍然大悟。原來共軍宣布暫停炮擊一週後，緊接又宣布延長停火兩週，就是因爲事前準備的炮彈皆已用盡，無彈可打。由此一故事，可見八二三炮戰當時戰況的慘烈。

到十月二十五日，中共終於宣布「打單不打雙」，亦即每逢雙日不打炮，單日才打。就這樣，金門炮戰虎頭蛇尾地持續到一九七九年一月一日，中共和美國正式建交的那一天爲止，才由中共宣布停止金馬炮戰。如此屈指算來，八二三金馬炮戰竟延續二十一年之久，爲世界戰史上空前未有。

㈣分析

八二三金馬炮戰後，對時局產生三大影響：

1. 在中共方面：中共在炮戰失敗及海空作戰受到重創以後，毛澤東腦羞成怒，歸咎於軍事領袖，罷黜了國防部長彭德懷，使軍心更加渙散，人人自危，內部鬥爭愈演愈烈。
2. 在臺灣方面：金馬保衛成功後，臺灣得到安全的保障，得以順利推展政治、經濟、文教及社會等各項建設，促進人民安居樂業，厚植中興力量。同時，以快速的經濟發展，創造經濟奇蹟。

3. 在國際方面：由於在金馬炮戰中，展示了臺灣三軍的英勇作戰，更展示了美國以空前強大的海空軍力量保衛臺灣，震撼中外。使得那時國際上所持「國軍應撤出金馬外島維護臺海安定局面」的主張，不攻自破。

第二節　威權統治與白色恐怖

一、大陸失敗原因的探討

二次世界大戰日本戰敗投降的時候，中國的情勢，國軍兵力是共軍的四倍，戰力遠在共軍之上。不料，內戰一打，短短四年的時間，共軍大獲全勝，把國軍趕出中國大陸，蔣介石落難逃到臺灣，令人難以置信。蔣介石退守臺灣以後，痛定思痛，要想力圖振作，東山再起，就必先檢討大陸失敗的原因，然後對症下藥，才能藥到病除。

關於大陸失敗的原因很多。我們應以「旁觀者清，當局者迷」的態度，面對此一事實。換句話說，先從幾位具有代表性的重要人物的客觀看法來分析，然後再就當事人蔣介石自己的主觀看法來探討。介紹如下：

(一)各方對大陸失敗的客觀看法

1. 美國駐華特使的看法

正當國共內戰勝敗已定的時候，一九四九年八月五日，美國適時公開發表所謂「對華政策外交白皮書」，詳述一九四四年至一九四九年美國「扶蔣反共」政策的失敗經過。當時，國民黨認爲國軍戰敗的主因，是美援的不足和遲到。白皮書則反駁說：「國軍戰敗的主因，在於其領袖不能應變，其軍隊喪失鬥志，其政府不爲人民所支持。」

關於國民黨抱怨美援不足的問題，那時被派到重慶調停國共內戰的美國特使馬歇爾將軍，極度失望，他憤怒地說：國民黨怪我們援助不夠。假使我們援助夠了，我們現在恐怕需要再派美軍去奪回我們先前援助你們的那些武器呢？請問全部配備著美援武器的國軍，在滿州爲何全軍覆沒，美援武器全被共軍接收呢？然後共軍用此國軍集體投降的美援武器，不多久，就將傅作義防守綏遠的軍隊擊潰了。這能說我們援助不夠嗎？同樣的武器，何以在國軍手中不起作用；落到共軍手中，即發生如此效力呢？

當時，美國駐華軍事代表魏德邁將軍也頗爲驚訝。他感慨地說：國共內戰的最後勝利，應是決定在中國大部分人心的傾向。日本投降後，宋子文榮任行政院長，他所派到各地的接收人員，任意以漢奸罪名，加在地方富人身上，以便勒索。因此，刺激一般人心太深。我在京滬一帶，到處都聽到中國朋友說：「收復了失地，喪盡了人心」。

2. 毛澤東的看法

日本投降兩週後，在重慶舉行空前絕後的蔣毛會談。有一次，毛澤東在下塌處（蔣介石侍從室主任張治中的家裡），邀請民社黨領袖蔣勻田晤談。毛澤東面告蔣勻田，他曾當面向蔣介石坦率說：現在打，我實在打不過你。但我可用對日敵的辦法對你，你占點線，我占面，以鄉村包圍城市。你看交軍隊給個人，能解決問題嗎？老實說，當我們經過二萬五千里長征的苦鬥，甫抵延安的時候，人只有一萬多，槍只有八千餘。你如再派一師的兵力追擊，則我（毛）當時的處境，誠難設想。所幸，你派張學良、楊虎城率兵圍攻，可以說你給我們很大幫助。因此演變，才逼成對日抗戰，才有今日的勝利。（引自蔣勻田著：中國近代史轉捩點，第三頁。香港友聯出版社，一九七六年版）。毛澤東的這一席話，道盡了大陸失敗和西安事變這兩件歷史大事，國共雙方勝敗的關鍵所在。

3. 蔣勻田的看法

蔣勻田是民社黨領袖，也是在重慶舉行國共政治協商會議的聯絡祕書。他對國共雙方的了解最深刻。他敘說，日本投降後不久，蘇聯提出要求，由中蘇共同開發東北所有的煤礦和鐵礦。蘇聯由蘇軍駐東北總司令馬林諾夫斯基出面交涉；國民政府則派張公權和蔣經國爲代表到東北去談判。談判有了初步結果後，一九四六年二月，張蔣兩位代表返回重慶，請示蔣主席，業經蔣主席准許。就在他們兩人即將趕回東北簽約之前，出人意料，陳立夫竟暗中指揮國民黨重慶黨部，動員七千多位學生，在較場口舉行反共反蘇的示威遊行，阻止了張蔣兩位代表飛返東北的簽約之行，破壞了中蘇關係。結果，蘇聯得不到東北的經濟利益，即刻轉向支持中共，把蘇軍在東北所接收的日軍武器裝備，全部交給中共，中共就此在東北迅速壯大。由此推演，國共內戰，國軍敗局，起自東北。

4. 陳立夫的看法

陳立夫是國民黨的C. C.派領袖，戰前戰後都掌控國民黨組織。他是大陸淪陷的關鍵人物，遂成爲蔣介石在臺灣進行國民黨改造運動的整肅對象。一九五〇年八月四日，蔣介石把他流放到美國定居。到一九六三年，陳立夫返臺奔喪。在返美途中，路過東京，答覆新聞記者問題的時候，他簡單扼要的回答說：「失敗所以如此快速，乃緣於無知。」此話，十足表現他的後悔無窮，懺悔莫及。

㈡蔣介石對大陸失敗的主觀看法

從蔣介石的許多講話和文告中，了解他自己對大陸失敗原因的看法。歸納如下：

1. 在外交方面：中共的勝利，主要是依靠蘇聯幫助，先控制了東北。美國則暗中與蘇聯簽訂「雅爾達密約」，拿中國東北討好蘇聯。往後，又於一九四八年春天全面停止對南京政府的軍經援助。

2. 在經濟方面：造成經濟全面崩潰的原因有三：一爲長期抗戰元氣未復。二爲中共「叛亂」阻斷了國家建設的進程。三爲宋子文擅自動用中央銀行改革幣制的基金。

3. 在軍事方面：一則美國參加軍事調處，每逢國軍有進展，就壓迫停火，挫傷國軍士氣，共軍則乘機從容整補，導致國軍最後崩潰。二則國軍內部貪汙腐化，眞是光怪陸離，令人不能相信。

4. 在教育方面：進步的輿論、學生的運動，在在瓦解了國民黨的統治。尤其是大學裡充斥了共產主義的國際思想和自由主義的個人思想。所以，現在要把高中以上學校統統納入組織，更嚴格控制各類出版物。

5. 在政治方面：國民黨有三大病症：一是三民主義信仰的動搖，二是對革命領導中心的忠誠動搖，三是紀律廢弛，組織解體。其次，蔣介石指出：「國民黨的失敗，是因爲實行民主憲政，結果給了共產黨分化的機會、滲透的空間。」此種錯誤觀念，顛倒因果，使他後來在臺灣以「實施民主憲政」爲名，實際上則進行威權統治。

二、國民黨的改造運動

(一)改造背景

對於大陸失敗原因，蔣介石自己的主觀看法，成就在臺灣進行國民黨改造運動的主要依據。一九四九年一月，蔣介石在宣布下野的前夕，召見親信，情緒激動，憤怒地說：「共產黨沒有打敗我，打敗我的是自家的國民黨。」然後，指著陳立夫說：「就是你們這般人。」那時候，國民黨是「以黨領政」的時代，而黨權則掌握在以陳果夫和陳立夫兩兄弟爲主的C. C.派。一時之間，才有「蔣家天下陳家黨」的口語流傳。所以，蔣介石把大陸失敗的責任歸咎於C. C.派，極其自然。

到了臺灣以後，有三個背景促成蔣介石決心整肅C. C.派：

1. 在大陸時期，處處與蔣介石作對爲難的桂系人馬，已經煙消雲散，不再有勢力。其他派系不成氣候，不足為患。蔣介石要整頓黨務，沒有後顧之憂。

2. 美國對C. C.派非常不滿。一九四八年冬，美國總統大選時，陳立夫「押錯寶」。他攜帶鉅款赴美為杜威助選，結果是杜魯門當選，迫使杜魯門對華不友善。如果除掉陳立夫，有助於改善中美關係。

3. 陳誠與陳立夫，雙陳不合，互不水火。陳誠掌行政院，陳立夫控立法院。為保持兩院和諧，促進內部團結，蔣介石極其自然，袒護治臺有功的陳誠，除掉大陸淪陷有過的陳立夫。

㈡剪除C. C.派的勢力

在大陸時期，雙陳兄弟權大勢大，既掌握黨務，又控制國家財政大權。他們利用權位，大量培植黨羽，掌握大多數的各省黨部。進一步利用省黨部的勢力，包辦國大代表、立法委員和監察委員的選舉，從而成為國會內的掌門人。同時，陳果夫又擔任中央財務委員會主委、中央合作金庫理事長、中央農民銀行董事長等要職，掌控了國家的財政大權。一九四五年五月，國民黨「六大」召開。C. C.派囊括了將近半數的中央委員席次。功高震主，大有尾大不掉之勢。更令蔣介石憂心重重的是，欲安排蔣經國接管黨務系統，C. C.派則堅守陣地，無意相讓。

到臺灣以後，有了前述三項改造背景，韓戰爆發後又有了美軍協防，穩定臺灣局勢。蔣介石就因勢利導，展開了剪除雙陳兄弟勢力的行動。過程如下：

1. 一九五〇年七月，蔣介石下令免去陳果夫「中央財務委員會」的主委職務，裁撤「中央合作金庫」。「中央農民銀行」保留名義，只設保管處。一夕之間，除掉了C. C.派的財政勢力。

2. 一九五一年八月二十五日，陳果夫在臺北病逝。

3. 一九五一年八月四日，蔣介石資助陳立夫美金五萬元，叫他以參加道德重整會議的名義，舉家移民美國，到紐澤西去開設養雞場。

㈢ 改造運動的內容

1. 成立「中央改造委員會」：由蔣介石欽定十六名中央改造委員，進行黨的改造工作。又指定張其昀爲中改會的祕書長，負責籌劃改造工作。

2. 改造國民黨爲「一元領導的集權政黨」：從政黨員，不論是政府官員或民意代表，通通聽命於蔣介石一人的領導。爲貫徹這個制度，一九四九年十月十日創辦的「陽明山革命實踐研究院」就變成培養國民黨高級幹部的黨校。

3. 改進國民黨爲「革命民主政黨」：國民黨派出幾萬名黨員，分頭滲入臺灣各地的工會、農會、漁會、商會和婦女、青年等各種團體，大量吸收黨員。以農工民眾和青年知識份子作爲黨的社會基礎。

4. 整頓黨營事業：國民黨的黨營事業很多。包括中央日報、中華日報、正中書局、中國廣播公司、中央電影公司等等，通通納入中央財務委員會指揮管理，由俞鴻鈞擔任主委。整頓事項包括：將掛名不管事的董監事免職；實施會計人員互調制度；建立人事考核制度等。這些整頓措施，立刻推廣到所有國營、省營、軍營等各類官營企業去實施。

三、威權統治的建立

蔣介石在臺灣進行黨的改造運動，一人獨攬黨權，再透過黨權，去掌控政權和兵權。這樣一來，在臺灣，黨、政、軍的大權全部由他一個人包攬，「天下統於一尊」。蔣介石獨攬黨權的結果，造成「蔣家政治蔣家黨」。獨攬政權的結果，造成「蔣家王朝蔣家臣」。獨攬兵權的結果，造成「蔣家天下蔣家軍」。這樣一來，蔣介石在臺灣的「威權統治」。正式建立，分述如下：

㈠蔣家政治蔣家黨

國民黨改造運動的內容：經蔣介石批准後，一九五二年十月間，國民黨就在臺北召開第七次黨代表大會（簡稱「七大」）。中心議題有二：一爲修改黨章，將改造內容列入黨章內；二爲選舉新的中央領導階層。經過精心安排，國民黨新選出的中央領導階層，計有：

1. 中央委員三十二人，候補委員十六人。
2. 中央監察委員一百零四人。
3. 中央評議委員四十八人。

在新選出的中央領導階層中，原來掌控黨權的C. C.派的班底，幾乎全軍覆沒，取而代之的是蔣家體系和少數陳誠班底的人馬。在「以黨領政」的黨國體制下，國民黨中央的換血成功。不但如此，中央委員的人數，由大改小。由大陸召開「六大」時期的四百六十人，濃縮爲在臺灣召開「七大」時期的三十二人。人數大大減少，有利於蔣介石的「一元集權領導」，以免人多音雜，不易領導。往後，中央常委的人選，也都由蔣介石欽定，順利通過。蔣介石在臺灣的「威權統治」，初步建立。形成了「蔣家政治蔣家黨」的局面。

(二)蔣家王朝蔣家臣

威權統治的體制建立以後，蔣介石為了改正他過去曾有「識人不明」所產生的不良後遺症，往後，政府重要的文臣武將，大多數改由他身邊的祕書、翻譯或侍衛長出任。換句話說，要經過他隨身長期觀察，認為安全可靠後，才可外放為文武要職，統一聽命於最高領袖。此種政治可以說是「蔣家王朝蔣家臣」。茲列表如下：

祕書、翻譯轉任文臣名單

姓　名	擔任文臣之職稱
1. 黃少谷	行政院副院長、外交部長、司法院長、國安會祕書長
2. 俞國華	中央銀行總裁、行政院長
3. 沈昌煥	外交部長、國安會祕書長、總統府祕書長
4. 周宏濤	行政院主計長、政務委員
5. 張其昀	教育部長
6. 曹聖芬	中央日報董事長

姓名	擔任文臣之職稱
7. 秦孝儀	故宮博物院院長
8. 楚崧秋	中華電視公司董事長
9. 周應龍	行政院辦公室主任
10. 沈劍虹	新聞局長、駐澳大使、外交部次長、駐美大使
11. 沈怡	外交部次長、駐哥倫比亞大使
12. 錢復	新聞局長、駐美代表、外交部長
13. 夏功權	駐美總領事
14. 胡圻	駐新加坡代表

㈢蔣家天下蔣家軍

在大陸時期，因為大陸太大，舊軍閥勢力陰魂不散，軍區將領擁兵自重，不聽調度的事情，時有發生。蔣介石記取教訓，在臺灣復職以後，便模仿美國軍制，重新整頓軍隊，實施「將官定期輪調」制度。原則上，每兩年一換，而且強迫實施屆齡退役制度。唯有三軍統帥一人，不必輪調，也不必退役，永遠是三軍統帥。這樣一來，過去實力雄厚的軍頭，如閻錫山、白崇禧、胡宗南、何應欽等人，都逐漸從軍中退役，退隱山林。

其次，蔣介石又模仿蘇聯軍制，以黨介入軍中政治。一九五〇年三月二十一日，在國防部內創設「總政治作戰部」，由蔣經國擔任主任。同年七月，蔣經國在北投創辦「政工幹校」，培養軍中的政治作戰軍官。這樣一來，蔣經國完全掌控了軍中政治。

在臺灣，兩蔣治軍的結果，昔日大將一個一個退隱山林，大多數改由總統侍衛長出身的將官輪流出任軍中要職，蔣經國又主持軍中政務，形成道道地地的「蔣家天下將家軍」。茲列表介紹如下：

侍衛長轉任武將名單

姓　名	擔任武將之職稱
1. 馬紀壯	海軍總司令、聯勤總司令、國防部副部長
2. 于豪章	陸軍總司令
3. 宋長志	海軍總司令、國防部長
4. 郝伯村	陸軍總司令、參謀總長、國防部長
5. 鄒堅	海軍總司令
6. 張鼎	總政戰部主任
7. 唐縱	警政署長
8. 周菊村	同右

姓名	擔任武將之職稱
9. 孔令晟	同右
10. 王永樹	國家安全局長
11. 孫立人	陸軍總司令、總統府參軍長
12. 趙志華	裝甲兵團副司令
13. 汪希苓	國防部情報局長
14. 俞濟時、樓秉國、皮宗敢、竺培基	中將官階

四、白色恐怖治臺

白色恐怖（White terror）一詞，是指獨裁統治者胡亂捉人，捕殺異己，造成人人自危的恐怖局面。一八一五年，拿破崙企圖東山再起失敗後，許多響應拿破崙的自由主義份子，立刻遭到法國極權政府的迫害和全面捕殺，使社會上充滿了恐怖氣氛，人人自危。此爲白色恐怖的最早歷史案例。

在國共內戰中，國民政府深受共諜的滲透和顛覆，是造成大陸失敗的重要原因之一。蔣介石深受其害，對於共諜心驚膽寒，有如談虎色變。所以，他退守臺灣以後，決心肅清共諜，以除後患。他利用軍警和特務人員，展開濫捕和誤殺，造成白色恐怖的統治。

茲先舉出四個最有名的共諜案，以資了解。

(一)四大共諜案的介紹

1. 侯少將案

侯少將是蔣介石的侍從參謀。當一九四八年九月遼瀋戰役展開前夕，蔣總統飛抵北平，召見東北勦共總司令衛立煌。蔣介石面授衛立煌，由瀋陽撤軍，路過錦州，先解救錦州被圍的國軍，然後一併撤退。可是，衛將軍向總統報告：瀋陽到錦州路途遙遠，中間又有河川阻隔，交通也已中斷，無法攜帶重裝備，而且共軍早有埋伏，不能中計。應請另調生力軍去解錦州之圍，或可兩得其益。當承總統面允。不料，此時在旁的侯少將，立刻插嘴說：「報告總統，養兵千日，用兵一時。總統原來所定撤兵計劃，重點在解救錦州，不宜臨時改變，授敵以占領錦州要地之機會。」於是，蔣總統乃改變主意，放大嗓子說：「仍照原定計劃進行。」結果，衛將軍領兵從瀋陽撤退，未到錦州，沿途均遭埋伏的共軍襲擊，潰不成軍，無數美援武器全被共軍繳收。等到大陸淪陷後，該位侯少將竟然公開在北京現身，聲明他就是共諜，為中共立下軍功。

2. 傅作義案

傅作義是華北勦共總司令，總部設在北平。他指揮下的六十多萬國軍，則布署在北平、天津、張家口的三角地帶。一九四八年十二月，中共展開「平津戰役」的時候，先攻下張家口，殲滅國軍五萬四千多人。接著打下天津，又殲滅國軍十三萬多人。最後，毛澤東以事先布下的「暗棋」，透過傅作義的長女傅冬菊的情報，對傅作義的一舉一動、細微末節都瞭如指掌。到了最後關頭，傅作義才恍然大悟，知道自己女兒竟是共諜。在女兒的親情說服下，傅將軍終於決定投共，二十八萬國軍退出北平，接受收編。共軍則以不武之勝，進入北平。

3. 張治中案

張治中是蔣介石的親信愛將，也是毛澤東和周恩來的多年好友。國共雙邊關係左右逢源，是個不可多得的人才。一九四五年九月間，蔣毛重慶會談時，蔣介石派他的侍從室主任張治中將軍飛往延安，陪同毛澤東到重慶。在重慶會談期間，毛澤東安心住在張治中家裡，蔣毛兩人都對張治中深信不疑。國共內戰末期，一九四九年一月二十一日，蔣總統引退。李宗仁代理總統，就派遣以張治中（國防部長）爲團長的五人代表團，到北京和談。代表團在北京機場下飛機時，無人接機，頗受冷遇。直到晚宴後，周恩來約見張治中，第一句話就責問：「你爲什麼在離開南京前，要兩次到溪口去見蔣介石？」

國共北京和談破裂後，共軍百萬雄師即刻渡過長江天險成功。周恩來力勸張治中代表團留下，不要回南京，以利中共進行國際宣傳。張治中猶豫不決，擔心在南京的家屬安全。周恩來急命中共的地下組織處理此一任務，很快地，原本是接張治中等人回南京的專機，突然變成了送他們家屬去北京的專機。這樣一來，張治中代表團立刻投共，留在北京，不回南京。消息一出，震撼中外。

4. 陳布雷案

陳布雷是蔣介石的機要祕書，追隨蔣介石長達二十二年之久，一向對蔣介石忠心耿耿。蔣介石的大多數文稿和文告，皆出自他手。面對國共內戰的敗局，他曾向蔣介石建議，不如和共產黨和談，才有利大局，立刻遭到蔣介石痛斥一頓，蔣介石聲言「和談即投降」。陳布雷育有六男二女，長女陳秀，次女陳璉，都是共諜。陳布雷本人卻被蒙在鼓裡。此事揭發後，陳布雷無顏面對江東父老，羞憤自盡。

㈡論情報戰，毛澤東遠勝蔣介石

國共長期內戰，不論在地盤大小或人力、物力各方面，共產黨均遠遜於國民黨。可是，共產黨在軍事上以游擊戰著稱，在政治上則以情報戰見長。所以，最後中共能以寡勝眾，反敗為勝。以上所舉四個共諜案例，只是說明連蔣介石本人身邊或親信全被共諜包圍。蔣介石的一舉一動，或調兵遣將，毛澤東一清二楚，瞭如指掌。兵法名言：「知己知彼，百戰百勝。」這就成了蔣介石快速失去大陸江山的主要原因之一。因此之故，蔣介石退守臺灣以後，有如驚弓之鳥，談到共諜便談虎色變，決心徹底清除共諜（蔣介石稱為匪諜），以除後患，確保臺灣這塊基地。可是，共諜非泛泛之輩，全是訓練有素、精明能幹之流。共諜在敵營無孔不入，神通廣大，大小通吃，防不勝防。由此逼出蔣介石在臺灣進行「白色恐怖」的統治。

㈢臺灣白色恐怖的開始

中共建國成功以後，毛澤東在慶功宴上，公開表揚情報戰的大功臣劉飛將軍。劉飛是蔣介石身邊的紅人，擔任國防部第三廳廳長，長期臥底成功。消息一出，蔣介石大驚失色，驚慌莫狀。為徹底清除軍中匪諜，永除後患，於是大開殺戒，一舉槍斃了當時隨軍來臺的五十多位將領，震撼中外。隨後，立刻把整肅對象擴大到潛伏於民間的共諜和叛亂份子。當時，彭孟緝擔任「臺灣省保安司令」，蔣介石一聲令下，彭孟緝遵命行事，負責執行檢肅匪諜和排除異己的任務。臺灣的白色恐怖從此開始。

一九五八年五月，「臺灣省保安司令部」正式改制，擴大並更名爲「臺灣警備總司令部」（簡稱警總）。從此，警總開始以組織嚴密、責任專屬的機構出現，負責執行「白色恐怖」的統治任務。擔任警備總司令的都是蔣介石欽點的軍事將領，依序爲：黃杰、陳大慶、劉玉章、尹俊、鄭爲文、汪敬煦和陳守山等人。

(四)臺灣白色恐怖的法律依據

因爲要肅清匪諜，蔣介石就在南京和臺北，以「戒嚴統治」和「戡亂體制」爲基礎，頒布許多法令，作爲實施「白色恐怖統治」的依據。主要有三項法令如下：

1. 一九四九年五月十九日，臺灣省主席陳誠頒布「戒嚴法」。
2. 一九四九年五月二十四日，在南京，立法院通過「懲治叛亂條例」。
3. 一九五〇年六月十三日，在臺灣，立法院通過「檢肅匪諜條例」。

根據上開三項法令，第一項的「戒嚴法」，限制人民的言論、出版、集會、結社、遊行、罷工、罷市、罷課等的自由權利，公然違背了《中華民國憲法》所規定保障人民各項自由權利的許多條款。又根據第二項及第三項的法律，由警總所逮捕的嫌疑犯，逕送軍法處理。公然違背憲法第九條：「人民除現役軍人外，不受軍事審判」之規定。再依憲法第一百七十一條：「法律與憲法牴觸者無效」之規定，上述各項法律既然都牴觸憲法，應屬無效。可是，在臺灣，在「恐共」的政府政策之下，「政治勝過憲法」，違憲的政治法律依然照樣執行不誤，而且大張旗鼓，到處捉人，逕送軍法處理，不經司法審判程序。在此情形下，臺灣已經是極權國家，而不是法治國家。使得白色恐怖的統治陰影，籠罩了全臺灣。

㈤臺灣白色恐怖的落幕

在臺灣，國民政府的統治由警總根據上頭各項法令，雷厲風行，負責執行白色恐怖的極權政治。那時候，街頭巷尾到處懸掛著「檢舉匪諜，人人有責」的紅色布條，機關學校也到處布署著「監視言行，密密偷報」的情報人員。頓使臺灣變成白色恐怖的世界。情報人員偵察上報的對象，除匪諜之外，也包括異議份子和臺獨份子。可是，在實際執行的時候，匪諜深藏不露，不易破獲，反倒是臺獨和異議份子，往往公開表態，不畏監視，成爲代罪羔羊，或被一網成擒。也因此，在臺灣進行的白色恐怖，肅清匪諜的效果比較有限，反而是清除臺獨或異議份子方面，成果豐碩。爲了達成任務，情治單位「寧可錯殺一千，也不放過一人」。那時候的臺灣在「恐共」的陰影下，人人自危。而且，被錯捉或誤殺的冤案，不知凡幾，臺灣成爲典型的白色恐怖政治。

白色恐怖統治之下的臺灣，據說至少有四千多人遭到槍決，八千多人被捕下獄。但確實數字可能永遠無法水落石出，正如二二八事件眞正受難的人數永遠石沉大海一樣。所幸，具有高瞻遠矚的蔣經國總統，於一九八七年七月十四日，正式宣布臺灣澎湖地區解除戒嚴。其後，具有民主素養的李登輝總統，又於一九九一年五月一日，依法宣布終止「動員勘亂時期」，並廢止「憲法臨時條款」。五月十七日，立法院通過「廢止懲治叛亂條例」。到一九九二年七月三十一日，白色恐怖的執行機關警總被裁撤，走入歷史。「白色恐怖」的時代正式落幕。由此說來，蔣經國和李登輝，眞是臺灣民主政治史上的兩大功臣。

五、威權統治下的政治案件

在臺灣，前後兩位蔣總統的威權統治將近四十年。在時間上，比蔣介石縱橫於中國大陸二十五年（一九二四年至一九四九年）還長。大陸那麼大，蔣介石有本事南征北討，縱橫天下，最後落得江山淪落，退守臺灣。臺灣這般小，蔣氏父子兩人互相配合，眞正實行民主憲政，開創太平盛世，應該易如反掌。可是，中共在對岸虎視眈眈，伺機武力攻臺，使得兩位蔣總統寢食難安，不敢掉以輕心。因此，名爲推行民主憲政，實則進行威權統治，不容臺灣島內有反對或反抗的聲音和動作。人不甘平白接受壓制或威迫，自古皆然。因此，在臺灣反對和反抗威權統治所造成的政治案件或政治冤獄，層出不窮。茲舉要列出如下：

㈠吳國楨事件

吳國楨是國民黨內自由派份子，美國普林斯頓大學畢業。回國後，歷任漢口市長、重慶市長、外交部次長、上海市長等要職，享有「民主先生」的美譽。一九四九年十二月，接替陳誠，出任「臺灣省主席」。吳國楨擔任上海市長時，即反對蔣經國的「經濟管制」。現在，就任「臺灣省主席」以後，又在財政經費上抵制蔣經國所主持的「救國團」，雙方關係惡化。一九五三年四月，吳國楨辭掉「臺灣省主席」。五月二十四日，拂袖離臺赴美。是年年底，利用王世杰被免去「總統府祕書長」職務的機會，在美國發表文章，痛批國民黨的弊政，尤其是蔣經國的特務統治。

(二)孫立人事件

孫立人原籍安徽，赴美留學，獲得普渡大學工程學士後，又轉入維吉尼亞軍校就讀。畢業回國後，歷任師長、軍長、司令等要職，是一位抗日名將。戰後，奉命到臺灣負責訓練「新軍」；一九四九年出任「臺灣防衛司令」；一九五〇年，升爲「陸軍總司令」。孫立人治軍嚴明，戰功顯赫，爲美國政府所賞識。一九四九年五月，在事先獲得蔣介石的同意後，麥帥曾派專機將孫立人接到東京，告以美國願意支持孫負責保臺的責任，「要錢給錢，要槍給槍」。孫立人回答說，必須在蔣介石領導下始願挑此重任。可是在臺灣，孫立人反對蔣經國在軍中實施的政工制度，對蔣介石高喊的「反攻大陸」也不以爲然。終於一九五四年被明升暗降，調任爲總統府「參軍長」。一九五五年，因爲其舊部屬的匪諜案件而被解職，幽禁於臺中市長達三十三年之久。直至一九八八年李登輝繼任總統後，才給解禁，重獲自由，然兩年後病逝。

孫立人事件發生後，美國政府對臺灣政府此舉非常不滿意，立刻將駐臺「美軍顧問團」團長蔡斯將軍調職。顧問團的人數也逐年裁減，由一九五五年的二千三百四十七人，裁減到一九六四年的八百四十二人。足見孫立人事件對臺美關係的衝擊力之大。

㈢雷震事件

雷震是浙江省長興縣人。早年留學日本，畢業於京都帝國大學。回國後，擔任許多黨政要職。擔任過國共政治協商會祕書長、國民大會副祕書長、行政院政務委員等職。到臺灣後，擔任總統府國策顧問，後來自動脫離國民黨。一九四九年十一月，創辦「自由中國」月刊，由胡適任發行人，雷震任社長。「自由中國」雜誌向來直言無忌，揭發時政弊端，不遺餘力。例如：反對黨化教育、反對救國團、更反對蔣介石連任第三任總統，提出「反攻無望論」、主張「兩個中國」等等，都犯蔣家大忌。可是，有胡適撐腰，美國做後盾，國民黨暫時忍耐。

一九六〇年，雷震等人暗中結合從地方選舉中崛起的許多臺籍精英，加上大陸籍的民主反共人士積極合組「中國民主黨」，使臺灣出現一個堅強有力的反對黨，落實民主政治。於是就在一九六〇年九月一日，「自由中國」的社論宣布「中國民主黨」的成立，猶如「大江東流擋不住」。三天後，雷震終於以「知匪不報」和「爲匪宣傳」的罪名，提交軍法審判，坐牢十年。「自由中國」月刊，從此停刊。一九七一年，雷震服刑期滿出獄。七年後，在臺北病逝，享年八十二歲。

㈣蘇東啟案

蘇東啓是雲林縣北港鎮的望族。曾經擔任三屆雲林縣議員。早年曾赴大陸加入國民黨。雷震案發生的時候，他不顧一切，聲援雷震。一九六一年九月，因爲圖謀武裝推翻蔣政權，追求臺灣獨立，事機洩漏而被捕下獄，株連三百多人。在監獄中，坐十五年牢才被釋放。在一九七七年省議員選舉中，他的太太蘇洪月嬌以受難者「家屬」要求平反，作爲競選訴求，結果高票當選，而且連任五屆省議員，素有「雲林媽祖婆」的美譽。在臺灣威權統治時期，政治受難者家屬代夫出征，以選票重新檢驗政治案件，蘇洪月嬌首開其端。往後，他的女兒蘇治芬接棒，出馬競選雲林縣長也連選連任。國民黨威權政治下的黑牢，成全了蘇家兩代爲雲林地區的政治世家，雄霸一方。

(五)廖文毅臺獨事件

廖文毅是雲林縣西螺人，曾考進南京金陵大學機械系，先後留學美國密西根大學、俄亥俄州立大學，獲得工學博士學位。一九三五年，應聘任教於浙江大學，五年後，回到臺灣。戰後，廖文毅和廖文奎兩兄弟創辦「前鋒」雜誌，揭發時弊，得罪當道。二二八事件後，在臺灣警總的清鄉活動中，被列入通緝名單。兩兄弟攜手逃到香港，後來轉往日本。一九五五年二月，廖文毅在東京成立「臺灣共和國臨時政府」，自任大統領，並且創辦臺灣民報，鼓吹臺獨思想。一九六二年一月，在臺灣島內的石錫勳、郭國基、楊金虎、李源棧等二百多人，因爲涉嫌支援在東京的廖文毅之臺獨運動而被捕。

一九六五年，國民政府透過地下組織向他招撫成功。廖文毅突於該年五月十四日放棄臺獨運動，回到臺灣擔任曾文水庫興建之副總工程師，政府更將他在西螺的房地產發還給他，此事在當時震驚全臺。

(六)彭明敏事件

一九六四年九月，臺大教授彭明敏和他的學生謝聰敏、魏廷朝等三人，共同起草「臺灣人民自救宣言」。其指出，在國際上，「一個中國和一個臺灣」早已經是鐵的事實，反攻大陸絕不可能。主張臺灣人民應面對現實，建設民主繁榮的新社會。在宣言中公開呼籲，蔣介石領導的政權欠缺民意基礎，臺灣一千二百萬人民應以自由選舉產生新政府，取而代之。可是該宣言在將要發行的時候即被發現，該三人遭到警總逮捕。經過軍法審判，以叛亂罪名判刑。

彭明敏是知名的國際法權威。在國際壓力下，一九六五年十一月，蔣介石將他「特赦」出獄，施以二十四小時監視。一九七〇年一月，彭明敏在美國傳教士唐培禮（Milo L. Thornbeer）的暗助庇護下，逃離臺灣，經由瑞典，逃亡美國。此項宣言是「一中一臺」論調的開始。

㈦臺灣基督教長老教會發表「國是聲明」

一九七一年十月二十五日，中華民國駐聯合國的政府代表，被趕出聯合國。臺灣的生存和前途面臨嚴重考驗。到十二月十六日，臺灣基督教長老教會適時發表「國是聲明」，反對中共併吞臺灣，臺灣前途應由臺灣人民自決。從此，該教會成爲臺灣獨立運動的一大根據地。該年年底，成功大學的學生組織「成大革命黨」遭檢舉，許多參加的學生被捕入獄。到一九七九年八月，該教會又發表「人權宣言」，除重申臺灣人民自決之外，更進一步主張「建立臺灣爲新而獨立的國家」。該教會的總幹事高俊明，後來於一九七九年底的「美麗島事件」中，因爲藏匿施明德而被捕下獄，經由軍法審判，判刑七年。在高俊明被捕後，該教會在臺灣各地擁有的十六萬多教徒，舉行禁食禱告，以示抗議。

㈧大學雜誌事件

「大學雜誌」創刊於一九六八年，由一批優秀的知識份子所組成，社務委員多達五十七人。創刊當初平平庸庸，後來因爲蔣經國在救國團的一次演講中，鼓勵青年人多講、多說、多發表意見。該雜誌受到鼓勵，漸漸演變成政治性雜誌，倡導「革新保臺」，主張全面改選中央民意代表。一九七二年十二月四日，社務委員臺大哲學系教師陳鼓應在臺大舉辦的座談會上，放言高論，指責臺灣內政中的種種弊端。兩個多月後，陳鼓應、王曉波等進步教師被捕而又被釋放。不久，臺大校方就奉命解聘陳鼓應等十四位教師。陳鼓應前往北京講學，另有些社務委員張俊宏、許信良就以黨外人士身分參加競選省議員或縣市長。施啓揚、李鍾桂、關中、孫震等人則因「大學雜誌」的機緣而大展才華，被國民黨收羅而成爲國民黨的「青年才俊」。

㈨中壢事件

一九七七年十一月九日，臺灣同時舉辦五項地方公職人員選舉，盛況空前。時任立法委員的黃信介和康寧祥，奔走各地，促成黨外人士大團結、大串連，互相支援。選舉結果，黨外人士拿下四個縣市長的寶座，二十一席省議員，六席臺北市議員，大有斬獲，成果豐碩，成爲一九七〇年代黨外人士在選舉上的重大突破。

在此次選舉中，桃園縣長的選舉最引人注目。國民黨候選人歐憲瑜和黨外候選人許信良對抗競選，競爭激烈空前。可是，在投票當天，國民黨在中壢市某投票所的作票行爲，被黨外人士當場逮到，立刻引發一萬多位民眾的憤怒之火，到處推翻警車，包圍並放火燒毀警察局，形勢緊張萬分，混亂不可收拾。大批奉命前來鎮壓的軍警，也都僅僅採取圍堵守勢，不敢動武，以防事態擴大。最後結果，許信良高票當選縣長，事件自然平息下來。

中壢事件發生後，政府封鎖新聞很成功，事件未擴大。直到一年過後，雨過天晴，事過境遷，政府才正式補發新聞，說明事件經過。

㈩美麗島事件

一九七八年十二月十六日，美國卡特總統宣布美國訂於一九七九年一月一日起與中共建交，同時與在臺灣的中華民國斷交。蔣經國總統立刻動用「動員勘亂時期臨時條款」，所賦予總統的「緊急處分權」，宣布暫停翌日即將舉行投票的「增額中央民意代表競選活動」。向來，黨外人士的要求參政，唯一途徑是利用選舉機會造勢當選，這樣一來，黨外人士頓失選舉造勢的參政空間，因此激化了黨外人士的政治抗爭活動。

一九七九年八月，黃信介、許信良、張俊宏、施明德、林義雄等黨外人士，創辦「美麗島」月刊，發行創刊號，立刻風行全島，暢銷十萬多本。該年十二月十日爲「世界人權日」。美麗島雜誌社向政府申請在高雄市內的公園，舉辦人權紀念大會，未獲核准而照常舉行。結果，當參加群眾在市區道路上遊行的時候，遊行民眾和政府從各地調來的大批軍警，引發了大規模的流血衝突，俗稱爲「美麗島事件」或「高雄事件」。三天後，警方不動聲色，趁著拂曉時分，一舉逮捕了黃信介等十四名黨外領導人，下令美麗島月刊停刊。被捕人士有八人遭受軍法審判，三十三人交司法審判。

六、法統與萬年國會

因爲兩岸分裂分治的事實，在臺灣的「中華民國政府」宣稱，它是依照一九四七年在南京公布實施的「中華民國憲法」（中共拒絕參加該次制憲會議，因此揚言該憲法是僞憲法）之規定而產生，是代表全中國的正統政府，稱爲「法統」。其次，因爲中國大陸各省都已在一九四九年淪陷於中共手中，以致於在一九四八年在大陸選出的第一屆國大代表、立法委員及監察委員等中央民意代表，無法辦理重新選舉，經過大法官會議的解釋，逃亡到臺灣的中央民意代表的任期，可以無限期地延長到光復大陸爲止，因而形成了「萬年國會」。

國民政府退守臺灣以後，第一屆中央民意代表不久就發生了兩大問題。略述如下：

(一)任期問題

依中華民國憲法之規定，立法委員任期三年，國大代表和監察委員之任期各爲六年。如何由有任期制度演變爲無限任期的「萬年國會」，過程如下：

1. 一九五一年五月，第一屆立法委員任期屆滿三年。依法應辦理重新選舉。可是，大陸各省都已淪陷，事實上不可能辦理選舉。行政院作出決議，請蔣介石以「總統」名義，出面商請「立法院」繼續行使立法權一年。立委們感恩不盡且欣然同意。此後，又如法炮製了兩年。

2. 一九五三年五月，第一屆「國大代表」和「監察委員」的任期也都將臨屆滿六年。在大家束手無策的時候，當時的司法院長王寵惠「急中生智」，大玩憲法的文字遊戲來解決難題。憲法第二十八條規定：「國民大會代表每六年改選一次。每屆國民大會代表之任期，至次屆國民大會開會之日爲止。」依此規定，「次屆」召開不成，則本屆代表就永遠存在。因此，一九五三年十月五日，王寵惠就向記者宣布：「第一屆國大代表任期必須等到下屆代表大會開會始告終了。」這樣一來，第一屆「國大代表」就成爲「終身代表」了。

3. 一九五四年一月二十九日，司法院大法官會議作出憲法第三十一號解釋案：宣布：「在第二屆委員未能依法選出集會與召集以前，自應仍由第一屆立法委員，監察委員繼續行使其職權。」經此曲解，第一屆立監委員也都成爲「終身委員」了。

(二)法定多數問題

國民政府爲了保住「法統」，除了解決中央民代的「任期問題」之外，還要解決「法定多數問題」，才能在臺灣一勞永逸地行使職權。因爲依照《中華民國憲法》的規定，「國民大會」、「立法院」和「監察院」的法定名額，分別爲三千零四十五人、七百七十三人、二百二十三人。這三個國會機構都必須有超過半數出席才能開會。可是，一九四九年隨國民政府來臺的「國大代表」僅一千零八十人，「立法委員」僅三百多人，「監察委員」僅一百零四人，都未超過半數，無法開會。當時，國民政府的解決辦法是：

1. 從一九五一年至一九五三年之間，一方面，從原候補代表中遞補之；另一方面，從海外拉回一批所謂「忠貞代表」歸隊。這樣一來，「立法院」和「國民大會」都勉強超過半數，可以開會行使職權了。

2. 歲月無情，老成凋謝。到一九六〇年，國民大會即將投票選舉第三任總統。那時候，國大代表因死亡而減少九十五人，以致不足開會的法定人數。爲求解決，一九六〇年二月十二日，大法官會議又作出憲法第八十五號解釋案，宣布：「憲法所稱國民大會代表之總額，在當前情形，應依法選出，而能應召集開會之國大代表人數爲計算標準。」此後，「立法院」和「監察院」的人數總額也比照辦理，算是暫時解決了一大難題。

3. 時光不倒流，中央民意代表無法個個長生不老，總有一天國會要唱空城計。因此，一九六九年，在臺灣舉辦因缺員及人口增加而產生的「增補選」。結果，新選出國大代表十五名，立法委員五十一名，監察委員二名。這批新當選者與第一屆代表，同樣享受「終身代表」的待遇。國民政府將他們稱之爲「資深代表」，一般人則譏諷爲「老賊」（「老賊」一詞爲臺灣民選立委朱高正所發明）。

4. 從一九七二年起，中央民意代表改爲「增額選舉」，亦即：增加「自由地區」及海外華僑的名額。在「自由地區」由選舉產生，在海外華僑則由總統指名，均採任期的制度，定期改選。可是，「資深代表」不必改選，任期到死爲止。到這時候，「法定多數問題」雖然解決了。可是，有些代表是「必須定期改選」的年青力盛的代表；有些代表則是「不必定期改選」的垂垂老矣的老賊，此爲世界民主政治史上「獨一無二」的畸型國會。

七、臨時條款與終身總統

㈠授權總統發布緊急處分命令

在國共內戰正緊張的危急存亡之秋，蔣介石依照「中華民國憲法」之規定程序，於一九四八年四月在南京當選爲「總統」，李宗仁當選爲「副總統」。五月二十日，蔣介石和李宗仁宣誓就職，開始實施憲政。

蔣介石一當選總統，尚未就職，便立刻發現憲法未規定總統在「動員戡亂時期」可以享有「緊急處分權」，如此總統無法隨時出手攻打共產黨。爲求解決，一九四八年四月十八日，國民大會通過了「動員戡亂時期臨時條款」。其要點有三：

1. 總統在戡亂時期，爲緊急處分，不受憲法有關條文所規定程序之限制。
2. 此項緊急處分的終止，或由「總統」宣告，或由「立法院」依憲法所規定程序變更或終止。
3. 到一九五〇年十二月二十五日以前召集國民大會臨時會時，再討論修憲和是否廢止「臨時條款」問題。

臨時條款通過才半個月，蔣介石就簽發了「全國動員戡亂案」。五月十九日，公布戒嚴法。一九五〇年三月一日，蔣介石在臺灣復任總統後，戒嚴法繼續在臺灣實施，使臺灣開始了將近四十年的長期戒嚴。

一九五四年三月，國民大會在臺北召開一屆二次大會。作出決議：「動員戡亂時期臨時條款在未經廢止前，繼續有效。」「臨時條款」從此可能成爲「永久條款」。臺灣的戒嚴狀態也就在「臨時條款」的掩護下，一直持續下去。

㈡規定總統得連選連任

依照《中華民國憲法》第四十七條之規定：「總統副總統之任期爲六年，連選得連任一次。」可是，蔣介石第二任總統之任期，將於一九六〇年五月二十日屆滿，依法不能再第三任。爲了此事，從一九五八年冬天開始，臺灣島內就展開一場「護憲」和「修憲」的大論戰。擁蔣人士主張「修憲」以達成蔣介石三任總統之目的，反蔣人士則主張「護憲」以維護眞正行憲之目標。

護憲派以「自由中國」月刊爲代表。他們早就在一九五六年蔣介石七十大壽的時候，發行「祝壽專號」，規勸蔣介石效法美國第一任總統華盛頓立下的偉大風範，不作第三任總統。如今，即將面臨選舉，「自由中國」再度發表短評，引用美國艾森豪總統的一句話：「過了七十歲的人，就不應保有他的公職。」來影射當年已經七十二歲的蔣介石。另一方面，擁蔣人士張群先生則在「中央月刊」上發表文章：「七十歲是人生的開始」，作爲對抗。

蔣介石本人雖然反對「修憲」，卻沒有明確表示他不想連任。於是修憲派「揣摩上意」，仗其人多勢眾，於一九六〇年三月十一日在國民大會，決定在「臨時條款」中，增列一條如下：「動員戡亂時期，總統副總統得連選連任，不受憲法第四十七條連任一次之限制。」臨時條款的這項增列條文，成全了蔣氏父子兩代都擔任「終身總統」的德政。護憲派則譏諷「臨時條款」是《中華民國憲法》的違章建築。

八、蔣介石的歷史評價

蔣介石在大陸失敗的原因很多。他的倔強個性和個人野心是失敗的一大原因。在抗日戰爭勝利前後的國共談判中，毛澤東主張組織聯合政府，以實現「政治民主化」。蔣介石主張「軍隊國家化」，要求毛澤東先交出軍隊才能承認中共的合法地位。蔣介石說組織聯合政府就是推翻政府，此種說法完全是「朕即天下」的封建思想。毛澤東則退讓一步，要求「政治民主化」和「軍隊國家化」必須同時進行，以避免軍隊交出後，一切落空。蔣介石堅持成見，硬不同意。那時候，美國觀情察勢，力勸蔣介石「以政治民主化換取軍隊國家化」，以期兩全其美，得到雙贏結果。可惜蔣介石倔強的個性加上個人的野心，忠言逆耳，拒絕了美國的善意，終使美國對他採取放手政策。相反地，毛澤東則在蘇聯的卵翼下，決定跟蔣介石一決雌雄。

國共內戰的結果，蔣介石慘敗退守臺灣以後，「江山易改，本性難移」，繼續貫徹他的極權政治。在臺灣，蔣介石仗其「兵權在握」，為了作偉大的領袖、永遠的總統，遂排除憲法規定，進行白色恐怖，鎮壓反對力量。尤其，製造「萬年國會」，以優渥待遇撫養一大批萬年國大代表「接三連四」選他連任總統，使他成為「終身總統」。這樣一來，沒有「萬年國會」就沒有「終身總統」。反之，沒有「終身總統」就沒有「萬年國會」。換句話說，「終身總統」和「萬年國會」是一對孿生兄弟，彼此照顧，相依爲命。同時，爲了保障他倆能夠共生共存，不被推翻，蔣介石更在臺灣厲行「威權統治」鎭壓反對或反抗的勢力，使臺灣的政治冤獄層出不窮。

由是觀之，蔣介石治臺，在「終身總統」和「萬年國會」這對孿生兄弟之上，再加「威權統治」，就形成了極權政治。此三者環環相扣，結成一體。倘使「三缺其一」，其他兩者就「無以維生」了，這就是蔣介石治臺的方法和成果。此種極權政治，徒傷他身後的歷史地位。

不過，蔣介石治臺並非一無是處。他在臺灣發展教育是一大貢獻。從一九六八年起，他毅然決然在臺灣實施九年國民義務教育，同時發展技職教育和高等教育，使臺灣不但教育普及，而且培養大批技術人才和高層人才，使得臺灣的經濟發展和國家建設所需人才「不虞匱乏」，更使得政治上「人才濟濟」，逐漸發展成「民進黨」，推動臺灣的民主政治向前進步。

日本的明治維新，以發展教育作爲立國根本。日本教育發達的結果，造成日本的富國強兵。蔣介石治臺，爲了鞏固權位，雖然威權統治大行其道，極權政治傷害民主。可是他注重發展教育，使民智大開，開啓未來臺灣經濟發展和政治進步的大門。

第三節　蔣經國的開明政治時期

一、蔣經國的傳奇性人生

蔣經國（一九一〇年至一九八八年）是蔣介石的長子。他生於將軍之家，長於憂患之世，是一位傳奇性的偉大歷史人物。他的前半生歲月三十九年（一九一〇年至一九四九年）在俄國和中國大陸度過他深富傳奇色彩的曲折人生。他的後半生歲月也正好是三十九年（一九五〇年至一九八八年），則在臺灣創造出輝煌騰達的偉大事業。茲簡介如下：

㈠留學俄國變成人質

由於孫中山晚年落實「聯俄容共」的大政策，俄國為了「投桃報李」，就在孫中山逝世後半年，於一九二五年十月在莫斯科創辦「中山大學」來紀念他。那時候，俄國駐廣州政治顧問鮑羅廷，從國民黨軍政要員的子弟中，精挑細選蔣經國等三十名前往莫斯科「中山大學」留學。

當年十六歲的蔣經國，就讀「中山大學」後，獲准加入共產主義青年團，成為候補共產黨員。不料，一九二七年四月，蔣介石在北伐途中，成立南京政府，進行「清黨」，大張旗鼓，捕殺中共黨員。觸怒了俄國政府。俄國領袖史達林腦羞成怒，強烈報復。一面下令解散國民黨在莫斯科的支部，一面又把中國的留俄學生全部驅逐出境，唯獨扣留蔣經國以作為人質處理，待有朝一日，時機來臨時，史達林可以拿蔣經國作為政治籌碼，和蔣介石討價還價。

在史達林的老謀深算之下，蔣經國先被送進列寧格勒的紅軍軍政學校就讀。不久後，先後被派到農場當農夫，礦場當礦工，在冰天雪地裡，夜晚睡在教堂的車房內。

到一九三三年，蔣經國被轉派到烏拉重機械廠做苦工。由於天資聰明，表現出眾，一年後晉升為副廠長。一九三五年三月，他與廠內一名女工芬娜（亦即蔣方良）結婚生子，育有一男一女。事業家庭，兩相得意。可是仍受到俄共的嚴密監視。

此時在中國，從一九三〇年十二月開始，蔣介石在短短三年多期間，對江西的中央共區連續發動五次的勦共內戰。中共形勢岌岌可危。在經過所謂「二萬五千里長征」的一整年逃難行軍後，共軍終於在一九三五年十月落腳陝西延安，苟延殘喘。蔣介石則立刻調集大軍，大張旗鼓，準備第六次勦共內戰，欲趕盡殺絕，一舉滅共。這下子，激怒了史達林。史達林就拿蔣經國開刀。一九三六年九月，青天霹靂，經國的副廠長職務突被解職，候補黨員也被撤銷。失業又失望，舉目茫茫。經國親自上書史達林，情詞懇切，申請准他回國，始終石沉大海。

㈡西安事變改變蔣經國人生

「山窮水盡疑無路，柳暗花明又一村」，就在蔣經國正深陷於失望和絕望困境的時候，中國發生西安事變。張學良兵諫蔣介石「停止內戰，一致抗日」，使中共絕地逢生。同時也解救了蔣經國，改變了蔣經國的人生。

一九三六年十二月十二日，西安事變的發生，震撼中外。中共領袖們得知蔣介石被捕的消息，莫不歡欣鼓舞，興高采烈，高喊殺掉蔣介石。不料，老謀深算的史達林，獨具慧眼，電令中共救蔣。電文中說：「蔣介石是抗日的，殺蔣必將引起內戰，反而有利於日本侵華。」在史達林看來，爲避免日本北攻俄國，必須利用中國抗日，牽住日本。作爲中國的抗日領袖，張學良不夠格，毛澤東羽毛未豐，只有蔣介石才是全中國抗日的唯一領袖。爲圖俄國自身的安全，史達林只得命令中共救蔣，並以釋放蔣經國回國作爲談判籌碼。

南京政府對張學良主戰派及主和派的錯綜複雜情勢中，澳洲籍顧問端納、宋子文、宋美齡兄妹和中共代表周恩來等人，群集西安，和蔣介石、張學良進行談判。最後，史達林的大謀略成功了。蔣介石點頭答應「停止內戰，一致抗日」，但不書面簽字。蔣介石被釋放回到南京，蔣經國也被釋放回到中國。張學良則主動伴送蔣介石，表示負荊請罪。西安事變就此落幕。

蔣經國的一生以西安事變爲分水嶺。此前，他在俄國隨波逐流，追逐共產主義的理想。此後，他回歸故國，接受三民主義的洗禮。蔣經國留俄十二年的期間，眞正深入基層，和俄國平民打成一片。種過田，做過工，實際體驗到俄國的平民生活，簡單樸素，眞誠善良。此種生活的歷練，成爲他回到中國後，尤其到臺灣後的施政作風。

㈢蔣介石苦心培植蔣經國

一九三七年三月，二十八歲的經國回到奉化縣溪口鎮的故鄉。別離十多年，難得母子溫馨重聚，共享天倫之樂。此時，蔣介石對兒子最放心不下的是，兒子留俄長達十二年，深受共產思想的薰陶，所以，對兒子的首要工作就是思想改造。他規定兒子每天要做功課，細細研讀《曾文正公家書》、《王陽明全集》和《孫文學說》等書，使他調整適應中國的道德思想，重回三民主義的思想路線。

蔣經國返鄉才四個月，七七事變就爆發，中國展開全面抗日。次年的春天，經國結束了他一年的隱士生活，奉命到江西贛州去牛刀小試。江西是昔日中共的發祥地，那時尚未淪陷於日軍手中。經國在江西做過保安處少將副處長、贛州縣長等職務。他在贛南深入基層，腳踏實地，經營地方，尤其注重培養「正人君子」的人才。他所創辦的「幹部訓練班」，大門口的木牌寫著：「做官的莫進來，發財的請出去」。

一九四三年元月，他奉命離開贛南，到重慶出任「三民主義青年團中央幹部學校」教育長，這是國民黨的黨校，由蔣介石兼任校長。可見蔣介石用心良苦，刻意培植兒子在國民黨內建立勢力。此時，經國僅三十三歲，時值盛年。

一九四四年六月開始，日軍爲了打通從中國到南洋的陸上交通線，在中國展開猛攻。華中、華南相繼淪陷，日軍直趨西南邊疆，重慶岌岌可危。蔣介石喊出：「一寸山河一寸血，十萬青年十萬軍」的號召。踴躍的青年從軍運動，很快成軍了。青年軍共有八個師，是當時國軍的生力軍，經國奉命擔任「青年軍總政治部主任」，實際掌控了青年軍。

抗戰勝利前夕，美英蘇三強簽訂「雅爾達密約」，美英兩國答應戰後蘇聯在中國東北取得特別權益，又答應外蒙古獨立，以交換蘇聯對日宣戰，減少美軍登陸日本作戰的生命犧牲。在美國的強大壓力下，經國奉命協助宋子文赴俄談判，簽訂「中蘇友好同盟條約」。當年，史達林送經國去農村，去礦場，去工廠，受盡折磨。「此一時，彼一時」。十四年後，他與史達林在談判桌上，平起平坐，唇槍舌劍，你來我往，折衝樽俎。時代的巨輪，推動歷史人物的起起落落。

二、蔣經國在臺灣的崛起過程

國民政府退守臺灣以後，一則陳誠的勢力籠罩軍政各界，二則經由國民黨的改造運動，把C. C.派的勢力趕出黨務系統，使得陳誠的勢力在臺灣，尤其在軍中，如日中天。可是，這並不為蔣介石所樂見。蔣介石是位脫不開中國傳統封建思想的領袖。依照中國傳統封建思想，帝王傳子，天經地義。因此，蔣介石在臺灣刻意培養蔣經國，建立勢力，以達成其大業傳承的目標。蔣經國在臺灣的崛起過程，簡列如下：

㈠一九五〇年三月一日，蔣介石在臺灣「復行視事」，恢復行使總統職權後，三月二十一日，任命蔣經國為「國防部政治部主任」，以掌握軍中的政治思想教育領導工作。

㈡一九五一年七月，蔣經國在今新北市北投區復興崗，創辦「政工幹校」，以培養軍中的政工幹部，作為控制軍隊的耳目，以制衡黃埔為代表的軍事將領。

㈢一九五二年十月三十一日（蔣介石六十七歲誕辰），「中國青年反共抗俄救國團」（簡稱救國團）正式成立。蔣經國擔任救國團主任長達二十年，掌控全國高中以上青年的軍訓工作。

㈣一九五四年七月，蔣介石設置國防會議，任命蔣經國爲副祕書長。蔣經國就利用「國防會議副祕書長」的權力，緊緊抓住政工系統、特務系統和救國團。在黨政軍系統內，打下雄厚的下層基礎。

㈤一九六五年一月，蔣經國升任「國防部長」（陳誠於同年三月病逝），徹底掌握臺灣兵權。

㈥一九六七年二月，蔣介石將「國防會議」改爲「動員戡亂時期國家安全會議」（簡稱國安會），由總統擔任國安會主席，蔣經國擔任國安會祕書長。國安會成爲直接聽命於總統的「太上內閣」。

㈦一九六九年六月，嚴家淦內閣局部改組，蔣經國由國防部長升爲「行政院副院長」。「蔣經國時代」已經隱然出現。

㈧一九七二年三月，蔣介石蟬聯「第五任總統」，嚴家淦也再度當選爲「副總統」。此時，蔣介石已經八十六歲高齡。嚴家深懂分寸，請辭行政院長兼職。六月一日，蔣經國就任「行政院長」。「蔣經國時代」正式開始。

㈨一九七五年四月五日，蔣介石病逝，嚴家淦依法繼任爲總統。國民黨中常會則於四月二十八日推舉蔣經國爲國民黨主席。

㈩一九七八年三月，嚴家淦「繼任總統」的任期屆滿。嚴氏謙沖爲懷，自動提名蔣經國競選總統。結果，蔣經國順利當選第六任總統。一九八四年，蔣經國再度當選第七任總統，直至一九八八年一月十三日油盡燈熄，病逝爲止。

三、蔣經國的治國智慧

蔣經國是一位具有治國智慧的領袖人物。由於他早年在俄國歷經風霜，接受人生的嚴酷考驗，所以他能苦民所苦，腳踏實地，解決民生問題。在臺灣將近四十年，探求民瘼，走遍各通都大邑或窮鄉僻壤，甚至山之巔、海之濱，處處充滿著蔣經國親民愛民的故事。因此，蔣經國在臺灣能創造出舉世聞名的臺灣經濟奇蹟，誠非偶然。只可惜人不能長生不老，蔣經國謝世後，臺灣的領導人，一代不如一代。政治民主化雖然大有長進，但經濟奇蹟已成明日黃花。誠如論語所說：「人存政舉，人亡政息」。

茲舉出筆者親身體驗的蔣經國的治國智慧三則，介紹如下：

(一)臺灣開放蘋果自由進口

戰後的臺灣，民生不富，而且實施蘋果進口管制。由於官商勾結和奸商囤貨居奇，使得蘋果價格居高不下，蘋果成爲富人的專利食品，輿論群起而攻之，力主開放自由進口。

一九七〇年左右，有一天，筆者在臺北市公路局西站對面的忠孝西路一家水果店購買水果，猛然看到店內懸掛著一幅蔣經國到店採買的大型照片。詢問之下，老闆很親切，娓娓道來。他說有一天，突來幾位便衣隨從，掃描店內外情形。過一會兒，蔣經國座車到了，親切進店問東問西。詢問蘋果進出價格及行銷詳情後，立刻驅車離去。兩天後，報紙便報導蔣經國決定開放蘋果自由進口的大消息。

此則小故事說明蔣經國這個人做事不含糊，不被蒙蔽。他能身體力行，親身深入了解後，才做出明智的決策，充分證明了他的行事風格和治國智慧。

(二)親聆兩則小故事

一九八一年十一月間，筆者有幸參加在陽明山革命實踐研究院所舉辦爲期兩週的文教工作研討會，蔣經國親臨主持結訓典禮。那時候，他的身體已差，舉步維艱，雙手微抖，但神智仍相當精明。在一個小會議室的結訓典禮中，他親口講了兩則耐人尋味的小故事。

一是在一九四九年大陸快淪陷的前夕，他到醫院親訪好友浙江大學的朱校長，告訴他：「時局危急，我們已經爲你準備好飛機座位，希望大家一起撤到臺灣，另起爐灶，共圖大業。」不料，受到婉拒。蔣經國簡單告別他說：「人各有志」。隨即拂袖離開了。

二是在最近隨從遞給我一張「共匪」的空飄傳單。上面印著：「蔣經國先生，久違了。我們已經把你的祖墳整修得很好，我們隨時盼望你回到祖國。」我看了，二話不說，隨即告訴隨從：「那是共匪的統戰伎倆，不要理他。」

上述兩個小故事，蔣經國毫不忌諱，親口說出。顯示他做事乾脆利落，切中時弊。應驗「疾風知勁草，板蕩識忠臣」的古訓，同時，啓迪聽眾勿爲中共的政治統戰所迷惑。

(三)宋楚瑜轉述蔣經國照顧弱勢族群的故事

宋楚瑜長年追隨蔣經國左右最久，眼見故事最多。二〇一一年一月十三日，是蔣經國病逝二十三週年的忌日。宋楚瑜接受「年代電視新聞」專訪的節目上，透露一則感人故事。宋說，一九七〇年代世界石油危機發生的時候，蔣經國深入民間，探求民隱。當他到澎湖時，驚見漁船全部停泊碼頭，不出海捕魚。經國詢問漁民才了解，原因是汽油太貴，出海捕魚，入不敷出。經國回到臺北後，立刻下令補貼漁民出海捕魚的汽油油資。

宋楚瑜以此爲例，在電視上讚揚蔣經國一向「以民爲本」，照顧弱勢族群。可惜宋楚瑜尚未能深入領會到蔣經國的深謀遠慮和治國智慧。平心而論，蔣經國所深慮的是：漁船不出海，海產缺貨，勢必價格大漲，也連動肉品、蔬果及其他貨品的大漲，造成通貨膨脹的惡果。在臺灣，治國智慧如蔣經國者，後繼乏人，且一代不如一代。蔣經國的治國智慧，稱得上是古語所說：「哲人日已遠，典型在夙昔」。

四、蔣經國推動十大建設

㈠蔣經國的決策毅力

當蔣經國於一九七二年六月一日就任行政院長，開始所謂「蔣經國時代」的時候，國家正處於多難之秋，內外交困。外交上，先後發生中華民國被趕出聯合國，美國總統尼克森與中共總理周恩來在上海發表所謂「上海聯合公報」，以及日本與中共正式建交等等重大變故。這一連串的外交風暴，迫使國內新一代的知識份子挺身而出，議論政治，攻擊政府，大有「山雨欲來風滿樓」之勢。可以說，蔣經國是「受命於艱危之際，組閣於多難之秋」。

蔣經國此人從年青時代就在俄國歷經風霜。他體認出臺灣的前途取決於經濟的穩定繁榮。祇要經濟繁榮民生樂利，政治和社會自然安定，國際地位定可水漲船高。因此，他擔任行政院長後，對時局的因應之方，就是排除萬難，作經濟建設，以圖長治久安之計。

一九七三年九月間，蔣經國著手準備進行十大建設。當時，正值第一次世界石油危機發生，全球的經濟普遍衰退，禍及臺灣，出口受挫，國家財力困窘不堪。蔣經國在籌劃十大建設的過程中，很多財經人士憂慮重重，擔心規模如此空前龐大，可能拖垮國家的財政。蔣經國立刻回應一句他的名言：「今天不做，明天會後悔」。

爲了貫徹他的主張，實現他的政策，蔣經國躬親下鄉，召集各地方財主，親作勸募工作，並曉以國家經濟發展對國計民生的未來重要性。結果，民心歸順，踴躍輸將，未聞怨言。當時，筆者有一位長輩，是臺南名醫，也應邀參加蔣經國的早餐會。他聽完蔣經國的講話後，深受感動，慷慨樂捐，全家支持。可見明智的決定、正確的政策，必得民心。在蔣經國的苦心孤詣，辛勞奔走下，終於克服財政困難。蔣經國的決策毅力和治國智慧，無人能及。

(二)十大建設的內容

一九七四年一月，蔣經國毅然決然宣布，正式推動臺灣十大建設，作爲發展經濟的先鋒。這是何等的眼光，又是何等的魅力。十大建設的內容如下：

1. 中山高速公路：北起基隆，南至高雄，連貫基隆及高雄二港口。同時又以支線連接臺中港、桃園中正機場及高雄小港機場，構成南北交通的大動脈。

2. 桃園中正機場：當時是遠東首屈一指的國際機場，促進我國與世界各國的空運和旅遊事業，對國家的經濟貢獻，至大無比。

3. 臺中港：開發臺中港，一可疏解高雄、基隆兩港的貨運壅塞，二可促進中部地區的經濟繁榮，使臺灣地區的經濟與人口平衡發展。

4. 蘇澳港：移山塡海，開發蘇澳港。一可促進臺灣東北部的繁榮，二有益蘭陽地區農林產品的輸出。

5. 北迴鐵路：從臺北建造鐵路到達花蓮。一可使西部與東部的交通更爲便捷，二可促進花蓮港的運輸功能，加速東部資源的開發。

6. 西部縱貫鐵路電氣化：以電力代替柴油行駛火車，提高行車速度，減低能源成本，減少環境汙染。

7. 中國鋼鐵公司：一可帶動相關工業的發展，二可取代過去的鋼鐵進口而能自給自足，並進一步拓展外銷。

8. 高雄大造船廠：與中鋼公司相得益彰，亦可使我國的造船工業更上一層樓，並爭取代造外國船隻。

9. 石油化學工業：指從石油中煉製成各種化學成品，生產基本原料及中間原料，帶動國內工業的進步，促進我國經濟起飛。

10. 核能發電廠：包括北部核能一廠、二廠及南部三廠。一可節省發電成本，二可不受枯水及能源危機之影響。

以上十大建設，前六項都是交通建設，屬於「貨暢其流」的「基本設施」的投資。後四項則包括重工業以及提供工業發展的能源建設。十大建設在蔣經國的全力推動下，創造無數無盡的就業機會，歷經七年的慘澹經營，於一九八一年底大功告成。總投資額約新臺幣二千六百億元，為一九七三年各級政府總支出金額的三點二倍。不僅是中華民國建國史上空前未有的偉大建設，更為往後臺灣經濟發展奠定穩固基礎，帶動臺灣工業發達和商業進步的繁榮景象，終於創造出舉世聞名的臺灣經濟奇蹟。

五、蔣經國的晚年政績

自從一九七二年蔣經國擔任「行政院長」，直到一九八八年蔣經國病逝為止，共計十六年的時間。蔣經國為求安定第一，借著掌控軍警及特務系統來統治臺灣，固然引起反對勢力的攻擊和詬病。可是，另一方面，他也展示了偉大政治家的魄力，以經濟建設臺灣而努力不懈，為奠定臺灣長治久安之根基而預鋪道路。尤其，當他在人生旅途的最後幾年，為了向歷史交代，永垂史冊，他的「晚年政績」有目共睹，有口皆碑。茲分三大項，介紹如下：

㈠本土化政策

1. 親民作風

蔣經國的親民作風，與蔣介石的威武作風，恰恰相反。蔣經國自從當上「行政院副院長」以後，經常深入民間，探求民瘼。不論在山之顛、海之濱、落後的山區、偏遠的離島，都有他的足跡和親民愛民的故事。依據官方統計，他當「總統」四年期間，下鄉一百九十七次，平均每週一次。可以說，他已深深認同臺灣這塊土地。所以，他在晚年的時候，經常說：「我已經住在臺灣四十年了，所以我也是臺灣人。」

2. 中央政府重用臺灣人

臺灣接收後的前面二十多年，國民黨的人事政策是：「中央用外省人，地方用臺灣人」的歧視待遇原則。到了蔣經國掌權的時候，他深刻體認到：國民黨如要在臺灣落地生根，就必須加緊本土化，起用臺灣人。所以，「蔣經國時代」開始，不但國民黨內的中常委臺籍人數大量增加到百分之四十八，就連中央政府首長的臺籍人數也逐年增多。在蔣經國病逝時，由臺灣人擔任的中央要職有：副總統、監察院長、司法院長以及行政、立法、司法、監察等四院的「副院長」、三位「部長」、四位「政務委員」、「臺灣省主席」、「臺北市長」、「高雄市長」等。

(二)民主化的政策

1. 容忍民進黨成立

一九八六年九月二十八日，民進黨在黨禁未解除之時，突如其來，宣布建黨成立，使得國民黨錯愕至極，措手不及。蔣經國在國民黨中常全會中，說出了一句他的名言：「時代在變，環境在變，潮流也在變。」所以此時的他頗能因勢利導，容忍處置。十月七日，蔣經國宣布民進黨如果符合「承認憲法、反共、不得從事臺獨運動」等三條件，國民黨將容許其成立，無異默認了民進黨成立的事實。

2. 提前釋放政治犯

一九八六年十二月六日，增額中央民意代表選舉的結果，新成立的民進黨初聞啼聲，有十二人當選立委，十一人當選國代，尤其「代夫出征」的周清玉以最高票當選，意義非凡。就連一向爲國民黨禁臠的勞工團體「保障名額」兩名，也被民進黨搶奪過去。民意所趨，大江東流擋不住。蔣經國領悟時局，於翌年一月二十日，將美麗島事件的政治犯姚嘉文等二十六人，提前釋放出獄。

3. 解除戒嚴及黨禁

一九八七年六月十五日，在國民黨推動下，立法院制定「國家安全法」。把蔣經國容忍民進黨成立的三個條件：「不得違背憲法、主張共產主義或主張分裂國土」，列入「國家安全法」三讀通過。七月十四日，蔣經國正式宣布臺灣、澎湖地區解除戒嚴（不包括金馬和東沙、南沙群島）。同時，以前依據戒嚴法所訂定的三十種行政命令也一併廢除。臺灣實施長達三十八年的戒嚴，終告解除。

沒有了戒嚴法，人民恢復結社自由，黨禁也就自然解除了。因爲在戒嚴法之下，人民是不得組織政黨的。

4. 解除書禁

同年八月十日，行政院新聞局宣布開放大陸出版品進口。對於大陸作家的作品，只要不宣傳共產主義，可以個案進口。於是，實施三十多年的「書禁」也局部解除。此後，在實際上，禁不勝禁，大陸各種書籍充斥臺灣各書局和書攤。臺灣人看到這般多的大陸書刊，大多數僅是翻翻而已。在以往嚴禁的時代，在好奇心的驅使下，違禁搶著偷買的人很多。現在不禁了，大陸書刊反而乏人問津。

5. 開放大陸探親

蔣經國開放大陸探親是基於「人道考量」。因爲很多老兵當年在大陸都是被捉去當兵的，半生隨軍流落臺灣，思鄉心切，晚景悽涼。在正式開放探親之前，偷偷跑回大陸探親的人數，已經多達八千多人，滯留大陸不回臺灣的只有六百多人。這些老兵原在大陸有妻室者，經過三十多年，幾乎都已改嫁。

一九八七年十月十五日，「內政部長」吳伯雄宣布：除現役軍人及公職人員外，凡在大陸有三等親以內血親、姻親或配偶的民眾，均可向紅十字會登記，赴大陸探親。在實際上，大陸探親一開放，臺灣同胞一窩蜂以探親名義，赴大陸旅遊觀光，形成一股持續不斷的熱潮。

6. 解除報禁

同年十二月一日，行政院新聞局宣布從一九八八年一月一日起，解除「報禁」。臺灣實施三十多年的「報紙登記限制」和「報紙增張限制」，至此解除。從此，大報小報充斥市面。可是小報缺乏競爭力量，漸漸自然淘汰。由是觀之，國民黨治國根本不懂「優勝劣敗，適者生存」的道理。當初在臺灣實施報禁和書禁的諸多政策，實在是「天下本無事，庸人自擾之」的失敗政治。

㈢為臺灣奠定長治久安之根基

1. 兩度公開宣布蔣家人士不競選下任總統

一九八五年八月十六日，蔣經國接受香港記者採訪時宣布：「將來國家元首一職，由蔣家人士繼任一節，本人從未有此考慮。」正式否認了他有「傳子」的意圖。同年十二月二十五日，蔣經國在國民大會主持行憲三十六週年慶祝大會上，又宣布兩點：「(1)經國的家中有沒有人會競選下一任總統呢？我的答覆是：不能也不會。(2)我們有沒有可能以實施軍政府的方式來統治國家呢？我的答覆是：不能也不會。」

2. 外放王昇和蔣孝武

蔣經國爲了清除國人對於軍政府統治臺灣的疑慮，早在一九八三年九月就把那時在軍政各界「權傾一時」的王昇將軍，外放到南美洲巴拉圭做大使，王昇被打入冷宮。其次，蔣經國又爲了進一步澄清國人的疑慮，並預防蔣孝武被人利用，就在一九八六年二月，突然任命蔣孝武爲駐新加坡商務副代表。至此，「傳子」的流言自然消失。

3. 安排接班人

蔣經國晚年罹患糖尿病，從一九八〇年起就陸續住院，身體漸弱。到一九八三年，由俞大維和陳立夫推薦一位老中醫診病後，病情奇蹟式地好轉。此時，蔣經國已經七十三歲高齡。一九八四年二月，國民黨十二屆二中全會召開，在大家極度關切下，經國毅然宣布李登輝爲「副總統」候選人。國人對於蔣經國挑選李登輝接班的看法，眾說紛紜。可是爲大家所接受的兩個理由，應該是符合了蔣經國晚年所推動的「本土化」和「民主化」兩大政策。那時，李登輝是臺灣青年才俊，符合「本土化」政策。李登輝沒有兒子，「無後爲大」，符合「民主化」政策。因此，安排李登輝接班，將來的施政，李登輝如能「好自爲之」，臺灣的長治久安，遠景可期。

六、蔣經國的歷史評價

蔣經國生於將軍之家，長於憂患之世。青少年時期原本是懷著雄心壯志，遠赴俄國留學深造。不料，他的父親蔣介石在中國雷厲風行，反共清共，要剷除共產黨在中國的發展，激怒了俄共領袖史達林。於是，史達林拿蔣經國開刀，把蔣經國扣留在俄國，當作「人質」處理。這樣一來，蔣經國不但流浪異邦，而且受盡折磨苦難，嘗盡人間辛酸。後來，拜西安事變之賜，一九三七年蔣經國得以恢復自由，結束異邦人質生活，回歸故國。他的生活和事業從此由共產世界轉入另一個完全不同的故國社會，最後竟成爲統治臺灣的中華民國總統。

蔣介石在臺灣，爲了「反攻大陸」的迷夢，爲了鞏固自己的權位，進行「萬年國會」、「終身總統」以及「威權統治」的極權政治。民生獲益不多，反攻大陸也終成泡影。可是蔣經國接棒後，表面上「父規子隨」，可是在實際上，他則能認清大局，不作「反攻大陸」的迷夢，而腳踏實地，穩紮穩打，爲乃父「處理善後，並開創新局」。

蔣經國在臺灣，全力推動「發展經濟」、「民主化」以及「本土化」等三大政策，建設臺灣，使臺灣民生樂利，人人安居樂業。而且，大量起用臺灣人才，以臺治臺，奠定臺灣民主政治的基礎，擺脫殖民統治臺灣的色彩。尤其，到了晚年，宣布解除戒嚴，黨禁由此也獲解除，在臺灣開創成功的「寧靜革命」，開啓往後臺灣政黨輪替的民主政治。不僅如此，他開放大陸探親的壯舉，使兩岸關係「化干戈爲玉帛，轉戰爭爲和平」，開創兩岸和平發展的新局。這是何等的眼光，又是何等的魄力。此項旋轉乾坤的偉大工程，當時只有蔣經國，以他的地位和高瞻遠矚才能成事，非任何其他人所可取代和企及。

在蔣經國時代，雖然遭遇一九七三年和一九七九年的兩次世界石油危機，世界各國普遍經濟衰退蕭條，唯獨臺灣少受影響[4]，而且公教人員年年調薪，弱勢平民受到特別照顧。臺灣在世界性的經濟恐慌中，獨樹一幟，民生爲先，社會安定。由此緣故，臺灣的全體同胞不但感懷蔣經國的德政，就連國民黨本身，每逢選舉熱季，從不提及蔣介石而搬出蔣經國作招牌，爭取選民支持。由是觀之，蔣經國在臺灣史上的貢獻和地位屹立不搖，永垂不朽。

第四節　臺灣的經濟發展

一、經濟快速恢復時期

一九四五年八月十五日，第二次世界大戰結束以後，國民政府派遣陳儀集團接收臺灣。由於 接收人員的貪汙腐敗，使接收變成劫收，臺灣經濟陷入萬劫不復的恐慌狀態。所幸，不久以後，陳誠主政臺灣，扭轉乾坤，才使臺灣經濟在一九五〇年代迅速恢復。

一九五〇年代臺灣經濟迅速恢復並快速發展的因素很多。舉要如下：

1. 陳誠的三大新政：陳誠自一九四八年一月擔任臺灣省主席以後，在臺灣實施幣制改革、土地改革以及扶植民營企業等三大新政都很成功。爲穩定金融，安定農村，以及發展工業，奠下基礎。

2. 日本的統治基礎：日本治臺半個世紀，不但在臺灣建立了工業基礎，更在臺灣建立了法律秩序，人民養成了守法精神及辛勤勞動的習慣，能配合政府政策，從事經濟建設。

3. 兩岸的停止往來：中國大陸淪陷前幾年，不但大陸的經濟恐慌波及臺灣，臺灣的米糧物質大量輸往大陸，支援國共內戰，大批逃難的軍民湧入臺灣，臺灣人口突然膨脹，米荒雪上加霜。一九四九年二月開始，「港口封鎖」才遏止了此一惡化局面。

4. 美援的雪中送炭：從一九五一年開始，美國以每年約一億美元的規模，將剩餘農產品和資本設備等援助臺灣，發展農工業，直至一九六五年爲止。美援長達十五年，總金額高達十五億美元，占此一時期臺灣進口總金額的百分之四十，彌補此一時期臺灣的資本不足。

5. 歐美的工資上漲：一九五〇年代，歐美工業先進國家，由於工資不斷上漲，使勞力密集的工業無法生存，而轉向當時人力充足，工資低廉的亞洲，如臺灣、南韓、新加坡等國家發展。由此造成一九六〇年代以後，臺灣大力發展勞力密集的工業，如紡織業等，以增加人民就業機會。

二、加工出口業時期

一九六〇年代，是臺灣經濟高度成長時期。此一時期，臺灣人的生活水準還不是很高，工資低廉。

因此，政府就發展以廉價勞工爲主導的「加工出口業」。爲求配合，政府陸續頒布「獎勵外國人投資條例」、「技術合作條例」等法令，以減免租稅爲手段，希望在美援停止後，吸引外資，促進工業發展，帶動社會繁榮。一九六六年，「高雄加工出口區」正式啓用以後，立刻吸引了約一百萬的農村過剩人口投入加工區，參加生產行列，以達成「充分就業」的目標。把臺灣的工業由內銷時代轉變爲外銷時代，促成經濟的高度成長。

一九六九年一月，增設「楠梓加工出口區」。到十一月，又將原來的「潭子工業區」改爲「臺中加工出口區」，以發展精密儀器裝配工業爲重點。這些加工出口區的功能很多，包括引進外資、增加就業機會、增加出口貿易以及增加外匯收入，引進國外的先進生產技術等，對於臺灣從六十年代後期到七十年代的「經濟起飛」，貢獻良多。

到一九七〇年代，臺灣經濟在基本上，仍然延續著以廉價勞工爲主導的「出口加工業」。可是，遭遇一九七三年和一九七九年兩次世界石油危機，成長速度大打折扣。在此時期，由於政府的應付得宜和國人的勤奮努力，使臺灣安渡重重危機，履險如夷。從一九七四年起，政府大力推動十大建設，緊接著，一九七八年起，又進行十二項建設。蔣經國的高瞻遠矚，大刀闊斧，連續進行十大建設和十二項建設，創造了大量就業機會，使國民所得提高，資本累積增加，經濟邁入繁榮發展的階段。臺灣因此被排入新興工業化國家的「亞洲四小龍」行列。「亞洲四小龍」是指臺灣、南韓、香港、新加坡。

三、高科技產業時期

一九八〇年代以後，由於受到一九七九年第二次石油危機引發的世界性長期不景氣的影響，臺灣的出口和經濟成長開始減退。因爲臺灣的原油全靠進口，經濟型態又以外貿爲導向，所以臺灣受到世界石油危機的衝擊最大。已經平穩二十多年的物價，突然飛漲，而且，各種不利於臺灣經濟發展的因素，同時發生，迫使臺灣的製造業外流，紛紛移到中國大陸和東南亞各國去設廠投資。這樣一來，臺灣島內的經濟，不得不由「加工出口業」轉型爲「高科技產業」。茲將其原因，簡列如下：

1. 歐美先進國家的保護主義抬頭，恢復進口限制。
2. 新興工業化國家，尤其亞洲四小龍國家之間的競爭，越來越激烈。
3. 中國大陸及鄰近開發中國家的廉價勞工，開始嚴重威脅臺灣的加工出口業。
4. 一九八四年政府公布實施「勞動基準法」以後，資本家的負擔加重。

因爲以上的因素，迫使臺灣的經濟發展不得不改弦易轍。臺灣的工業由勞力密集型的「出口加工業」轉型爲發展資本和技術密集型的「高科技產業」，這便是一九八〇年創設「新竹科學工業園區」的濫觴。爲進一步擴大和發展高科技產業。一九九〇年，政府公布「促進產業升級條例」，全力發展通訊、資訊、電子半導體、航太等科技新興工業。在此一趨勢和政府的政策鼓勵下，一九九五年政府再度創設規模更大的「臺南科學工業園區」，二〇〇三年政府又再推動「臺中科學工業園區」，預期形成「北積體電路，中奈米，南光電」各具特色的高科技產業中心，同時促進區域平衡發展。

四、臺商對大陸經濟發展的貢獻

臺灣六十多年來經濟上的突飛猛進，舉世矚目，被世人稱為經濟奇蹟。每年平均國民所得從一九五二年的一百八十六美元，大幅提升到二〇一〇年的一萬九千一百五十五美元。五十八年間增加達一百零三倍。在國際貿易方面，也由以出口農產品為主的貿易逆差國家，發展成為出口高科技及工業產品為主的貿易順差國家。二〇一一年，累積了高達四千億美元的外匯存底，高居世界第四位，僅次於中國、日本、俄國，舉世刮目相看。

雖然如此，臺灣的經濟也有其基本弱點。臺灣是個典型的海島型國家，沒有石油和鐵礦等地下資源。經濟奇蹟全靠人為的努力和奮鬥。自古以來，臺灣經濟高度仰賴國際貿易，所以國際上經濟的風吹草動，均直接影響臺灣的經濟成長。每遇國際經濟不景氣發生時，臺灣的經濟首當其衝。一九七〇年代的兩次世界石油危機，二〇〇八年開始的美國金融風景，以及二〇一一年的歐債危機，在在造成臺灣的股票崩落，經濟嚴重挫折，此為臺灣經濟發展的致命傷。

另一方面，從經濟的角度而觀，只要有利可圖，商人便趨之若鶩，此為自然現象。臺灣從一九八〇年代開始，製造業日趨沒落，漸漸轉型為高科技產業。尤其，一九八七年臺灣開放大陸探親以後，由於那時大陸經濟尚未崛起，工資低廉，土地便宜，加上中共鼓勵臺商前往投資設廠，這些因素造成臺商大量湧向大陸投資設廠。據統計資料，截至二〇一一年為止，在中國大陸的臺商已經高達八萬家，投資金額超過二千億美元，如此規模龐大的投資，創造出幾千萬個就業機會。不但大大提高大陸同胞的生活水準，也是二十一世紀以來大陸經濟崛起的重要因素之一。昔日，蔣介石在臺灣高喊：「反攻大陸，解救大陸同胞」。終其一生，徒托空言。往後，臺商大量湧向大陸投資設廠，創造大陸同胞無數無盡的就業機會，腳踏實地，解救大陸同胞。蔣介石做不到的事，臺商反而做到了，此為有趣的「史外一章」。

第五節　臺灣的人口演進

一個國家人口的質和量，及其成長演進過程，代表著它的社會內容和政治變化。在日治時期以前，臺灣人口數量沒有正確可靠的數據，只能靠推斷來說明。為了解臺灣有史以來的政治和社會演進內容。茲將各主要歷史階段裡，臺灣的人口數量及特點分成九個階段，說明如下：

一、人口演進的九階段

1. 荷蘭統治時期：原住民約十五萬人，臺灣人（亦即漢人移民）約五萬人，兩者都居住在臺灣西部平原，合計約二十萬人。可是卻受到二千八百多位荷蘭官兵的殖民統治。

2. 明鄭統治時期：原住民被趕往山區，謀生困難，人口減為十萬多人。鄭成功及鄭經先後率領軍民兩度退守臺灣。臺灣漢人占領西部平原，大肆開發，人口驟增爲三十多萬人。臺灣開始從「原住民的社會」轉變爲「漢人的社會」。

3. 清朝統治時期：清朝統治臺灣二百一十二年期間（一六八三年至一八九五年），大批的漢人偷渡客冒險犯難，渡海來臺。到乾隆中期，漢人人口已近百萬人。道光末期，接近二百萬人。在一八九五年，中日簽訂馬關條約的時候，臺灣人口已增加到二百五十萬人。但此時，原住民已萎縮到十五萬多人。臺灣成爲漢人移民的天下。

4. 日本統治時期：一九〇五年，日本統治臺灣已屆十年。日本移民來臺有六萬人，加上那時的臺灣人三百零六萬人，臺灣人口共約三百一十二萬人。到一九四五年，日本戰敗結束治臺的時候，在臺的日軍和日僑共約五十萬人，臺灣人共約六百一十萬人，原住民十六萬人，合計六百七十六萬人。日本軍民遣送回國後，臺灣人口數爲六百二十六萬人。

5. 臺灣接收初期：一九四五年九月到一九四七年二月爲止，這一年半的期間，國民政府派遣來臺接收的大陸軍民有五萬多人。隨後，因爲國共內戰局勢惡化，大批撤退來臺的七十萬大軍和八十萬軍眷及難民，使臺灣人口暴增。一九五〇年，臺灣戰後嬰兒潮加上從海外返臺的軍伕和臺僑，使臺灣人口驟增到七百八十萬人，再加上一百五十萬的大陸軍民，臺灣人口共計約九百三十萬人。大陸籍人口占臺灣總人口數的百分之十六。

6. 推動節育時期：臺灣光復後不到二十年，因爲經濟發展，生活漸富，家家多產多子，造成了人口爆炸的國家沉重包袱。一九五八年，臺灣人口數突破一千萬人。四年後，政府感到問題嚴重，開始大力推展家庭計畫，推出了「一個孩子不嫌少，兩個孩子恰恰好」的響亮口號。

7. 優生保健時期：家庭計畫推行二十年，效果不彰。到一九八四年，臺灣人口已經突破一千九百萬人。二十年間，人口增加幾近一倍。政府又感到人口「品質」的重要，於是，從一九八五年元旦起正式實施「優生保健法」。透過人工流產合法化，以減少殘障人口的誕生，逐步提升臺灣人口的品質。

8. 人口老化時期：二〇一〇年，臺灣接收已經六十五年。一方面，此六十五年間所出世的新生代，教育水準大大提高，屏棄傳統多子多孫的老觀念，大力節育，所以幼齡人口開始減少。另一方面，由於醫學的進步，養生技術的提高，壽命普遍延長。一九四五年臺灣接收後所出生的戰後嬰兒潮人口，從二〇一〇年起，已開始變成六十五歲以上的白髮老人，使臺灣進入了「人口老化時期」。

9. 少子化時期：臺灣人口在一九八四年突破一千九百萬人。到一九九九年，人口緩增到二千二百萬人。十五年間，僅增加三百萬人。在表面上，人口總數是增加了。可是在實際上，是出生率在減少，老年比率在增加。回顧臺灣接收後的前四十年，總人口數急速增加，固然造成嚴重的社會及經濟問題，迫使政府大力推行家庭計畫的節育運動。可是到一九八四年以後，開始產生了另外一個相反的問題，就是老年人漸多，幼齡人口減少的「少子化問題」。

二、「人口老化」和「少子化」的分析

臺灣「人口老化」和「少子化」兩個問題同時浮現以後，必然產生下列問題：

1. 在教育方面：就學人口逐年減少後，早已發生私立學校招生不足或關門大吉的後果。

2. 在經濟方面：「生之者寡，食之者眾」的現象，未來將日漸嚴重。「以少養多」的現象不可避免。

3. 在國防方面：役齡子弟逐年減少，影響兵役制度。不過，從二〇一四年起，國軍將由徵兵制改爲募兵制，此一問題當可自然解決。

4. 在社會方面：老年人的安養問題日趨嚴重，家庭負擔和社會負擔也勢必日益增加。

平心而論，「人口老化」和「少子化」兩個問題同時發生，交互作用造成很多問題。全是因爲教育發達，民智高張所致。年輕一代，受過高等教育後，深知他日養兒育女的責任重大，支出龐大，造成不婚、晚婚甚至婚後不生的現象非常普遍。所以，「少子化」其來有自。此與老一輩「多子多孫」的落伍時代，完全背道而馳。因此，自從「少子化」問題浮現以後，輿論界憂心重重，屢屢敦促政府正視問題，解決問題。然政府始終提不出具體有效的方案。

馬英九總統聽信建言，在建國百年的元旦講話強調，「少子化」問題已經影響到我國的國力，宣布將此問題提升到國安層級處理，國內媒體莫不大幅報導。結果，只是喊喊口號而已，久久不見立法行動或政策實施，犯了國民政府「光說不練」的陋習。實際上，「少子化」問題根本就是個「經濟問題」。政府只要全力推動經濟發展問題，使得民生均富，家家養得起小孩的生活照顧及教育費用，就不勞總統去喊口號，問題自然可以迎刃而解。

另一方面，在基本上，臺灣是個島國，根本缺乏地下資源，要養活狹土眾民，全靠人爲努力和奮鬥。目前，臺灣人口密度高居世界亞軍，僅次於孟加拉這個落後國家。臺灣失業問題嚴重，久久未能解決。將來年輕一代人口如再增加，勢必增添就業問題的嚴重性，不利國計民生。因此，少子化、人口減少，未必是壞事，不必杞人憂天。

就長遠而觀，長痛不如短痛。臺灣人口問題是一波一波地來，又一波一波地去。「人口老化」問題僅是短暫現象，再過二十年後，就會日漸離臺灣而去。「少子化」問題則應以長遠眼光，泰然處之，不必去憂心多慮。因爲當前臺灣人多事少，人浮於事，失業問題久久未能緩和。要解決嚴重的就業問題，正本清源之道，應賴「少子化」去自然解決問題。在「少子化」二十年後，新生一代長大成人，進入社會服務後，事少人也少，應可達成「充分就業」的目標，建立「民生富裕，安和樂利」的社會。

第六節　臺灣的教育發展

臺灣教育的發達，自臺灣接收以後才開始。日治時期，臺灣在日本的殖民教育政策之下，學校教育僅止於國民小學教育，而且臺灣子弟就讀的學校和日本子弟就讀的學校分開，臺灣子弟學校的素質遠不如日人學校的素質。何況在臺灣，大學只有一所，就是臺灣大學。此外，臺灣人無法在本地修讀人文社會科學。要修讀人文社會科學必須遠赴日本留學，然人數寥寥無幾。沒有人才，就沒有未來。這是在日治時期臺灣前途最大的殷憂。

臺灣接收後，在政治方面，臺灣人雖然飽受國民政府的壓制和摧殘。可是在教育方面，臺灣人卻能充分享受教育普及、教育平等以及高等教育等的重大權益。此爲當前臺灣經濟繁榮、政治進步等的基本動力。

茲將臺灣接收後在教育方面的發展和問題，分成四個層次，介紹如下：

一、接收後，前五十年的教育成就

1. 教育普及：臺灣從一九六八年正式實施九年國民義務教育，將國民義務教育由六年延長爲九年。原有初級中學從此改稱國民中學，國民小學畢業生一律免試進入國民中學就讀，初中入學考試從此取消。到二〇一一年，兒童的就學率幾乎已達百分之百，開創了我國國民教育的新境界。

2. 聯招制度教育平等：臺灣接收之初，全國僅有今天的臺大、師大、興大、成大等四所大專學校，採取個別招生。考生疲於奔命，到處繳交報名費，又常重覆錄取，造成各校缺額。爲同時解決這些缺點，更爲求教育公平，杜絕人情壓力。從一九五四年起，這四所大學開始辦理聯合招生。此例一開，各級學校的招生，相繼仿效，採取聯招制度，蔚爲臺灣教育史上的一大成就。聯招制度的最大優點，就是公平競爭，教育平等。

3. 高等教育突飛猛進：爲了迎合臺灣接收後人口的大量增加和經濟的快速發展，臺灣的教育水漲船高，突飛猛進。大專院校由一九五〇年的七所擴增到二〇一〇年的一百六十四所，增加二十三倍。大專學生也由一九五〇年的七千六百六十人擴增到二〇一〇年的三十四萬三千六百零三人，增加一百七十五倍。碩士班在一九五〇年僅有五人，博士班一直到一九五六年才有一名學生。到二〇一〇年，完全改觀，碩士班學生多達十八萬四千九百三十七人，博士班學生也高達三萬四千一百零五人。

4. 技職教育後來居上：爲因應一九六〇年代臺灣經濟快速發展所需的大量中級技術人才，政府從一九六四年起陸續核准大量專科學校創辦成立，並於一九六八年教育部增設技職教育司，專司其事。到二〇一〇年，全國高職共一百五十六所，學生共三十六萬二千一百五十四人；技職院校八十七所，學生共六十三萬一千九百八十人。學校校數和學生人數都超過普通教育體系。

5. 私立學校蓬勃發展：臺灣接收後，私立學校大量興起。不但減輕了政府的教育經費負擔，也爲國家培養各類人才，功不可沒。到二〇一〇年，全國共有高中三百三十五所（公立一百九十所，私立一百四十五所）；高職一百五十六所（公立九十二所，私立六十四所）；大專院校一百六十四所（公立五十二所，私立一百一十二所）。私立學校總校數接近公立學校。可是私立學校專靠學生所繳學費維生，故需大量招生，以廣財源，造成私立學校的學生總人數超過公立學校。

二、禁止使用方言的失敗教育

日本治臺之初，由於語言不通，無法殖民統治臺灣，遂透過小學教育，全面推動學習日語運動。

到日治末期，教育有成，臺灣學童就學率達八成以上，臺灣人講日語普遍朗朗上口。一九四五年十月二十五日，臺灣接收後，中臺語言不通，不利殖民統治，故事重演。一九四六年四月二日，陳儀政府迅即成立「臺灣省國語推行委員會」，在各縣市設置「國語推行所」。國語的推行主要是透過教育體系進行，與日治時期方法相同。

到一九四九年底，政府退守臺灣以後，推行國語加緊步伐，以利加速實現臺灣「中國化」的政策。一九五一年七月十日，臺灣省教育廳通令各級學校應以國語教學，嚴禁使用方言。所謂「方言」包括臺灣本地的閩南語、客家話以及各種原住民語言。因此，「推行國語」和「禁止方言」同步進行。禁用方言，從小學生開始下手。小學生如說一句臺語，就會遭到罰款或打嘴巴的處罰。

一九六四年，政府通令各機關學校在辦公時間內一律講國語，電臺和電視臺使用方言不得超過一定限度。一九七四年，臺視播出臺語連續劇「雲州大儒俠」，風行全臺，廣受歡迎，得罪當道。新聞局終於在該年六月下令禁播。

「推行國語」是名正言順的「當然之舉」。可是「禁止方言」則是歧視臺灣的「天下奇聞」。日本治臺從未禁止臺灣人使用方言。中國大陸各省各地的方言，成百上千種，從不禁止使用。甚至逃到臺灣的外省人，照常講他們的浙江話、廣東話、四川話等等，從不禁止。爲何獨獨要臺灣人禁用臺灣方言呢？司馬昭之心，路人皆知。目的在消滅臺灣方言，消滅臺灣文化。全世界的國家各種方言總共也在成千上萬種之多，也從未有哪一個國家禁止國內某一地區人民使用方言。所以國民黨政府的此項創舉，即無知又荒唐可笑。這是在威權統治之下，對臺灣人民的「嚴重歧視政策」，企圖「消滅臺灣文化」，是臺灣人民的奇恥大辱。

在往後的臺灣歷史上，民主政治進步興起，大小選舉日益增多。臺灣總人口數裡，外省人比例僅占百分之十五。在民主政治中，不但地方選舉，就連總統大選的時候，外省籍的候選人爲了選票，無不自動自發，拼命學習臺語，穿插臺語或使用臺語，發表政見，以利拉攏選票。這就是國民黨政府殖民統治臺灣，規定且厲行「禁止方言」的當頭棒喝和最大諷刺。

三、從一九九五年起的教育改革

1. 積極推動教育改革：接收後的五十年間，臺灣固然表現傲人的教育成就，帶動經濟發展和政治進步。可是隨著社會進步和人口演變，臺灣的教育也跟著浮現出一些新問題，挑戰著臺灣未來的教育。因此，一九九五年行政院聘請中央研究院院長李遠哲主持召集「教育改革審議委員會」（簡稱教改會）。教改會廣徵各方意見，深研各項議題，終於在一九九七年完成教育改革報告書，提供行政院做爲參考依據。

2. 逐年廢除聯招制度：受到臺灣人口結構改變的影響，從一九九〇年代起，臺灣學齡兒童平均每年遞減約一萬多人，大專院校又大量增校增班，以致於各級聯招錄取率年年提高，勢無止境。「人人可上大學」的時代，早已來臨。甚至有些私立學校「招生不足」、「關門大吉」。聯招激烈競爭的時代，已成明日黃花。時勢所趨，從九十一學年度起，廢除各級學校的聯招制度，改採考招分離新制。聯招制度成爲歷史名詞。可是，新的考招分離制度依然傾向考試，且更複雜，公平性也飽受質疑，容後分析。

3. 技職教育體系提升：爲因應國家經濟轉型爲「高科技產業」的需要，並開闢技職體系學生的升學管道。政府從一九九五年起開放專科學校升格爲技術學院，也開放技術學院升格爲科技大學，並可附設研究所。一九九五年時，全國有高職二百零二所，專科學校七十四所，技術學院七所，尚無科技大學。可是到二〇一〇年，短短十五年期間，則演進爲高職九十二所，專科學校十二所，技術學院十四所，科技大學四十四所。技職教育不但建立體系，也提升地位。

4. 拉近公私立學校學費：以往公立大專院校經費，悉賴政府編列預算支應，所以學費低廉。私立學校經費全靠學生所繳學費維持，所以學費高昂。高低之間，相差三倍以上。百分之六十以上的私立學校學生的家長，所繳納之稅款被政府挪去補助公立學校，還要多繳高學費給子女去唸私立學校，造成天下極不公平的現象。有鑑於此，政府從一九九一年開始，逐年調高公立學校學費，同時提高政府對私立學校的補助款，以期縮小公私立學校資源之差距，使學校雖有公私之分，學生卻無公私之別。

5. 建立終身學習教育：根據行政院教改會報告書的建議，新世紀是終身學習的世紀。由於科技進步一日千里和社會變動的日新月異，所有民眾不分老少，都應有機會重返校園再進修，使人人可以「時時學習，處處進修，日日成長。」因此，在政府推動「回流教育」的政策下，從一九九八年起，各級學校都幾乎附設補校或進修推廣部，以應「終身學習世紀」的需要，提早實現「臺灣升級」的教育政策目標。

四、教改的失敗及問題

1. 教改的失敗

自從一九五四年創立大學聯招制度以來，廣受各界讚美和肯定，很多人都稱讚臺灣有兩件最公平的制度，一是聯招，一是兵役。不料，一九九〇年代開始，有人因爲分數低錄取不到理想學校，提出批評「聯招一試定終身」，主張聯招這隻「怪獸」必須革除。在此種氣氛下，行政院委託李遠哲召集三十一位委員組成小組。研議結果，一九九七年提出教改報告，內容包括「課程內容」和「升學制度」的改革。「課程內容」的改革，包括九年一貫課程、建構式教學。「升學制度」的改革，包括國中基本學測，大學多元入學方案。

到執行階段，九年一貫課程把那時教育部剛剛完成的國小、國中、高中新訂課程，一舉打亂，前功盡棄。建構式數學實施不到三年，發現不切實際，飽受各界攻訐，教育部主動宣布廢除。國中基本學測實際上是高中聯考的復活，走聯招的回頭路。至於大學多元入學方案，所受批評和指責最多也最烈。它分爲三種入學管道：

(1) 「申請入學」，就像以前的保送入學，無大差異。

(2) 根據學測成績參加「甄選入學」，學測也是考試。在「甄選入學」制度之下，一個學生可同時申請六個校系，學生到處跑，到處繳交報名費，勞民傷財，「多元入學」變成「多錢入學」，弱勢學生望門興嘆。

(3)「指考登記分發入學」更是以前大學聯招的完全翻版。

原來的大學聯招，公平公正，簡單扼要。教改後的結果，多元入學管道和新的成績評量方式，公平性飽受質疑，且又錯綜複雜。考生和家長都被搞得頭昏腦脹，怨聲載道。

從九十一學年度起，教育部廢除大學聯招的好制度，改採大學多元入學方案。簡單公平的聯招好制度，換來複雜萬分的多元入學管道。學生必先參加「學測」，根據學測成績「甄選入學」。其次，學生又須先參加「指考」，根據指考成績「登記分發入學」。結果「多元入學」變成「多考入學」。學生到處繳交報名費，「多元入學」也變成「多錢入學」。最嚴重的是：「升學主義」並未隨之減輕，「考試領導教學」的現象依然存在。可以說，教改的結果是「換湯不換藥」，而且「劣幣驅逐良幣」。難怪教改啓動後，引發社會各界和輿論的大張撻伐，不足驚奇，此爲教改的失敗。

2. 大學數量供過於求

當一九九七年教改報告書出爐的時候，臺灣「少子化」的現象早已發生。李遠哲主持的教改會竟然視若無睹，建議「廣設高中和大學」，希望以「小校小班」的構想，讓明星學校自然消滅。想法天眞，不切實際。教育部從善如流，盲目遵照辦理。此事發展到九十九學年度時，全國共有一百六十四所大專院校，學生共達一百三十四萬多人。小小臺灣，大學如此多，學生如此眾，中外僅見。不僅如此，明星學校不但沒被消滅，相反地造成大學入學錄取率達到百分之百，學生素質降低，大學數量供過於求。最嚴重的是，大多數大學生「畢業就失業」。很多大學生畢業後，走投無路，只好以投考研究所做爲避難所。可是碩士或博士班畢業後，照樣面臨失業窘境。大專院校的教學功能，喪失殆盡。

教改會主張「廣設高中和大學」實施的結果，造成「畢業即失業」的普遍現象。此爲教改失敗的又一例證。

3. 高學歷高失業率

最近五年，全國博士、碩士畢業生人數之龐大，列出如下表。博士、碩士生人數，年年增加，勢無止境。以九十九學年度爲例，清大、交大、師大、中央、中山、陽明、高師大等七所國立大學碩士班、博士班的學生總人數，竟然超過學士班的學生人數。就連技職校院也紛紛准設碩士班、博士班。教育部易放難收，任其蔓延滋長。九十九學年度，全國各大學院校，碩士班總人數爲十八萬四千九百三十七人，博士班總人數爲三萬四千一百零五人。碩士生是博士生的五點四倍。大量製造，大量生產。街頭巷尾流傳一句話：「碩士滿街跑，博士到處可見」。這些碩士博士畢業後大多面臨失業，因此，「高學歷高失業率」早已成爲茶餘飯後的老生常談。

博碩士畢業人數統計

學年度	博士	碩士
九十五	二千八百五十人	四萬九千九百七十六人
九十六	三千一百四十人	五萬四千三百八十七人
九十七	三千五百八十九人	五萬七千六百七十四人

學年度	博士	碩士
九十八	三千七百零五人	五萬九千四百九十二人
九十九	三千八百四十六人	六萬零二十四人
合計	一萬七千一百三十人	二十八萬一千五百五十三人

以博士而論，九十八學年度有三千七百零五位博士畢業，大多數舉目茫茫，不知何去。爲處理善後，國科會二〇一〇年編列十六點五億元的龐大預算，吸納二千四百六十二位博士到國科會擔任「博士後研究員」的工作，月薪五萬五千元。在產業不景氣和少子化的衝擊下，想往產業界和教職發展的名額，相當有限。最後，只有「自求多福」之一途了。教育政策脫離社會需求是最嚴重的教育失策。

第七節　臺灣的社會演進

兩蔣治臺合計四十年，是臺灣史上社會變動最大的時期。在經濟上，日治時期已爲臺灣經濟奠定發展工業的基礎。到了兩蔣治臺的時期，臺灣正式由農業社會走向工業社會。工業蓬勃發展的結果，對於人口的流動，農地的萎縮，新興都會的崛起，以及家庭結構的改變，在在改變臺灣的社會面目。另一方面，在政治上，從威權統治走向解除戒嚴的結果，黨化教育的管制，新聞媒體的控制，社會運動的壓制，以及省籍歧視的現象，這些弊政亂象都一掃而光，一一回歸常態。茲分項介紹如下：

一、從農業社會走向工業社會

1. 人口的流動

水往低處流，人往高處爬。此爲自然現象。臺灣工業發達以後，由於農民的收入低於工業從業員，工廠均設在都市及周邊地帶，所以農村人口大量湧向都市集中。其次，臺灣的政經機關、大企業公司以及大專院校等，大多數集中在北部，所以中南部人往北部流動的人口，遠比北部人往中南部流動的人口多得多。因此，每逢過年過節，尤其遇到長假時，開始放假時的人潮車潮都是「向南走向」。收假時，則改爲「向北走向」，蔚成奇觀。

2. 農地的萎縮

臺灣這個島山地占去四分之三，平地僅有四分之一。農地面積原就極其有限。戰後，各種因素同時發生，更使農地大大萎縮，不利農業發展。這些因素主要有：

(1) 人口的增加及生活品質的提高，許多農地改變爲新興的都會區。

(2) 教育的發達，到處廣設各級學校，農地改變爲學校用地。

(3) 工業的發展，大小工業區到處可見，農地改變成工業用地。
(4) 交通的建設，鐵公路縱橫交錯，四通八達。農地開闢成交通用地。
(5) 軍事的用途，在反攻大陸時期，農地改變成軍營或軍事用地。

3. 新興都會的崛起

戰後，由於人口的增加，工商業的發達，加上政府的都市整體規劃，原先位在大都市郊區不值錢的「農地」，經過幾十年的大興土木，搖身一變，都變成「黃金地」。原先，辛勤耕作的農民，一躍成爲「暴發戶」。不但如此，整個郊區的景觀也面目一新。從阡陌縱橫的農田，變成櫛比鱗次的新式樓房或大小工廠。加上配套完整的交通建設和水電設施，新興都會區成爲進步市區。相形之下，原有市區都變成價值較低的老舊市區了。

4. 家庭結構的改變

由於教育發達，不論都市或鄉村，子女受過高等教育後，均往外地謀生發展，甚至出國留學或就業，使得臺灣在農業社會裡的大家庭制度瓦解。子女在外工作安定或事業有成以後，就自購房屋成立小家庭。如此一來，原有的大家庭分散成許多小家庭。父母則留守舊居，孤獨生活，盼望著過年過節，兒女回家團聚，重溫天倫之樂。因此，以前三代同堂或四代同堂的舊社會現象，已經不復多見。

其次，由於新社會的男女，平等同受高等教育，雙薪家庭日益普遍，打破「男尊女卑」的舊傳統，也推翻「男主外，女主內」的舊分工。太太已可自力維生，不必仰人鼻息。所以，因爲個性不合或意見不合的離婚率，節節升高。單親家庭日益增加，衍生更多的社會問題。

二、從威權統治走向解除戒嚴

1. 黨化教育的消失

在威權統治時代，為配合「反攻大陸」的備戰氣氛，國民黨深入各級學校設立黨部，大肆吸收黨員，掌控師生的言行思想。不僅如此，又在各高中以上學校實施軍事教育，教官兼管學生的管理活動，統歸各縣市設置的救國團指揮。高中的「三民主義」、大專的「國父思想」都是必修科目，也是國內所有大小考試的必考科目，目的在深化「反共抗俄」的思想教育。

以上所述，都是在戒嚴體制的掩護下，執行而且落實，是十足的「黨化教育」的色彩。自從一九八七年七月十四日，蔣經國總統宣布臺灣澎湖地區解除戒嚴以後，「黨化教育」失去屏障，就漸漸消影匿跡了。

2. 新聞媒體的開放

在威權時代，為免新聞報導影響民心，不利反共大業，政府嚴格實施報禁，限制報紙的發行張數，干涉新聞報導內容，並吸納兩大民間報社的報社老闆做為國民黨中常委，以利掌握報社言論。中央日報、中華日報、青年日報，則是三家黨營報紙。因為人民知識日高，訂報民眾日減，這些黨營報紙只靠軍政機關訂報支撐。解嚴後，中央日報已遭自然淘汰。中華日報由臺南起家，現在也奄奄一息，淪為臺南區的地方報紙。青年日報則始終為軍中報紙。

其次，解嚴後，地下電臺大行其道，陸續出現。打破了向來由國民黨壟斷廣播界的不公平現象。

不過，地下電臺漸漸走向商業化，以廣告盈利，並涉入政治色彩。在電視方面，自從一九六二年十月十日臺視開播後，臺視、中視、華視成爲合法的三大無線電視臺，壟斷電視市場。由於「有線電視」俗稱「第四臺」紛紛出現，解嚴後，政府於一九九四年正式開放「第四臺」合法化。「第四臺」有如雨後春筍，紛紛出現，百家爭鳴，成爲民眾日常生活的重要一環。

3. 社會運動的勃興

臺灣在解嚴前，因爲民主浪潮的高張，加上民進黨的推波助浪，已有民眾或社團突破戒嚴的藩籬，走上街頭，進行抗爭運動。在解嚴後，臺灣人民走入自由天地，各式各樣的社會運動，有如脫韁之野馬，如火如荼地展開。解嚴後兩年內的四大社會運動，列出如下：

(1) 一九八八年，蘭嶼達悟族人示威抗議，反對核廢料入侵蘭嶼，這代表原住民的社會運動。

(2) 一九八八年，中南部五千多名農民，遠赴臺北示威遊行的「五二〇農運」，爲農民的社會運動。

(3) 一九八八年，「客家權益促進會」成立，發起「還我母語」萬人大遊行，是爲客家人的社會運動。

(4) 一九八九年，爲抗議房價飆漲，發起「無殼蝸牛運動」，號召萬人露宿臺北市忠孝東路街頭。這代表年青一代的社會運動。

第七章　兩岸關係與美國政策

第一節　兩岸關係的演變

一九四九年底，國民政府退守臺灣，迄今已逾一甲子，國共雙方隔海而治。六十多年來，國共雙方都想盡辦法，用盡一切和戰手段要屈服對方，達成統一中國，可惜均未能如願。在長期的對抗和對峙中，蔣介石和毛澤東的軍事衝突時期，早已成爲歷史。接著，蔣經國和鄧小平的和平對峙時期，也已隨時間流逝。往後，兩岸的接棒領導人物，一代接一代，也未能根本解決這個國共內戰遺留下來的歷史問題。

兩岸關係六十多年的演變和發展，與美國這個世界超級強國（super power）在西太平洋的防線和霸權息息相關，密不可分。所以美國在兩岸關係中，始終扮演著重要的角色，具有舉足輕重的地位，深深左右兩岸關係的發展。職是之故，本章就兩岸關係與美國政策一併論敘。

茲先就六十多年來，海峽兩岸關係的發展，分成三個階段，介紹如下：

一、軍事衝突時期（一九四九至一九七九年）

(一)臺灣危機與韓戰爆發

一九四九年四月，共軍順利渡過長江天險以後，陳毅率領共軍，從上海長驅南下，勢如破竹，於十月十七日，一路攻抵廈門。八天後，兩萬多名共軍利用人海戰術，進犯金門島。由於共軍南下攻城掠地，一路順利，故形成輕敵心態，沒有充分準備，就以兩萬多兵力之眾，倉卒渡海攻打金門島，從古寧頭登陸。不料，在海灘上遭到國軍的三面圍攻，兩萬共軍全軍覆沒，國軍士氣大振，從此守住金門，是為古寧頭之役。是年十二月，國民政府退守臺灣，依然主張代表全中國。

一九五〇年二月，毛澤東親率代表團遠赴俄國莫斯科，訪問兼答謝。二月十四日，毛澤東與史達林簽訂「中蘇友好同盟互助條約」，成立軍事同盟。四月，共軍攻下海南島。五月，共軍再發兵攻陷舟山群島。毛澤東乘戰勝餘威，乘勝追擊，已經在華南沿海地區，集結空前龐大的陸海空軍，準備一舉而渡海攻臺。兩岸大戰一觸即發。

不料，該年六月二十五日，北韓的金日成出其不意，進攻南韓，希望統一韓國。韓戰的突然爆發，驚動了美國。美國不但立刻策動聯合國出兵制裁北韓侵略南韓，而且因臺灣和南韓同為美國在西太平洋防線的重鎮，唇亡齒寒。所以，美國總統杜魯門立刻宣布臺灣海峽中立化政策，並下令美國第七艦隊巡弋臺灣海峽，不准海峽兩岸互打。有了美國強大艦隊的公開介入，共軍渡海攻臺的計畫，就此息鼓收兵。

(二)美蘇對抗與八二三金馬炮戰

韓戰爆發後，美國協防臺灣之初，蔣介石以「反攻大陸」為國策。高喊：「一年準備，二年反攻，三年掃蕩，五年成功」的口號。雄心壯志，準備隨時打回大陸。毛澤東同樣不放棄隨時以武力解放臺灣。雙方劍拔弩張，軍事對抗，至顯且明。

一九五四年，共軍發動「九三金門炮戰」，戰況激烈，毛澤東背後有「中蘇軍事同盟」做後盾。為示對抗，一九五四年十二月二日，蔣介石就與美國簽訂「中美共同防禦條約」，成立「中美軍事同盟」。這樣一來，海峽兩岸的軍事對抗局面更加明顯。換言之，毛澤東與蘇聯結成軍事同盟。蔣介石則與美國結成軍事同盟。兩岸對抗，旗鼓相當。

到一九五八年，毛澤東突然發動「八二三金馬炮戰」。炮戰規模之大，戰況之慘烈，為世界戰史上空前未有。在炮戰中，美國堅持保衛臺灣，出動美國史上規模最大的艦隊群，鎮守臺灣海峽。蘇聯雖然發出警告：任何對中共的攻擊就是對蘇聯的攻擊。可是畢竟蘇聯海軍沒有美國強大，始終不敢出動爭鋒對抗。結果，毛澤東望海興嘆，眼看武力攻臺無望，改採和平攻勢，建議和平解決臺灣問題。就這樣，在往後的二十一年裡，國共雙方在虎頭蛇尾的默契下，炮戰漸漸沉寂。直到一九七九年元旦，美國與中共建交為止，中共才正式宣布停止金馬炮戰，結束了兩岸軍事衝突時期。

二、和平對峙時期（一九八〇至一九八七年）

㈠蔣經國與鄧小平各自發展兩岸經濟

軍事衝突時期結束後，兩岸立刻進入和平對峙時期。一九七九年元旦，「中（共）美建交公報」

上，正式宣布「中（臺）美共同防禦條約」於一年後失效，也就是從一九八〇年元旦起廢止「臺美軍事同盟」。巧合的是，同年二月十四日，「中（共）蘇友好同盟互助條約」有效期間三十年正好屆滿。那時，中蘇關係早已惡化，中共也已茁壯強大。蘇聯主張續約，爲中共所拒絕。因此，中蘇軍事同盟正式結束。由是觀之，自一九八〇年起，不但兩岸結束軍事衝突時期，而且，「臺美軍事同盟」和「中蘇軍事同盟」幾乎同時結束。兩岸的軍事對抗和戰爭氣氛，大大降低。兩岸正式進入和平對峙時期。

在兩岸和平對峙時期，臺灣方面是由蔣經國主政的「蔣經國時代」（一九七二至一九八八年）。中國大陸則是由鄧小平主政的「鄧小平時代」（一九七八至一九八九年）。蔣經國十六歲時，由中國直接赴俄，進入莫斯科中山大學留學。鄧小平比蔣經國大六歲，他也是在十六歲時，以「勤工儉學」名義，遠赴法國留學。到法國五年後，聽到莫斯科中山大學創辦成立的消息，興高采烈，立刻轉往該校就讀。因緣際會，在一九二六至一九二七年間，鄧小平和蔣經國成爲同班同學。他們兩人都是短小精幹、絕頂聰明的偉大人物。

蔣經國經營臺灣，以發展經濟爲主軸；鄧小平經營中國大陸亦以此爲入手要道。結果，各自創造出兩岸的經濟繁榮局面，揚眉世人。可以說：「蔣經國改變臺灣，鄧小平改變中國。」他們兩人在兩岸並駕齊驅，相映成輝。其次，因爲「蔣經國時代」比「鄧小平時代」提早六年，所以臺灣經濟發達較中國爲早。很多臺商也因緣際會，紛紛到大陸設廠投資，大大有助於中國大陸的經濟崛起。他們兩人同樣對兩岸的經濟發達，作出偉大貢獻。除此之外，在政治方面，兩岸雖然隔海而治，可是他倆同能認清大局，「以和爲貴」，彼此忍讓。僅是「政治對立」，不進行「軍事衝突」，而形成「兩岸和平對峙的局面」。

㈡中國主張兩岸三通四流

一九七九年元旦，中共與美國正式建交的當天，中共中央發表「告臺灣同胞書」，放棄「武力解放臺灣」的口號，提出「和平統一祖國」的政策。呼籲兩岸進行「三通」（通郵、通航、通商）和「四流」（學術、文化、體育、藝術的交流），以期化解兩岸的長期阻隔，增進兩岸的互相了解。蔣經國立刻回以「不接觸、不談判、不妥協」的三不政策。可是，在民間參加的國際活動方面，則網開一面，採取「不迴避、不退讓」的原則。至此，兩岸交往露出一線曙光。

一九八一年，中國國慶日（十月一日）前夕，中共以全國人代大會委員長葉劍英的名義，發表了「有關和平統一臺灣的九項提案」。要點包括：在同等的立場上進行國共第三次合作，爲實行三通四流而簽約，臺灣作爲特別行政區得享有自治權保有軍隊，不改變臺灣的社會經濟現狀，歡迎臺商到大陸投資等等。

一九八二年十二月，以鄧小平爲首的中共中央發表聲明：在臺灣1. 親近蘇聯之時，2. 擁有核子武器之時，3. 企圖臺灣獨立之時，中共就要對臺動武。

一九八四年，中共與英國簽訂將來的香港問題共同聲明時，規定了「一國兩制」的模式。對外聲明，中共將來也將以「一國兩制」的模式，實施於臺灣。然條件且比香港寬大，如臺灣得保有軍隊等。

㈢臺灣默認兩岸間接通商

在臺灣方面，對於政府間的往來，雖然一直堅持「三不政策」的原則。可是，對於民間交流及半官半民的國共直接溝通，則聽其自然發展。一九八五年六月，行政院宣布：對中國的轉口輸出，採取「不接觸、不鼓勵、不干涉」的三項原則，無異默認了兩岸的間接通商。往後，行政院又放寬從中國大陸間接進口的貨品項目。從此，兩岸的經濟貿易步步寬鬆，漸漸頻繁。由於當時中國大陸勞工工資低廉，臺商得知有利可圖，遂前呼後應，陸陸續續前往大陸設廠投資，終於促成兩岸的經貿關係更加熱絡，日益繁榮滋長。就這樣，國民黨顯然已在無形中放棄了「漢賊不兩立」的立場；民進黨則提出「臺灣前途由人民自決」的口號，並決議：「如國共片面和談，民進黨主張臺灣應該獨立。」

其次，國民政府又在「務實外交」的原則下，在各無邦交的國家設立各種名堂的辦事處，以促進非外交性的交流。從一九九一年開始，正式推動加入聯合國運動，顯然在探尋「兩個中國」的道路。中共的政策一向非常堅定，就是允許交流，但絕不允許「兩個中國」的出現。

三、民間交流時期（一九八八年迄今）

一九八七年十月二日，蔣經國宣布開放大陸探親。此為一項歷史性的偉大創舉，突破兩岸同胞長期的隔絕，開創兩岸民間交流的新局。翌年一月十三日，蔣經國病逝，由李登輝繼任總統。七月，中國國務院公布：「臺灣同胞投資獎勵規定」。一則希望加快腳步，促進兩岸經貿交流；二則希望增加大陸同胞的就業機會，繁榮大陸經濟。有了中國官方的正式獎勵辦法，臺商赴大陸投資設廠，有如過江之鯽。兩岸的民間交流日興月盛，勢不可擋。

㈠海基金與海協會的設立

為了避免兩岸間多如牛毛的民間交流失控，滋生事端。一九九一年一月起，行政院設立「大陸委員會」（簡稱「陸委員」）。二月，又設立財團法人「海峽交流基金會」（簡稱「海基會」），作為陸委會的委託機構。因為很多兩岸民間交流衍生的問題，陸委會不便出面處理，遂委託海基會協調處理。所以，海基會成為一個半官半民性質處理兩岸問題的機構。在中國方面，也相應設立「海峽兩岸關係協會」（簡稱「海協會」），以便與臺灣的「海基金」對等往來，處理兩岸民間交流事務。從此，海基會與海協會便成為兩岸的官方代理機構。兩岸民間交流事務均由這兩個機構負責處理。兩岸的民間交流不但更加熱絡，而且不致滋生事端或擦槍走火。

㈡蔣經國開放大陸探親

一九八七年十月二日，蔣經國宣布開放大陸探親，使得一九八八年開始，每年都有幾十萬的臺胞回到大陸探親。離鄉背井三十多年，思鄉心切，乃是人倫之常。在正式開放之前，國民黨上、中層人士已有八千多人經由香港或第三國返鄉探親，其中六百多人滯留大陸不回。至於退伍老兵，則很多都是在大陸時期被捉去當兵而流落臺灣的。年老退伍後，個個思鄉心切。可是，正式開放探親後，時隔四十多年回到家鄉，大多人事已非，景況全變。原來在大陸有妻室者多已改嫁，而且，「子欲孝而親不在」者到處都是。那時，大陸經濟尚處窮困，老兵遇見親朋故舊，悲喜交加，大多扮演聖誕老公公，多多施捨。他們留在大陸不回者不多，大多數老兵仍帶著鄉愁再回臺灣。

其次，臺灣人好奇心也重，借機到大陸旅遊，形成熱潮。到二〇一〇年爲止，到大陸探親和旅遊的臺胞，已經超過六千萬人次。臺灣人口僅有二千三百萬人，開放探親二十三年來，每人平均到過大陸二點三回，讓大陸各地賺進大把鈔票。

㈢中國鼓勵臺商投資

自從中國鼓勵臺商投資後，由於大陸的勞工和土地均很便宜，政府的行政效率也高，加上同宗同文，沒有語言障礙。有了這諸多的商業誘因，所以在亞洲金融風暴之後，大批臺商就前呼後應，紛紛到中國大陸去投資設廠。根據統計，到二〇一一年爲止，在大陸投資設廠的臺商，已經超過八萬家，臺幹人數也達上百萬人，投資總金額約在二千億美金以上。如此龐大的規模，超過了所有外商在大陸的總投資額。

臺商的投資地點以江蘇、浙江、福建、廣東、河北等五大省分爲主。投資產業則以電子、電器、食品及製造業等產品爲大宗。臺商的大量投資，爲大陸同胞創造了幾千萬個就業機會。今天，中國大陸人民生活水準的提高，國家經濟的崛起，臺商的投資貢獻，功不可沒。

㈣大陸偷渡客由盛而衰

臺灣工資較貴，大陸勞工便宜，所以大批大陸偷渡客由海上湧入臺灣。開放探親之初，問題越來越嚴重。爲求妥善解決，由兩岸的「紅十字會」出面簽約，把違法入臺的大陸偷渡客遣送回去。不過，隨著大陸經濟的漸漸崛起，在大陸的就業機會日益增加，大陸偷渡客到臺灣非法打工的現象，自然由盛而衰，慢慢走入歷史，消除了兩岸民間交流的不正常現象。

㈤從兩岸通航到兩岸直航

自從一九七九年元旦中美建交當天，中共中央提出「和平統一祖國」的政策，呼籲兩岸進行「三通四流」以來，通郵、通商以及學術、文化、體育、藝術的四流，都已陸續付諸實施。兩岸民間交流熱絡，互通有無。對於增進兩岸民間的了解，化解兩岸政治的阻礙，大有助益。僅僅剩下「通航」的這一道藩籬，有待突破。

遲至二〇〇三年一月底，「臺商春節包機」首航成功，幾十萬名臺商得以包機返臺過年，初步實現「兩岸通航」的目標。不過，包機中途停香港，美中不足。不久，經雙方努力協商，突破困難，終於實現「兩岸直航」的最後目標。兩岸互信互利，省錢省時，功德圓滿。

㈥三通四流大功告成

二〇〇八年，兩岸協商結果，開放陸客來臺觀光旅遊。但必須「團進團出」，免生事端。雖然量大，但對陸客來講，只是蜻蜓點水，限制了觀光景點且無自由，未免失望。爲求改進，終於二〇一一年六月正式宣布「陸客來臺自由行」。至此，打開了兩岸同胞自由流動的最後一道藩籬。同時，也開放「陸生來臺求學」，首批陸生近千名於同年九月陸續抵臺入學。

「陸客來臺自由行」可以讓陸客無拘無束，暢所欲行，行走臺灣各角落，深入了解臺灣社會。「陸生來臺」有機會在臺灣求學數年，深入體驗臺灣的教育文化和風土民情。自從兩岸民間交流以來，一直是臺胞到大陸的「單向活動」，從此演變成為兩岸同胞的「雙向活動」。有來有往，不分彼此。「三通四流」大功告成。

第二節 聯合國之中國代表權問題

一、問題的緣起

聯合國是人類歷史上規模最龐大、制度最進步的國際組織。自從二十世紀以來，在短短數十年之間，人類連續遭受到兩次世界大戰的戰爭洗劫。痛定思痛之餘，「欲免後世再遭今代人類兩度身歷慘不堪言之戰禍」（參見聯合國憲章序言），於是建立起聯合國的集體安全制度，以保障世界和平及安全，成為二十世紀國際政治的一大進步。

聯合國是第二次世界大戰末期，由美國總統羅斯福召集英國、蘇聯及中國共同發起。經過多次會議協商，終於一九四五年十月二十四日正式成立。創始會員國為第二次世界大戰對德、日宣戰，並加入聯合國宣言的國家，共計五十一國。內部組織共有六大機構，以大會及安全理事會（簡稱安理會）最為重要。每年召開大會時，由全體會員國各派代表團參加，形同一個世界公民大會。基於「國家平等」原則，大會投票表決時「一國一票，一票一值」。其次，安理會由中、美、英、法、蘇等五強擔任「常任理事國」。另由大會選出十國爲「非常任理事國」，任期兩年，任滿不得連任。投票表決時，必須有十個理事國之贊成票，包括五強的全體同意票在內，才算通過決議案。換言之，五強各握有一個「否決權」（Veto Power）。只要五強之中，任一強國不同意，議案就被否決掉。聯合國最重要的任務就是，維持世界和平安全及制裁侵略。此項任務由安理會管轄。

如此設計結果，五強自然成爲聯合國維持世界和平安全的最基本骨幹。五強團結一致，足可維持世界和平。五強分裂，世界和平便流爲空談。中國是五強之一，在聯合國內的分量和地位不可言喻。此爲國共內戰告一段落後，國共雙方都格外重視聯合國內「中國代表權問題」的緣由。

一九四九年十月一日，毛澤東在北京正式宣布建立「中華人民共和國」（以下簡稱「中國」或「中共」）。同年十二月七日，蔣介石宣布「中華民國」（以下簡稱「臺灣」）退守臺灣，作爲反攻大陸基地，號稱代表全中國。因此，形成兩岸分裂，隔海而治的局面。從此以後，雙方展開了爭奪聯合國內「中國代表權」的長期激烈競爭。在聯合國內外，雙方各顯神通，進行政治和外交的攻防和角逐。

二、安理會不處理階段（一九四九至一九五〇年）

一九四九年十一月十八日，中國國務總理周恩來致電聯合國大會主席，抗議以蔣延黻爲首的臺灣代表團，無權代表中國人民，由此展開了「中國代表權」的序幕戰。一九五〇年一月八日，周恩來又致電安理會的各理事國，表明現有的臺灣代表團出席安理會是非法的，應予驅逐出會。兩天後，蘇聯代表應聲附和，要求將臺灣代表趕出安理會，卻未被安理會接受。為示抗議，蘇聯代表憤而退出安理會，並聲明：「凡有臺灣代表參加所達成的安理會決議，一律無效。同時，只要臺灣代表繼續留在安理會，蘇聯代表就不出席。」

事實上，蘇聯代表僅僅抵制二百天。因為六月二十五日韓戰爆發，美國利用蘇聯缺席的難得機會，策動安理會，順利通過許多決議案，籲請各會員國出兵制裁北韓的侵略，很快造成北韓的侵略攻勢敗退。蘇聯見勢不妙，為保護北韓共產政權，一九五〇年八月一日，蘇聯代表重返安理會。自我解嘲說，是回來接替輪月主席。當天，蘇聯代表運用主席權限，裁定臺灣代表無權代表中國。但此項裁定為大多數的理事國所推翻。此為中國代表權爭奪戰的第一回合。

三、大會擱置緩議階段（一九五一至一九六〇年）

一九五〇年十二月十四日，第五屆聯合國大會通過一項重要決議，認為大會是決定「中國代表權」最適當的機構，其決定應為其他有關機構所接受。從此以後，「中國代表權」的戰場轉入大會。

蘇聯是聯合國的五強之一，又是共產世界的領導國家。所以，從一九五一年到一九五六年，每一年的聯合國大會中，蘇聯代表不厭其煩，都在每屆聯大開幕之日，提出排除臺灣代表或邀請中國代表參加的提案。每年都遭到大會予以「擱置緩議」，不能成案。因爲那時美國在大會內掌控半數以上的票數，足能主導大會議案。

國際局勢開始變化。一九五五年，中國主導亞洲國家召開「萬隆會議」，周恩來在會上唱議「和平共存」的五大原則，團結亞洲國家，建立美蘇兩大陣營之外的第三世界，並表示願意與美國談判臺灣問題。其次，一九五五年，四強高峰會議所產生的「日內瓦精神」，打破了先前聯合國新會員國的入會僵局，促成入會「整批交易」的結果。使得一九五六年聯合國一口氣吸入十六個亞非新會員國。大會內各投票集團的原有比例陣容，開始調整變化。

在此一國際情勢之下，從一九五六年的第十四屆聯大開始，到一九五九年的第十七屆聯大，這四年期間改由印度代表提案，內容也修改爲「請求將中國代表權問題列入大會議程」，希望進行實質討論，由各國代表評理，論斷是非。但在美國的主導下，每屆大會也都以「本屆大會暫緩考慮」，予以擱置，以規避實質問題的公開討論。

四、大會以重要問題處理階段（一九六一至一九七〇年）

世局多變在亞非國家第三世界的強大壓力下，到一九六〇年，聯合國會員國已由創立時的五十一國增加到九十九國。亞非會員國雄占半數，態度又模糊不清，搖擺不定。美國無法掌控大會內的票數，使得美國不得不改弦易轍，改變策略。放棄多年來的只要半數票就可通過的「擱置緩議」策略，改採「重要問題案」處理。

一九六一年的第十六屆聯大召開，美國聯絡澳大利亞、哥倫比亞、義大利、日本等五國，共同提案。敦促大會決定任何改變中國代表權的提案，均屬「重要問題」。依照聯合國憲章第十八條的規定：「大會對重要問題的決議，應以到會及投票之會員國之三分之二之多數決定之。」五國提案被大會順利通過。從此，中共想要進入聯合國，必須得到聯合國三分之二會員國的支持，相當不容易。

從一九六一年起，中國代表權問題每年都列入大會議程，作實質討論並進行表決。大會表決，分成兩個階段。第一階段表決是否爲「重要問題案」，如果有半數以上票數通過爲「重要問題案」，才進行第二階段的「容共排蔣案」。「容共排蔣案」必須獲得三分之二以上的票數，始能成立。

五、臺灣的外交奮戰

因爲聯大採取實質問題的公開辯論，並進行投票表決，以決定「中國代表權」的勝負。因此，國共雙方都傾力展開激烈的拉票工作。非洲國家的票數最多，政策又游移不定，成爲國共雙方拉票最激烈的外交戰場。對於爭取非洲國家的友誼，中國比較不會患得患失。臺灣則視爲生死戰，用盡心思，傾盡全力，以期增進邦交，乞求支持。

國共雙方所運用的外交手法非常類似。每當一個非洲小國宣布獨立，國共雙方都爭先恐後，立刻予以承認，換取對方的承認。國共又競相邀請非洲新興國家的領袖人物做官式訪問，由元首親自厚禮款待。臺灣方面，更由外交人員陪同非洲訪問團的團員，上街做西裝，買皮鞋，厚贈禮物。此外，又替非洲國家培訓人才及進行援助計畫，讓他們回國好好建設國家。尤其，臺灣由外交部次長楊西崑廣派「農耕示範隊」前往非洲各國，教以耕作之術，發展農業，改善生活，貢獻最大。所以，在臺灣，楊西崑素有「非洲先生」的美譽。二〇〇〇年，楊西崐以九十二高齡在臺灣病逝時，共有十七個非洲國家降下半旗為他哀悼，可見當時臺灣在非洲從事外交奮鬥戰的成功。

從一九六一年起，在聯合國大會內，由於國共雙方的外交拉票爭奪戰相當激烈。所以表決的票數比例，每年起起落落。如此進行十年的時間。到一九七〇年的第二十五屆聯大，日久生變，時移勢易。中共首度以五十一票比四十九票勝過臺灣。若非「重要問題案」必須有三分之二的同意票，中共在該年就進入聯合國了。

面臨一九七〇年聯大表決結果的危機，臺灣方面一葉知秋，緊張萬分，積極備戰次年的第二十六屆聯大。在第二十六屆聯大開幕之前，一九七一年八月六日，臺灣外交部召回駐亞太地區的「使節」，密商應付之方。當天下午，蔣介石夫婦在陽明山舉辦茶會，勉勵大家「努力奮鬥，捍衛國家利益。」宋美齡也出面打氣說：「辦外交不能過於軟弱。國有國格，人有人格。」

六、美國轉而支持中共進入聯合國

縱使臺灣方面的外交努力，始終奮戰不懈，但仍須依靠美國的協助和支持，才能在聯合國內挺立二十一年之久。可是，到一九七一年第二十六屆聯大召開時，時局所迫，美國不能不慎重考慮下列的許多世局的變化：

1. 一九六四年，中共核子試爆成功，國力列入世界核子俱樂部之林。
2. 中共在亞非國家「第三世界」的領導地位，日益鞏固。
3. 中蘇關係日益惡化，在美蘇冷戰形勢下，美國改採「傾中制俄」的大戰略。
4. 中共有效統治著世界四分之一人口，不可能將中共久久排拒於聯合國門外。
5. 一九七〇年，加拿大和義大利兩個重要國家相繼與中共建交，外交形勢漸明。
6. 一九七〇年的聯大裡，「中國代表權」的表決結果，中共得票數首次領先。外交形勢明朗化。

基於上述原因，美國已經領悟到：基於美國的國家利益，美國不可能再執迷不悟，一廂情願地苦撐臺灣在聯合國的地位。美國必須及時回頭是岸，改變政策，轉而支持中共進入聯合國，共圖聯合國維持世界和平及安全的大業。

一九七一年九月二十一日，第二十六屆聯合國大會開幕。十月四日，美國國務卿羅吉斯在大會總辯論會上發言：

> 美國認為不應將世界一大部分人口及重要大國久久關在聯合國門外。因此，尼克森總統……已決定接受中國邀請，在明年五月一日之前，訪問北京，並決定支持中國進入聯合國，取得安理會之常任理事國席位。深盼中國入會後，即負擔此席位之一切責任與權利義務。

羅吉斯的發言，已經明確表明：美國已經決定遷就國際現實環境，支持中共進入聯合國。可是，臺灣駐聯合國代表團依然不死心，盡忠職守，日以繼夜，在聯合國內拉票，爭取支持，作困獸之鬥。

七、一九七一年，中共進入聯合國

一九七一年十月二十五日，大會對於「中國代表權案」進行表決。先是，臺灣友邦沙烏地阿拉伯代表提案：「由臺灣保持在聯合國的席位，直到臺灣人民能在聯合國主持下舉行公民投票，以決定未來將成為一個中立的獨立國家，或與中國形成一個邦聯或組成聯邦為止。」此項提案表決結果沒有通過。緊接著，美國代表也要求先表決「變化的重要問題案」，就是「先使中國得以進入聯合國，至於安理會席位由何方擔任，則由大會多數意見決定之。」表決結果是，美國的提案也未能通過。頓時，支持中共的各國代表，在會場內跳起熱舞，熱烈歡呼。臺灣的外交部長周書楷眼見大勢已去，無力回天，當場朗讀「中華民國退出聯合國聲明稿」。隨即率領代表團退出會場，以期顧全顏面。

臺灣代表團離場後，大會立刻就阿爾巴尼亞等二十三國提案正式進行表決。結果，以七十六票對三十五票，十七票棄權的壓倒性多數票獲得通過。從此，經過二十一年的長期外交奮鬥後，中華人民共和國終於如願以償，亢奮進入聯合國，並取得安理會常任理事國的席位。同時，把臺灣代表團趕出聯合國。阿爾巴尼亞此項提案，就是聯合國史上有名的第二十六屆聯大「二七五八號決議案」。該決議案的全文，引錄如下：

大會，回顧聯合國憲章的原則，考慮到，恢復中華人民共和國的合法權利，對於維護聯合國憲章和聯合國組織根據憲章所必須從事的事情都是不可少的，承認中華人民共和國政府的代表是中國在聯合國組織的唯一合法代表，中華人民共和國是安全理事會五個常任理事國之一。茲決定：恢復中華人民共和國的一切權利，承認它的政府的代表為中國在聯合國組織的唯一合法代表。並立即把蔣介石的代表，從他在聯合國組織及其所屬一切機構中所非法占據的席位上，驅逐出去。

八、一九七一年，聯大第二七五八號決議案的分析

中國代表權問題，簡單地講，就是到底是「中華人民共和國」或「中華民國」，哪一方能眞正代表全體中國人民參加聯合國的問題。國共雙方和世界各國為此問題，經過長達二十一年的苦鬥後，終於塵埃落定，由「中華人民共和國」正式取得聯合國內的中國席位。茲分從臺灣、中國以及聯大第二七五八號決議文等三方面之立場，來分析此一問題之得失：

(一)就臺灣方面來講

自從一九四九年十二月，蔣介石退守臺灣以後，在國內為穩住大局，在國際為表示正統，當時國民黨政府的因應之道，除全力爭取美國的支持外，幾乎傾盡一切外交努力，集中在保衛中華民國在聯合國的席位這個目標上頭。國民政府努力耕耘二十一年，終因國際局勢的變化和美國政策的轉變而前功盡

棄。

一九七一年十月二十五日，蔣介石代表臉上無光，被趕出聯合國，此事對臺灣無異當頭棒喝，大有山雨欲來之勢。那時候，臺灣島內人心惶惶，不可終日。蔣介石及時喊出：「莊敬自強，處變不驚，愼謀能斷」的口號，希望穩定民心士氣。可是，社會上依然一片驚慌，許多資產階級，尤其是從大陸逃到臺灣的資產階級，逃難成習，紛紛脫產求現，移民海外。此爲國民黨在臺灣首次的外交慘敗。

㈡**就中國方面來講**

自從清末民初以來，中國的內憂外患連續不斷，年年戰亂，國力久衰不振。直到毛澤東領導中國共產黨成功，統一天下，才於一九四九年十月一日建立「中華人民共和國」。可是，建國伊始，百廢待舉。同時，受到東西冷戰的國際局勢影響。美國又掌控聯合國內的票數，使得中共進入聯合國的路途，坎坷難行。不過國家身處國際社會，最重要的是，必須自力更生，自力自強。中共在國共內戰和韓戰、越戰中的英勇戰績，讓世人刮目相看，面面相覷。長期下來，不支持者都變成支持者了。孟子說：「人必自侮而後人侮之，國必自伐而後人伐之。」此爲「中國現代史」和「聯合國之中國代表權問題」的實際寫照。

㈢**就聯大第二七五八號決議文而言**

決議文雖不長，但點出問題的重心所在。前半段：說明基於維護聯合國憲章的原則，和聯合國將來一切事業的推動，都必須有中國的參加。所以承認中國是聯合國內及安理會內的唯一合法代表。依此原理，聯合國正式承認中國已經強大，有能力，有資格，可以協助聯合國推動將來的一切事業。中國的「國力條件」或「強國條件」，成爲中國進入聯合國及安理會的「基本條件」。

決議文的後半段正式決定「恢復」及「承認」中華人民共和國的代表，是中國在聯合國內的唯一合法代表。同時，立即把「蔣介石的代表」從聯合國「驅逐出去」。這裡的文字用「驅逐出去」，是相當不客氣，不留面子的。不僅如此，文字上用「蔣介石的代表」，而不用「中華民國的代表」或「臺灣的代表」，充分顯示蔣介石統治臺灣乙事，聯合國認爲「妾身不明」，尚待釐清。由此，將引出「臺灣地位未定問題」。此一問題，將緊接著在下節分解。

第三節　臺灣地位未定問題

一、問題的緣起

一九四五年八月十四日，日本戰敗投降，第二次世界大戰結束。然而，戰後，在國際上，美蘇兩強對立嚴重，立刻展開爭霸天下的東西冷戰。在中國大陸，也同時展開爭霸江山的國共內戰。處於國內外錯綜複雜的情勢下，臺灣的重要地理位置，首當其衝，成爲國內外勢力角逐的重要場所。

由於日本是向同盟國投降，而不是向中國投降。所以，戰後，同盟國的盟軍最高統帥麥克阿瑟將軍所發出的第一號命令是：「在中國戰區（東三省除外）和臺灣的日軍，應向中國戰區最高統帥蔣介石將軍投降。」根據此項命令，一九四五年九月三日，蔣介石將軍指派何應欽將軍代表中國，在南京受降。十月二十五日，另派陳儀將軍代表中國，在臺北受降。受降典禮的會場布置非常慎重。禮堂上面，懸掛著中、美、英、蘇四國國旗和四國元首玉照，再上頭則則懸掛著同盟國旗。正確表示：日軍是向盟軍投降而不是向中國投降。因此之故，投降典禮結束後，臺灣就由中國的國民政府「暫時軍事占領」，如同東三省由蘇聯「暫時軍事占領」一樣，也如同日本本土由美國「暫時軍事占領」一樣。換句話說，受降典禮後，臺灣尚屬「日本領土」。依照國際法，上述各地區的「暫時軍事占領」，必須等到「對日和約」正式簽訂後，才能正式完成「領土轉移」的手續。否則，如果東三省受降後就變成蘇聯領土，日本本土受降後就變成美國領土，那豈不是天下大亂了嗎？

倘使戰後不發生國共內戰，則將來的對日和約，順理成章，臺灣自然變成中國領土，由蔣介石的國民政府正式統治，不容置疑。不料，短短四年的國共內戰，蔣介石慘敗，流亡臺灣，支撐殘局，形成兩岸分裂分治的局面，由此造成「臺灣地位未定問題」。換句話說，臺灣是否屬中國領土，尚未定論。如果是中國領土，則應歸屬於兩岸的哪一方所有呢？此一問題之性質正與前述的「聯合國內之中國代表權問題」，如出一轍。

二、美國對臺灣政策舉棋不定

一九四九年一月底，國共決戰的三大戰役結束，蔣介石的敗局已定。在風雨飄搖中，美國杜魯門總統對蔣介石喪失信心。為守住臺灣，曾經成立小組研究幾項另立政權保衛臺灣的計畫，不幸均胎死腹中。

一九四九年一月二十一日，蔣介石被迫下野，由李宗仁代理總統職務，可惜依然一籌莫展，無補失敗大局。三月十四日，麥帥發表聲明：「在對日和約簽訂以前，臺灣仍屬盟軍總部管轄。」意思很明白，盟軍不讓共軍占領臺灣。到四月十五日，也就是共軍渡過長江天險的前一週，美國國務院發言人麥克德莫發表聲明：「臺灣地位」與「戰時的庫頁島」一樣情況，其最後地位將由一項和約決定。此為美國政府首次公開提出「臺灣地位未定論」的主張。

一九四九年十月一日，「中華人民共和國」誕生。蔣介石則於十二月七日宣布退守臺灣。面對兩岸分裂的新局，一九五〇年一月五日，杜魯門總統就臺灣問題發表聲明，他表示美國不打算對臺灣的國民政府提供軍事援助，也不干涉臺灣問題。杜魯明的聲明一出，立刻遭到國會和軍方的激烈反對。尤其是，遠在東京的麥帥揚言：「如果臺灣落入共產黨手中，將給美國在菲律賓和沖繩軍事基地帶來致命的威脅。」他進一步說：「在對日和約簽訂之前，臺灣在法律上仍是日本的一部分。如果臺灣受到威脅，保衛臺灣是盟軍的責任。」中國古代的俗語說：「將在外，君命有所不從。」麥帥的大將風格公開地挑戰美國總統的政策聲明。

三、韓戰爆發，美國提出「臺灣地位未定論」

一九五〇年六月二十五日，韓戰突然爆發。杜魯門總統立刻領悟到，臺灣和韓國同等重要。如果兩者都落入共產黨手中，衝破美國的西太平洋防線，蘇聯共產勢力就可立即進入太平洋，與美國爭霸，最後將威脅到美國本土西海岸的安全。所以，杜魯門劍及履及，即刻採取行動。六月二十七日，對於韓國問題，美國立刻策動聯合國出兵制裁北韓侵略。同一天，對臺灣的政策做出一百八十度的改變。由一月五日宣布的「不干涉政策」急轉爲「積極介入政策」，杜魯門無異採納了麥帥的對臺主張。杜魯門立刻宣布「臺灣海峽中立化」政策，不准兩岸互打。下令美國第七艦隊立刻駛入臺灣海峽，執行此項任務。杜魯門公開聲明：「臺灣未來地位的決定，必須等待太平洋安全的恢復、對日和約的簽訂，或經由聯合國的考慮。」

同年八月三十一日，杜魯門又公開聲明：「臺灣地位當由曾經對日本作戰的盟國，以及目前在日本駐有占領軍各國，在對日和約中來解決。」針對此項聲明，美國駐聯合國大使奧斯丁在致聯合國祕書長的信函中，解釋說：「臺灣的實際地位是：它是一塊由於盟軍在太平洋戰爭中的勝利，而從日本手中奪取過來的領土。如同其他這樣的土地一樣，在國際上採取行動決定它的前途之前，它的法律地位尚未確定。」一九五〇年十月，在聯合國大會上，美國代表提議討論「臺灣地位歸屬問題」。

韓戰爆發後，美國正式抛出「臺灣地位未定論」，主要是因爲美國記取一九四一年十二月珍珠港事變的教訓，避免重蹈覆轍。當第一次世界大戰結束後，日本大肆擴張海軍，在太平洋與美國海軍爭鋒競霸，結果引起日本偷襲珍珠港，發動太平洋戰爭。美國付出重大犧牲打敗日本，爲了鞏固美國的西太平洋防線，理所當然，不忍見到臺灣落入共產勢力手中，威脅美國在太平洋上的海上霸權。所以，當美國眼見蔣介石在中國大陸慘敗潰堤，無法守住臺灣的時候，美國自然而然提出「臺灣地位未定論」，防止中共攻占臺灣。

四、國共雙方一致反對「臺灣地位未定論」

國共雙方縱然政治立場迥異，軍事衝突嚴重。可是，對於美國所提出的「臺灣地位未定論」的主張，則意外地立場一致，異口同聲，一致反對「臺灣地位未定論」。中共的反對，極端強硬。在杜魯門發表聲明的次日，周恩來義正詞嚴表示：「不管美帝國主義者採取任何阻撓行動，臺灣屬於中國的事實，永遠不能改變；這不僅是歷史的事實，而且已經爲開羅宣言、波茨坦公告及日本投降後的現狀所肯定。全體人民必將萬眾一心，爲從美國侵略者手中解放臺灣而奮鬥到底。」

另一方面，蔣介石也堅持「臺灣屬於中國」的立場，反對「臺灣地位未定論」的主張。否則，他立足臺灣，統治臺灣，便失去法律正當性。可是另一方面，他又不能失去美國協防臺灣，立場進退失據，所以他的反對態度較爲溫和，手法較爲委婉。蔣介石透過外交部長葉公超向美國說明，臺灣接受美國第七艦隊駐防臺灣海峽，主要是因爲：

1. 不影響臺灣當局對臺灣的主權，或開羅會議關於臺灣地位的決定。

2. 能使共產黨的侵略或威脅在短期內歸於消滅。

3. 不影響維護中國領土完整的立場。

4. 大陸、臺灣都是中國領土，不容割裂，曲解臺灣的地位是別有用心的。

由於國共雙方的同聲反對，美國吃力不討好，好心沒有好報，於是放低姿態，改變說法。由國務院主管遠東事務的助理國務卿拉斯克代表美國政府，出面緩頰，宣布：「我們承認臺灣的中華民國政府，不論它管轄下的土地是如何地狹小，臺灣將繼續獲得美國的重要援助及協助。」

五、舊金山和約與臺灣地位未定

韓戰爆發後，美軍與共軍在韓國戰場互有勝負，形成拉鋸戰的僵持局面，使美國警覺到：共產勢力雄據東亞，形勢正在形成中。因此，美國的政策又一改變，急急拉攏日本成爲戰後友邦，扶助日本成爲東亞反共包圍圈的中心堡壘。希望早日簽訂對日和約，解除對日本的軍事管制，使日本重返國際社會。

一九五一年九月四日，在美國的全力推動下，對日本參戰的五十五國，其中有五十一國與日本代表在美國舊金山談判，簽訂對日和約，一般稱之爲「舊金山和約」。未參加會議的四個交戰國是中國、印度、緬甸及南斯拉夫。那時候，中國已經形成兩岸分治狀態，英蘇兩國反對臺灣代表參加，美國則反對中共代表參加，所以中國未能參加舊金山對日和約。此外，因爲舊金山和約不讓中共參加，且和約第二條只提到：「日本放棄對臺灣及澎湖列島的一切權利、所有權及主張。」而未規定臺灣歸屬於誰，所以，蘇聯、波蘭和捷克等三國拒絕在和約上簽字。往後，蘇聯則因爲急於從日本取回庫頁島南半部領土主權的法律正當性，經過日俄長期外交談判，終於在一九五六年十二月十二日單獨與日本簽訂日蘇和約，恢復邦交。

六、中日和約與臺灣地位未定

因爲臺灣未參加舊金山和約，而臺灣與日本締訂和約的問題，又不能久懸不決。因此，一九五一年九月四日，舊金山和會開幕後，當天美國國務卿杜勒斯正式通知日本外務省，應與臺灣政府單獨締約，否則美國將不批准舊金山和約。美國正式以批准舊金山和約作爲籌碼，壓迫日本單獨與臺灣締訂中日和約。

在中日和約談判之前，美國所關切的問題是：臺灣和日本單獨締約，勢必面臨和約的「效力範圍是否及於中國大陸」的基本問題。一九五一年十二月二十四日，日本首相吉田茂發表致杜勒斯信函，說明日本願意談判簽訂中日和約，和約中關於「中華民國」之一方，應適用於「現在中華民國政府控制下」或「將來在其控制下之全部領土」。此函一出，美國欣然同意，美日兩國初步立場一致。

一九五二年二月五日，日本正式宣布，將與臺灣簽訂雙邊和約，以結束戰爭狀態，並建立正常外交關係。日本派河田烈爲全權代表，赴臺北談判。臺灣方面，則由外交部長葉公超爲全權代表，負責談判任務。

在臺日談判之初，雙方立場不同，各有顧慮。臺灣方面擔心，如果和約附有「條約效力範圍」的條件，不但有損臺灣主權，且將影響聯合國內的「中國代表權問題」。日本則擔心，如果稱為「和約」不稱「條約」，臺灣可能主張將此約之「效力範圍」擴及「全中國」，進一步提出「戰勝國」的權利，使日本無力負擔戰爭賠償問題。對此一基本問題，在簽約前夕，蔣介石召集「對日和約小組」開會，提示：「目前該爭的是臺灣地位而非大陸。因為，未來一旦我們返回大陸，這個問題就不是問題了。」

臺日雙方在臺北經過兩個多月的外交談判和美國的居中協助後，許多困難問題一一迎刃而解，達成協議。一九五二年四月二十八日，臺日雙方代表葉公超和河田烈，在臺北簽訂了「中日和約」。同一天，美國國會正式通過「舊金山和約」。從此，日本恢復國家自由，可以重返國際社會，進行國際活動。

中日和約正本共十四條。第二條明確規定：「茲確認一九五一年九月八日在美國舊金山簽署的對日和約第二條之規定，……日本已放棄所有對臺灣及澎湖群島之一切權利、所有權及主張。」依此而觀之，中日和約是根據舊金山和約所定模式而簽訂。舊金山和約是母約，中日和約是子約。母約和子約，前後一致。同樣規定日本放棄對臺灣和澎湖的一切權利，而不寫明交還給那一個受益者。至此，在國際上，臺灣地位屬誰，尚未確定。

不過，在該約正本十四條之外，另有換文兩件。換文第一件寫明：「本約各條款，關於中華民國之一方，應適用於現在中華民國控制下或將來在其控制下之全部領土。」此項重要規定，不列入和約正文內，而另以換文方式達成，應該是談判雙方經過彼此折衝、妥協諒解的結果。既符合政治現狀，也為將來的可能政治發展，預留伏筆。

第四節　兩岸的外交爭奪戰

一、新中國展現實力外交

國共內戰告一段落後，中國雖然已經分裂成兩個國家，可是雙方口徑一致，一致聲稱「只有一個中國」。彼岸說自己代表中國，此岸也說自己代表中國，各說各話。雙方都是爲了爭取國際上的認同和承認，尤其爲了爭奪聯合國內的「中國代表權問題」，從此展開了長期激烈的外交爭奪戰。

當一九四九年十月一日「中華人民共和國」在北京建國的時候，因爲新中國占領中國大陸，地廣人眾，占盡優勢。翌日，蘇聯及東歐共產國家立刻宣布承認中華人民共和國，並正式建交。是年底，緬甸和印度也宣布外交，承認新中國。到一九五〇年初，更有英國、巴基斯坦、錫蘭、挪威等十多個國家，紛紛宣布外交，承認新中國，並正式建交。這些迅速承認新中國的國家，大多數是共產陣營的國家，或與中國大陸領土毗鄰休戚相關的國家，爲了自身的國家利益和安全，遂迅速承認新中國。

另一方面，在美蘇對立東西冷戰的國際局勢下，以美國爲首的民主陣營國家居於多數地位，他們都以美國政策馬首是瞻，依舊承認在臺灣的「中華民國」。因此，在一九五〇年代和一九六〇年代的邦交國家數量上，臺灣尚多於新中國。可是，經過二十多年的發展演變後，新中國異軍突起。核子試爆成功，韓戰、越戰，愈戰愈勇，震驚世界。面臨新局面，從一九七一年到一九七二年，在短短一年之間，兩岸的外交戰發生三件大事：

1. 新中國取代臺灣的國民政府，進入聯合國。
2. 美國總統尼克森移樽就教，訪問中國大陸，與周恩來共同發表「上海聯合公報」。
3. 日本宣布與新中國正式建交，同時與臺灣斷交。

在國際上，這三件大事發生後，龍頭轉向，船身也跟著轉向。許許多多臺灣的邦交國立刻見風轉舵，掀起骨牌效應，紛紛與新中國建交，同時與臺灣斷交。臺灣的外交戰，有如內戰時期的軍事戰一樣，兵敗如山倒。一時之間，臺灣的邦交國由一九七〇年的六十六國，急降為一九七二年的三十九國。外交形勢，搖搖欲墜。

「兩個中國」的主張，美國早就樂觀其成，可是國共雙方卻不謀而合，一致反對。中共要達成統一「大中國」的目標而堅決主張「一個中國」。蔣介石則標榜「漢賊不兩立」的外交原則，也一貫主張「一個中國」。在此種局面下，中共便任憑其日益壯大的實力，在國際上發動外交攻勢，展開實力外交，企圖使臺灣在外交上成為國際孤兒，得不到各國的承認，這樣一來，有朝一日，中共武力攻臺，更可振振有詞，臺灣也難得到國際支持。

二、臺灣的外交連連挫敗

在中共猛烈的外交攻勢下，中華民國在外交上連連挫敗。茲列舉如下：

1. 一九六四年一月二十七日，戴高樂領導的法國政府與中共建交。二月十日，中華民國政府被迫宣布與法國斷交。
2. 一九七〇年十月，加拿大與中共建交，同時與中華民國斷交。
3. 一九七〇年十一月，義大利與中共建交，同時與中華民國斷交。
4. 一九七一年十月二十五日，第二十六屆聯合國大會表決通過中共進入聯合國，並將臺灣代表團趕出聯合國及其一切附屬機構。
5. 一九七二年二月二十一日，美國總統尼克森訪問北京。二月二十七日，尼克森和周恩來共同發表「上海聯合公報」。
6. 從尼克森宣布訪問北京，到「上海聯合公報」的發布，約半年的時間裡，共有比利時、土耳其等二十多個國家與中共建交，同時與中華民國斷交。因此，中華民國的「外交部」被譏諷爲「斷交部」。
7. 一九七二年九月二十九日，日本田中首相與周恩來在北京簽署「建交聯合公報」，正式建交。翌日，日本外相大平正芳宣布與中華民國斷交，並廢止先前簽訂的「中日和約」。
8. 一九七五年六月七日，菲律賓、泰國先後宣布與中共建交，同時與中華民國斷交。
9. 一九七八年八月十二日，中共與日本在北京簽訂「中（共）日和平友好條約」。

10. 一九七九年一月一日，美國與中共正式建交，同時與中華民國斷交。

在一九七一年中共進入聯合國時，承認中華民國者尚有五十四國。可是到一九九五年聯合國成立五十周年時，聯合國會員國已增加到一百八十五國，其中與中華民國有邦交的國家僅剩二十九國。到二〇一一年時，全世界除中華民國和教廷而外，其餘一百九十三國都已全部成為聯合國會員國，而與中華民國有邦交國家僅剩二十三國，大多是些嗷嗷待哺的寡民小國，主要分布在中南美洲和南太平洋島國。這些國家和中國大陸距離遙遠，天高皇帝遠，感受不到從中國大陸而來的威力。相反地，它們從臺灣得到實際各種援助，包括農業技術、醫療支援、人才培訓以及經濟支援等等，使它們的經濟發展和國計民生，實實在在受惠良多，依然支持中華民國。此屬臺灣在外交逆境中突圍而出，辛勤耕耘，開創出另一片新天地的難得結果。

三、蔣介石押寶外交的失敗

國共內戰史，蔣介石除了軍事戰失敗、情報戰失敗之外，連外交戰也失敗。他的外交作風總是喜歡進行「押寶外交」。「押寶外交」介入對方國內大選，有「干涉內政」之風險，不利外交推展。不但如此，蔣介石每次都對時局認識不清，不深入了解對方國情，押錯寶，立刻造成於己不利的外交結果。蔣介石的「押寶外交」前後共有三次，簡述如下：

㈠一九四八年的美國總統大選

共和黨提名杜威爲總統候選人，民主黨則提名杜魯門爲總統候選人。因爲杜威是胡適的老師，蔣介石想利用這層關係順利推展未來的中美關係，就派陳立失攜帶鉅款遠赴美國爲杜威助選。不幸，杜魯門當選。蔣介石押錯寶。杜魯門上任後，蔣介石在內戰中搖搖欲倒，杜魯門補上一腳，立刻宣布停止對蔣介石的軍經援助，發表「美國對華外交的白皮書」，實行「棄蔣政策」。一九四八年底，宋美齡銜命赴美，協同滯留美國的孔祥熙去晉見杜魯門，求取美援。任務未成，反受其辱。宋美齡黯然返臺。杜魯門私下裡罵說：「蔣宋集團都是賊，沒有一個不是賊。」此後不久，美國開始從臺灣撤僑，杜魯門聲明不軍援臺灣，也不干涉臺灣問題。

㈡一九六〇年的美國大選

共和黨提名尼克森爲總統候選人，民主黨則提名甘迺迪爲總統候選人。因爲尼克森以反共出名，主張協防金門、馬祖；甘迺迪反對。蔣介石就派滯留美國的孔祥熙，策動華僑支持尼克森。不幸，結果也是甘迺迪當選。蔣介石又押錯寶。事後，駐美大使顧維鈞奉命向甘迺迪委婉解釋和表達歉意。甘迺迪答覆說：「我可以原諒，但不會忘記。」（I can forgive, but I can't forget.）。一九六一年，中國大陸嚴重饑荒，毛蘇關係又極端惡化。蔣介石企圖趁機反攻大陸，蔣經國奉命到美國爭取支持。結果，被甘迺迪總統依照《中美共同防務條約》之規定，出面阻止。從此，反攻大陸的迷夢破滅。

㈢一九七二年的日本國會大選

日本下臺的佐藤榮作首相，原本支持福田赳夫能夠繼任首相一位。蔣介石觀情察勢，就派與日本政商關係良好的辜振甫等人赴日，爲福田助選。結果福田落選。田中角榮擊敗福田，出任首相。蔣介石再度押錯寶。田中一上臺，手下不留情，立刻與臺灣斷交。一九七二年九月二十九日，田中首相在北京宣布「中日共同聲明」，與中共正式建交，並聲明：「中華人民共和國政府是中國唯一的合法政府」，換取中共放棄對日索賠的實質利益。當天，臺灣被迫宣布與日本斷交。日本侵略中國八年，中國慘遭重大無比的戰爭損害，日本竟利用國共內戰造成的兩岸對立，極盡狡猾地逃掉應償還中國龐大的戰敗國戰爭損害賠償。

四、臺灣的務實外交

兩蔣治臺時期結束後，從一九八八年開始，李登輝總統主政臺灣十二年。在外交上，改採「務實外交」的政策。務實外交的政策，就是擺脫以前不切實際的空幻政策，面對現實，不再堅持中華民國是代表全中國的唯一合法政府。務實地面對現實環境。「現實政治環境」就是「中華民國在臺灣」，擺在世人眼前已逾半個世紀，無可否認。所以，李登輝承認海峽兩岸處於分裂分治的狀態，兩岸政權是兩個對等政治實體。臺灣放棄「漢賊不兩立」的口號，堅持「中華民國在臺灣」是個主權獨立的國家。

在「務實外交」的政策下，臺灣的邦交國雖少，而且都是些在國際上無足輕重的小國。可是，這只是在國際上表示：「臺灣尚有邦交國，還是一個國家。」實際上，臺灣是個島國，國計民生都要大大依賴對外貿易和文化交流，不能與世隔絕，自絕生路。因此，臺灣與邦交國除了維持正常的外交和經貿關係之外，對於非邦交國也維持非外交性質的經濟與文化等各種往來。為進行這些非邦交國的經濟及文化往來，臺灣與這些非邦交國之間，互設各種名堂的代表處或辦事處，例如：「美國在臺協會」及「駐美國臺北經濟文化代表處」。又如：日本在臺灣設立「交流協會」，臺灣在日本設立的「亞東關係協會」等。

五、國合會的外交艱困任務

臺灣的「外交部」除了不分有無邦交，全力推動「務實外交」之外，又由外交部主導設立財團法人「國際合作發展基金會」，簡稱「國合會」，由外交部長兼任董事長，協助外交部推展國際合作及援外合作的計畫。自從一九七一年臺灣退出聯合國以後，中共外交活動加緊深入非洲新興國家，這些國家陸續與中共建交而與臺灣斷交。臺灣對這些非洲新興國家的合作關係，因而陸續結束。因此，國合會的國際合作與援外合作工作改變方向，改向中南美洲國家和南太平洋島國發展，但也包括許多必須接受援助合作的其他非邦交中小國家。例如：泰國、印度、印尼、緬甸、捷克、土耳其等等國家。至二〇〇九年為止，共有四十二國成為「國合會」合作計劃的國家。合作計劃的主要內容包括：派出「農技團」深耕友邦，使荒漠變成良田，提高友邦的人民生活水準。派出「行動醫療團」執行國際醫療衛生計劃，使醫療照護，愛無國界。又成立「臺灣資通訊國際合作策略聯盟」，協助夥伴國家，創造良好e化應用環境，使資訊網路，世界相連。再成立「微額貸款計畫」，讓已習得農業技術的推廣戶，取得創業基金，擴大農業生產。

「國合會」的任務多元而且艱鉅。爲了業務順利推動以圓滿達成任務，「國合會」大批培訓專業人才，又招募志工參加海外工作。從二〇〇一年起，每年都從高等學歷役男中嚴格甄選學有專長的「外交替代役」人員，經短期培訓後，派往海外，協助各駐外技術團進行海外各項事業服務，以增進邦交，成果豐碩。臺灣這些外交工作，不但備極艱辛，行來不易；接受我們合作和援助的國家和人民，實實在在受惠良多，感激在心。此對於臺灣爭取友邦友誼，也切切實實大有助益。不過，在臺灣繼續努力推動「務實外交」的情形下，中共依然毫不鬆手，繼續封殺，以期趕盡殺絕。未來的演變如何，有待雙方的外交拉鋸競賽。

第五節　中美建交與臺灣關係法

一、中美建交的曲折過程

自從兩岸關係形成以後，中華民國的外交政策，即有兩項基本目標。第一是保衛中華民國在聯合國內的席位。第二是維持和加強中美關係。一九七一年十二月二十五日退出聯合國後，中華民國的外交，自然而然地集中全力維持中美關係。可惜，我國被趕出聯合國後，美國總統尼克森按照預定行程，於一九七二年二月，訪問中國大陸。他卻自誇說：他在中國大陸訪問的那七天是「改變世界的一週」。二月二十八日，尼克森和周恩來共同發表「上海公報」，公報的最後結語說「兩國關係正常化」符合中（共）美兩國人民的利益，且對世局有所貢獻。由此，「上海公報」就成為中美建交的先兆。

不久之後，中共即宣稱，在「上海公報」裡，美國已經承諾與臺灣「斷交、廢約、撤軍」，要求美國加速中美關係正常化的進度。可是，在美國方面，尼克森訪問中國大陸返國後，立刻受到水門事件的極度困擾，焦頭爛額，全國風雨。水門事件是一九七二年六月，共和黨人侵入華府的民主黨總部——水門大廈——偷裝竊聽器，當場被逮。尼克森捲入其中，無法脫身。最高法院判他有罪，眾議院提出彈劾，參議院要他下臺。尼克森四面楚歌，不得不於一九七四年八月九日鞠躬下臺，由副總統福特繼任總統。

在水門事件紛紛擾擾的時候，一九七三年二月，美國國家安全顧問季辛吉奉命再次訪問北京，達成初步協議。雙方發表「中美聯合公報」，宣布在北京和華盛頓，雙方互設「聯絡辦事處」。聯絡辦事處很快在五月便成立，功能等同大使館，只是「有實無名」而已。從此，中美邁向「關係正常化」的半步。

福特繼任總統後一個月，下令特赦尼克森。一九七五年十二月，福特總統訪問中國大陸。他向鄧小平承諾如果能夠當選連任，將立即與大陸建交，並與臺灣斷交。然在一九七六年的總統大選中，卡特勝出當選。所以中美建交的重責大任，就在卡特的總統任內大功告成。

卡特就職總統大位後，便積極推動中美建交的工作。根據一九八〇年出版的卡特回憶錄所敘，卡特提出他推動中美建交的理由有四項：

1. 中美建交可以共同防蘇、制蘇。
2. 中美對核子武器的政策相同，有利於限武談判。
3. 可以促進美國與第三世界國家之間的和平與了解。
4. 在貿易政策上，可予最惠國待遇，藉以平衡對蘇關係。

在臺灣方面，知道中（共）美建交已經箭在弦上，勢在必發，非常緊張。臺灣的外交部千方百計，遊說國會議員，爭取支持，希望影響卡特的決策。蔣經國也親函卡特致意。第一次，卡特婉詞回函。第二次則石沉大海。臺灣駐美大使沈險虹備受冷落，幾次求見卡特和國務卿萬斯，都不得其門而入。僅能見到國務院科長級官員，且被敷衍了事。臺美外交「名存實亡」。

卡特總統中美建交的準備工作完成後，爲避開國會議員的反對聲浪或困擾，在十二月十五日傍晚六時「臨時」起意，邀請國會兩院資深議員到白宮聚餐，當場向他們通報決定中美建交一事。同時，爲防止消息提前走漏，餐畢後，所有議員都被留在白宮，直到次日上午記者招待會開始後，才禮貌放行。

總之，美國順應國際局勢的變化，爲了國家利益和全球戰略的考量，由尼克森總統開始推動中美關係正常化，其後歷經七年的曲折過程，一九七八年十二月十六日，才由卡特總統正式宣布中美建交，大功告成。

二、中美正式建交的分析

當第二次世界大戰結束的時候，國際上，美蘇兩強嚴重對抗。在中國，則國共激烈展開內戰。在這種國內外錯綜複雜的局勢中，美國對中國採取「扶蔣反共」的政策，蘇聯則「扶助中共」奪取江山。這樣一來，戰後中國的國共內戰形勢，竟然演變成美蘇兩強爭相控制戰後中國的局面。

等到中共大獲全勝，羽毛漸豐、日益茁壯強大以後，就不聽從蘇聯的指揮操縱，不願淪落為蘇聯的附庸屬國，企圖自立自雄，雄立世界。此時，中蘇間的最大問題就是邊界問題。因為中蘇兩國的邊界，東西綿延萬里。當清末民初中國內憂外患不絕，無力遠顧邊境的時候，俄國乘人之危，以侵犯邊界或偷移界碑等手段，得寸進尺，得隴望蜀，進占邊界的中國領土。終於造成中俄邊界混淆不清，界線模糊。現在，中共日漸統一強大，中俄邊界的劃清成為當務之急。中蘇雙方都為了守疆衛土，各自布置重兵，鎮守邊疆，互不相讓。到一九六九年春夏之交，中蘇在東北邊境的珍寶島開火激戰，也在新疆多處邊界兵戎相見。中蘇關係惡化到極限。

正當中蘇關係惡化到谷底的時候，美國正深陷於越戰泥沼中，欲罷不能，蘇聯則趁機急起直追，拉近美蘇之間的軍事和經濟差距，期使美國對蘇聯的優勢不再。面對中蘇關係惡化和美蘇實力拉近的新局面，美國觀情察勢，乘虛而入，改弦易轍，改變對華政策。美國由「扶蔣反共」改採「聯中制蘇」的大戰略。昔日的美國，扶助蔣介石對抗中共。今日的美國，倒轉過來，聯合中共，合作對抗蘇聯。說來說去，美國和中共兩者都是為圖自身的國家利益而互相結合，糾結一起，共同防蘇。由是觀之，我們從中美建交的動機和過程，清楚可以看出美國、蘇聯以及中國三者之間，政策的分分合合，縱橫捭闔，充分顯示國際政治的「唯利是圖」。

三、中美建交聯合公報的內容

一九七八年十二月十六日凌晨二時，美國駐華大使安克志突如其來，緊急聯絡蔣經國祕書宋楚瑜，要求晉見蔣經國總統。宋楚瑜急馳總統官邸，半夜喚醒蔣經國。二時三十分，安克志在蔣經國官邸晉見蔣經國，當面宣讀卡特致蔣經國的信函。內容大要爲：

臺北時間十六日上午十時，卡特總統將宣布，美國與中華人民共和國已經達成協議如下：自明年一月一日開始建立外交關係，同日「臺美外交關係」將終止；卡特並保證，美國與臺灣的「實質關係」仍然維持，「雙方人民間的交往不致有任何影響」；「協防條約」將依條約第十條之規定，於一年後終止；美國將繼續向臺灣提供防衛性武器。

卡特總統的信函宣讀完畢後，安克志大使接著又宣讀「美國的聲明」以及「中（共）美建交聯合公報」的內容。

蔣經國聽完美國大使的宣讀內容後，情緒激動，非常憤慨，當場反駁說：「如此重大的決定，竟然在七小時前才通知我方，實深感遺憾。美國在如此倉卒的時間內決定此一重大問題，不僅失信於臺灣政府和人民，亦失信於整個自由世界人民。對於今後可能引起的一切嚴重後果，應由美國政府負全部責任。」

一九七八年十二月十六日，中美雙方同時在北京和華盛頓宣布「中美建交聯合公報」。要點爲：

1. 從一九七九年一月一日起，美國承認中華人民共和國爲中國唯一的合法政府，正式建立外交關係。
2. 從一九七九年三月一日起，美國與中共互派大使，並互設大使館。
3. 中美建交的同時，終止美國與臺灣的外交關係，但美國將與臺灣繼續維持文化、商業及其他非正式關係。
4. 美國繼續關切臺灣問題的和平解決。臺灣問題將由中國人民自行和平解決。
5. 「臺美共同防禦條件」於一九八〇年一月一日起失效，但其他的條約、協定繼續有效。
6. 美國與中共再度確認「上海公報」裡雙方同意的各項原則。

四、臺灣的因應之方

臺美斷交，對於臺灣來講，直如青天霹靂，一聲大雷轟頂。尤其，翌日，臺灣即將舉行「增額中央民意代表」選舉投票。宣布臺美斷交當天是選舉最後一天的最後衝刺造勢活動，不但激烈影響選情，而且可能產生意外的失控場面。臺美斷交從次年元旦才開始生效，竟然提早兩週，選在投票前夕宣布，明顯是刻意安排，不懷善意，企圖影響選情。爲了減輕傷害，避免失控，甚至造成國民黨政權的崩潰，蔣經國當機立斷，依照臨時條款所賦予總統的大權，發布「緊急處分令」。下令全國各縣市立即停止一切競選活動，次日的選舉投票，延期舉行。此爲面對非常局勢所採取的非常作爲。蔣經國面臨危局，臨危不亂，展現了他的政治智慧和治國能力。

中華民國在一九四八年制定動員戡亂時期臨時條款，賦予總統在行政院會議通過後，得發布「緊急處分令」以來，這是第三次動用此項權力。第一次是在一九四八年在中國大陸的金融危機；第二次是一九五九年在臺灣發生八七大水災。此次發布緊急處分的重點，不在臺美斷交，而在次日舉行的選舉投票所可能造成的惡果。

五、臺灣群眾抗爭運動的發端

國內政局雖因選舉延期舉行而暫時穩定下來。可是那時的黨外人士，一向以選舉發表政見和投票結果作爲對抗國民黨威權統治的唯一手段和舞臺。現在，選舉延期，何時恢復，遙遙無期。黨外人士頓失政治舞臺，遂改變策略，改以群眾抗爭運動來訴求他們的政治主張。由此演變，一九七九年一月二十二日，就發生「橋頭事件」。黨外人士爲了聲援涉嫌叛亂被捕的前高雄市長余登發父子，而在高雄市橋頭區展開示威遊行。此爲一九四九年臺灣實施戒嚴以來第一次發生的政治性示威遊行，公開挑戰戒嚴法。

黨外人士的抗爭運動，以同年八月十六日創刊的「美麗島」雜誌作爲大本管。當時，由立委黃信介出面召集全省黨外精英，創辦「美麗島」雜誌，大家分工合作，各自撰文，提出政治主張，批評時政弊端，發揮爲民喉舌的功能。創刊後，立刻風行全島，影響之大，無遠弗屆。創刊號發行五萬本。到第四期竟飆到十四萬本，對民心士氣的影響力之巨大，震動當權。到九月八日，又發生「中泰賓館事件」。該日，美麗島雜誌社在臺北中泰賓館舉辦創刊酒會時，遭到右派人士的抗議和鬧場，使國內兩派政治人物的對立形勢，日益升高。黨外人士的抗爭活動，以同年十二月十日在高雄發生的「美麗島事件」達到最高潮。此一事件的結局，黨外精英幾乎被一網打盡。他們在深夜凌晨時分被捕，遭受軍法審判後，判刑下獄。本書前章已敘及，茲不重贅。

六、美國制定臺灣關係法

根據中美建交聯合公報，美國尚須與臺灣維持文化、商業及其他非正式關係。基此，美國國會迅速於同年三月底通過「臺灣關係法」。四月十日，卡特總統簽署該法案，於六月二十日下令執行。「臺灣關係法」的要點如下：

㈠本法之立法目的有二：

1. 協助維持西太平洋之和平、安全與穩定。
2. 繼續維持美國人民與臺灣人民間之商業、文化及其他關係。

㈡美國與中共建交，係基於一項期望，就是臺灣之未來將以「和平方式」決定之。
㈢美國提供臺灣「防禦性武器」。
㈣維護並提高全體臺灣人民之人權，爲美國之目標。
㈤美國視臺灣爲一個政治實體（Political entity）。因此，美國的涉外法律亦適用於臺灣。
㈥斷交後，美國在臺北設置「美國在臺協會」，臺灣在華盛頓設置「北美事務協調委員會」（一九九四年改名爲「臺北駐美經濟文化代表處」）。

七、臺灣關係法的分析

中美建交成立後，美國劍及履及，很快制定並實施「臺灣關係法」，成爲美國對於美、中、臺三角關係運作的主要依據。對於此後的大局，產生極其深遠的作用和影響。職是之故，在此特加詳細分析如下：

㈠在「臺美共同防禦條約」尚未失效之前，「臺灣關係法」已經開始實施了，期使臺灣的安全保護沒有空窗期。臺灣的安全，確保無虞。「臺灣關係法」取代了「臺美共同防禦條約」，成爲臺灣安全的保障和後盾。

㈡「臺美共同防禦條約」主要涉及軍事同盟關係。「臺灣關係法」則是全面地涉及了美國對臺灣關係的基本政策，包括以維護臺灣人民之人權作爲美國之目標，表示臺灣在戒嚴體制下破壞人權的政治，美國不予支持。

㈢美國期待臺灣的未來將以「和平方式」解決之。換言之，任何以「非和平方式」解決臺灣問題時，美國將挺身而出，出面干涉或加以制止。一九九六年，臺灣舉行首次總統直接民選時，中共在對岸進行飛彈演習，準備攻臺。美國立刻以第七艦隊駛進臺海邊緣監視，以備不測，即為明證。依此，臺美之間，表面上雖已廢止軍事同盟，實際上卻仍存有軍事同盟之實。

㈣美國提供臺灣「防禦性武器」，目的在使臺灣具有自衛能力，免受中共武力犯臺之危險。同時，因為臺灣僅擁有「防禦性武器」，沒有「攻擊性武器」，遂無力反攻大陸，符合美國一脈相承的不准兩岸互打的政策，可以保障美國西太平洋海權的安定和安全。

㈤美國的涉外法律可適用於臺灣，表示美國表面上僅視臺灣為一個「政治實體」，臺灣尚不失為一個主權國家之特質。

㈥「臺美共同防禦條約」屬於國際法，締約雙方都有共同遵守的義務。「臺灣關係法」則僅是美國的國內法，它是否執行及如何執行悉由美國片面決定，臺灣和中共均無置喙餘地。因此之故，美國對於兩岸關係可以依遵「臺灣關係法」，自行其是。

第六節　美國外交與美、中、臺三角關係

一、十九世紀以前，美國的孤立主義外交

在人類歷史上，美國是在一個新大陸崛起的新興國家。這個新興國家在建國之初，爲了專心一致，建設國家，採取「安靜發展，不問外事」的孤立主義外交政策。美國的先民們在一七七六年發表獨立宣言，開始進行脫離英國殖民統治的獨立革命戰爭。到一七八九年，美國獨立戰爭勝利，聯邦政府正式誕生。華盛頓做了頭兩任八的總統，婉拒再競選做第三任總統。他在卸任的臨別演說中，苦口婆心，叮嚀美國人民說：「歐洲的主要利益，對美國互不相干。今後的美國政策，應該避免和任何外國訂立永久性的盟約。」此後百年間，美國外交奉行這個金科玉律，採取孤立主義的外交政策，從未改變，由此奠定了美國的富強基礎。

一八九八年，美國因同情古巴人民脫離西班牙的革命運動而引起美西戰爭，結果美國打敗西班牙。西班牙放棄古巴，且將菲律賓、關島、波多黎各等地，割讓給美國。同一年，美國又應土人的請求，合併了夏威夷群島。這樣一來，美國的勢力由美洲達到亞洲，由太平洋東岸到達太平洋西岸。從此，美國才脫離傳統的孤立主義的外交政策，走上了世界政治的舞臺。

二、美國與中國門戶開放政策

十九世紀快結束的時候，美國雖然脫離了孤立主義的外交政策，參加國際政治。可是，美國的政策依然是：只求和平通商，反對締結盟約，反對戰爭。和平通商之目的在賺錢和厚植國力。反對戰爭之目的，在避免消耗國力，這是美國謀求富國強兵的入手要道。

當一八九八年美國得到菲律賓，正想以菲律賓作基地，向中國打開通商之路的時候，列強已經在中國劃分勢力範圍，中國正面臨瓜分局勢，岌岌可危。美國遲到一步，眼巴巴看著中國沒有好地方可以再瓜分。於是美國國務卿海約翰（John Hay）靈機一動，出面倡導「中國門戶開放政策」（The Open Door Policy），主張全中國應該開放給全世界各國的商人，一律自由平等的通商機會，這個主張得到列強的默認。因此這個政策實施的結果，列強與中國所簽訂劃分勢力範圍的條約依然存在，僅僅是各列強在中國的勢力範圍內維持自由平等的通商機會而已。中國門戶開放政策經各國默認後，解除了美國對華通商面臨崩潰的危局，也挽救了中國瀕臨危亡的厄運。從此以後，門戶開放政策便成爲美國對華政策的基本原則。

綜觀清末民初，中國內憂外患、久衰不振的這段期間，侵略中國的國家大致可以分爲兩種：一種是以通商爲目的之遠道國家，如美國和英國。另一種是以侵略土地爲目的之左鄰右舍，如日、俄兩國。每當日俄相繼侵略中國的時候，美國便馬上出面提倡中國門戶開放政策，反對日俄侵略中國，不承認日俄侵略中國的成果。可惜美國卻始終未以實際行動貫徹這個主張，始終沒有爲維護中國門戶開放而戰的決心和行動。有形無形之中，助長了日俄的侵略氣焰。箇中原因很簡單，美國堅守它立國以來的一貫政策，只要通商，不要戰爭。

三、二十世紀以後，美國改採軍事同盟外交

在二十世紀的前半段，連續發生了兩次世界大戰。美國的國力發揮了決定戰爭勝負的關鍵角色。第一次世界大戰（一九一四至一九一八年），協約國得到美國的幫助才將德、奧打敗，美國在世界的地位因此大大提高。美國在第一次世界大戰中，不僅放棄了傳統的孤立政策，而且開始取得了領導世界的地位。第二次世界大戰（一九三七至一九四五年），德、日兩個侵略國家氣焰萬丈，幾乎征服歐亞兩洲，更是靠美國的力量才將戰局扭轉且得到最後勝利。人類經過了這兩次世界大戰的戰爭洗劫，戰敗國如德、日、義、奧等都已經國破財盡。戰勝國如中、英、法等也筋疲力盡。只有美蘇兩個戰勝國愈戰愈勇，在戰後一躍成爲世界上兩個超級強國（Super Powers）。爲了爭霸天下，美蘇兩強在第二次世界大戰一結束，立刻展開激烈競爭，爭相擴大地盤和勢力，形成民主世界和共產世界的東西對立局面。

在戰後東西對立的局面下，聯合國裡因爲五強各握有安理會內「否決權」（Veto Power）的關係，所以美蘇對於聯合國所建立的世界集體安全制度均喪失信心。爲了對抗，雙方改在聯合國外面，各自建立區域安全組織條約，作爲集體自衛。蘇聯除了與東歐各附庸國家成立雙邊網狀組織條約之外，在亞洲也與中共、外蒙及北韓締結軍事同盟條約。一九五五年五月十四日，蘇聯更與八個東歐國家簽訂華沙公

約，以與一九四九年四月十二日美國所領導的北大西洋公約組織十二國對抗對壘。在民主世界裡，美國除了領導歐洲國家建立北大西洋公約組織之外，在亞洲及太平洋地區，美國分別與日本、臺灣、菲律賓以及澳紐等國家簽訂雙邊同盟條約，更在一九五四年九月八日與八個東南亞國家簽訂東南亞多邊防衛公約。從如此眾多的多邊和雙邊軍事同盟條約中，足見美蘇的軍事對抗，針鋒相對，壁壘分明。一旦一個地區動起干戈，發生戰爭，便會牽一髮而動全身，引發第三次世界大戰。

美國自從建國以來，所堅守的傳統外交政策，是避免對外訂立軍事同盟。可是美國在第二次世界大戰後，領導各民主國家到處簽訂軍事同盟。徹徹底底推翻了美國的傳統的孤立主義外交政策。此因時空背景轉變的關係所致。

「此一時，彼一時也。」「彼時的美國」，建國伊始，百廢待興，全心全力，建設國家，自掃門前雪，不管他人瓦上霜。把國家安全局限在美國本土之內，依靠東西兩大洋的屏障，保障美國國家安全。「此時的美國」，歷經百多年的慘淡經管後，已經民富國強。自一九〇三年美國萊特兄弟發明飛機以來，一九一四年第一次世界大戰首次使用飛機在戰場上。「此時的世界」，天涯若比鄰，海空交通朝發夕至，戰爭型態完全改觀。美國無法再抱殘守缺，閉關自守，不得不越過兩大海洋，把美國的國防安全防線延伸到歐亞兩洲，形成新型的世界帝國主義。

四、美國介入國共內戰及談判

早在第二次世界大戰之前，中國的國共內戰就已經打得如火如荼，難分難解。美蘇兩大勢力也開始介入，都想控制其中一方，主導未來的中國前途。蘇聯援助中共成長，美國則支援國民黨壯大。由於抗日戰爭期間，國民黨勢力較中共大許多，國民黨的戰時首都重慶便成為國共談判的地點。不但中共移樽就教，派周恩來到重慶進行國共談判，就連美國也介入國共談判。

尤其，一九四五年八月十四日，日本戰敗投降後，國共雙方都在搶占地盤的情勢下，美國的政策是「扶蔣反共」。美國一方面阻止日軍向中共投降，指定蔣介石為中國戰區接受日本投降的唯一代表；另一方面，則動員大批美國軍機和軍艦，協助國民政府將遠在中國西南的國軍運送到華中、華東和東北地區，去辦理接收工作。相反地，蘇聯的政策則是「扶助中共」。蘇聯一則拒絕國軍在大連港登陸，阻止國軍接收東北；二則掩護中共軍隊占領華北及東北各軍事要地，並且將俄軍從日本在中國東北關東軍收繳的大批戰利武器，轉交中共軍隊使用。這樣一來，戰後國共的搶奪地盤，竟然演成了美蘇兩強爭相控制戰後中國的局面。

第二次世界大戰日本戰敗投降後，為促成中國停止內戰及恢復和平，一九四五年十二月十五日，美國杜魯門總統發表了對華政策聲明。要點為：

㈠國共停戰，召開政治協商會議。

㈡改組國民政府為聯合政府。

㈢共軍改編爲國軍。

㈣美國經濟援助中國。

㈤美國對中國內戰，不作軍事介入。

同一天，杜魯門派馬歇爾將軍（George C. Marshell）爲特使，來華調處國共糾紛。馬將軍的外交任務一無所成，徹底失敗。一九四七年一月八日，在學生反美聲中，馬將軍愴然返美。國共和解的工作到此結束。

五、美國從「扶蔣反共」到「聯中制蘇」

正當國共內戰勝敗已定的時候，一九四九年八月五日，美國適時發表了「美國對華外交白皮書」。回顧了從一八四四年中美簽訂望廈條約以來，直到一九四九年間的中美百年關係。尤其，細述從一九四四年至一九四九年美國「扶蔣反共」政策的失敗經過。美國對華外交白皮書的發表，表示美國對中國採取放手政策，其用意本來是要澄清各方對於美國對華政策的批評和責難。不料，不但沒有達成預期目標，反而欲蓋彌彰，同遭國共雙方的怨懟和抨擊。可以說，它的效果適得其反，兩面不討好，實在是美國外交的一大敗筆。

一九四九年十二月七日，蔣介石流亡臺灣以後，美國認爲蔣介石已經窮途末路，無法東山再起。一九五〇年一月五日，杜魯門總統公開發表聲明說：「美國無意占領臺灣，也不介入臺灣島上的軍事。」美國對華政策明顯實行「拋蔣政策」。不料，六月二十五日，韓戰突然爆發，杜魯門這才猛然初醒，傾盡全力介入韓戰，同時軍事保衛臺灣，終使臺灣轉危為安，起死回生。歷經三年的韓戰結束後，一九五四年十二月二日，美國與臺灣簽訂「中美共同防禦條約」，正式成立軍事同盟，協防臺灣。由此演變的結果，一九五八年八二三金門炮戰，中共想以武力犯臺的計畫失敗。兩岸關係從此結束了「軍事衝突時期」，漸漸走入「和平對峙局面」，最後則演成「民間交流時期」。

兩岸走入和平對峙時期以後，在國際上，中共日益強大，中蘇關係日益惡化。美國面對這樣的新局面，為了自身國家的利益，而採取「聯中制蘇」的外交策略。親近中共，討好中共。由此演變，在美國的主導下，一九七一年十二月，中共獲准進入聯合國趕走蔣介石代表團。一九七九年元旦起，美國正式與中共建交，同時與臺灣斷交。在這一連串的外交重大事件，極其自然，將引發美、中、臺三角關係的重大變化。此項重大變化的主要內容有：臺灣關係法、中美三大聯合公報、中美三大聯合聲明等三大項目，此決定及操縱美、中、臺的三角外交和戰略關係。「臺灣關係法」已經在前一節介紹及分析過。本節將再介紹及分析「中美三大公報」及「中美三大聯合聲明」。

六、中美三大聯合公報

(一)上海聯合公報

一九七二年二月二十七日，美國總統尼克森與中國總理周恩來在上海共同簽署發表「上海聯合公報」。內容要點如下：

1. 中共聲明

(1) 中共是中國的唯一合法政府，臺灣是中國的一個省。

(2) 解放臺灣是中國的內政，別國無權干涉。

(3) 美國必須從臺灣撤軍。

(4) 中共堅決反對「臺灣獨立」和鼓吹「臺灣地位未定」的活動。

2. 美國聲明

(1) 美國認知，在臺灣海峽兩邊的所有中國人，都認爲只有一個中國，臺灣是中國的一部分。美國政府對這一立場不提出異議。

(2) 臺灣問題由中國人民自己和平解決。

(3) 美國將隨著兩岸緊張局勢的緩和，逐步減少駐臺美軍。

3. 雙方相信

兩國關係正常化，符合兩國人民利益，也對緩和世局有所貢獻。

㈡ 中美建交公報

一九七八年十二月十六日，中美雙方在北京和華盛頓同時宣布的「中美建交聯合公報」之內容要點，已在前一節介紹過。茲爲方便對照和分析起見，特再重覆列出如下：

1. 從一九七九年一月一日起，美國承認中華人民共和國為中國唯一的合法政府，正式建立外交關係。
2. 從一九七九年三月一日起，美國與中共互派大使，並互設大使館。
3. 中美建交的同時，終止美國與臺灣的外交關係，但美國將與臺灣繼續維持文化、商業及其他非正式關係。
4. 美國繼續關切臺灣問題的和平解決。臺灣問題將由中國人民自行和平解決。
5. 「臺美共同防禦條約」於一九八〇年一月一日起失效。但其他條約協定繼續有效。
6. 美國與中共再度確認「上海聯合公報」裡雙方同意的各項原則。

(三)中美八一七公報

一九八二年八月十七日，美國總統雷根與中共總理趙紫陽在墨西哥簽署發表聯合公報，俗稱「中美八一七公報」。內容要點如下：

1. 美國保證繼續恪守「上海公報」和「建交公報」的各項原則。
2. 美國承諾將限制售臺武器的質和量，最後將完全停止對臺軍售。

由於此項公報的重點在於：美國對臺軍售問題。軍售問題是兩岸最敏感和最堅持的首要問題。雷根總統為兩全其美，就施展兩面外交的手法來處理這個問題。一方面，在中國強烈要求下，於八一七公報裡，公開承諾將逐漸停止對臺軍售。但在另一方面，又恐激起臺灣方面的過度恐慌，在簽署發表此公報之前，先透過外交途徑，私下向臺灣當局提出六大保證如下：

1. 美國對臺軍售沒有最後期限。
2. 美國不會與中國協商對臺軍售問題。
3. 美國不會在兩岸扮演調解人。
4. 美國不會修改臺灣關係法。
5. 美國對臺主權問題立場不變。
6. 美國不會壓迫兩岸協商。

七、中美三大聯合聲明

在「中美三大聯合公報」先後發表後，中美雙方爲進一步協商雙方關係及處理臺灣問題，在此後的三十年間，雙方進行了三次的「元首外交」。由國家元首親自出馬，友好訪問對方首都，彼此會商，互相協調，且在會後發表聯合聲明。大要如下：

㈠中美第一次聯合聲明

一九九五年十月二十九日，中國國家主席江澤民到華盛頓作友好訪問，與美國總統柯林頓共同發表聯合聲明。要點如下：

1. 中國方面表示：臺灣問題是雙邊關係裡，最重要、最敏感的核心問題。

2. 美國方面表示：美國堅持一個中國政策，遵守中美三大聯合公報之原則。

㈡中美第二次聯合聲明

二〇〇九年十一月十七日，美國總統歐巴馬到北京做友好訪問，與中國國家主席胡錦濤共同發表聯合聲明。要點如下：

1. 中國方面表示：臺灣問題涉及中國主權與領土完整，希望美方信守有關承諾。
2. 美國方面表示：
(1) 奉行一個中國政策，遵守中美三大聯合公報。
(2) 鼓勵兩岸加強在經濟、政治及其他領域的對話與互動。

㈢中美第三次聯合聲明

二〇一一年一月十九日，中國國家主席胡錦濤到華盛頓做友好訪問，與美國總統歐巴馬共同發表聯合聲明。要點如下：

1. 中國方面表示：臺灣問題涉及中國主權與領土完整，希望美方信守有關承諾。
2. 美國方面表示：
(1) 奉行一個中國政策，遵守美中三大聯合公報。
(2) 鼓勵兩岸加強在經濟、政治及其他領域的對話與互動。
(3) 讚揚臺海兩岸簽署「經濟合作架構協議」（ECFA）。

八、分析一：美國、太平洋海權與臺灣

在世界地理上，美國是一個得天獨厚的國家。東岸瀕大西洋，西岸臨太平洋。在海權、空權尙未發達以前，兩大海洋屛障著美國的國家安全。而且，美國的南方與北方鄰國均非強國，使得美國得以安心建設國家，在安定中求成長進步，雄立於美洲大陸。可是，自從一八九八年美國戰勝西班牙，得到太平洋上的菲律賓和關島。同一年，美國又應土人的請求，合併了夏威夷群島。這樣一來，從二十世紀開始，太平洋海權就成爲美帝國的新命脈。

進入二十世紀以後，在一九〇四至一九〇五年的日俄戰爭中，日本海軍消滅了俄國的遠東艦隊，俄國不甘心，遠從歐洲調遣波羅的海艦隊東來決戰。可是，波羅的海艦隊經過長途風濤，卻於一九〇五年五月在對馬海峽（位於日韓之間的海峽）被日本艦隊一舉殲滅，由此造成俄國被日本打敗的致命傷。

當日俄戰爭結束時，美國戰略家們立刻提出警告，日本在對馬海峽一舉殲滅俄國波羅的海艦隊，充分證明想要從遠方基地跋涉風濤來增援，乃是天下第一愚事。現在，美國在遼闊的太平洋缺乏一個可以保衛或增援菲律賓和關島的基地。一旦遠東有事，日本想取菲律賓和關島，美國大有「遠水難救近火」之感。其結果是，一九〇九年十一月八日，美國做了一項重要決定：建築珍珠港的大海軍基地。從此，珍珠港成爲美國在太平洋的海軍總基地和海權中心。

在甲午戰爭和日俄戰爭中，日本連戰連勝。一九一八年第一次世界大戰結束，日本也屬於戰勝國這邊。日本乘三戰三勝之餘威，大肆擴張海軍，以期在太平洋上與美國海軍爭鋒競霸，挑戰美國的太平洋

海權。結果引起一九四一年十二月八日的日本偷襲珍珠港事變，瘋狂發動太平洋戰爭。

一九四五年八月十四日，日本戰敗投降後，面臨戰後美蘇分裂對立的國際大局，美國記取珍珠港事變的教訓，避免重蹈覆轍，採取「圍堵政策」（Policy of Containment），建立西太平洋防線。這條防線，北從阿留申群島，經過日本、南韓、琉球、臺灣、菲律賓、南到澳洲、紐西蘭爲止。把共產勢力圍堵在這條防線以西，不讓共產勢力突破這條防線，進入太平洋與美國爭奪太平洋海權，保障美國本土之安全。臺灣正處在這條防線的中點，是防線的重鎭。如此一來，臺灣對於美國的太平洋海權的鞏固，無比重要。

因此，一九五〇年兩岸關係形成以後，尤其該年六月韓戰爆發，爲了鞏固美國的西太平洋防線，保障美國的太平洋海權，美國對兩岸的一貫政策，就是保衛臺灣的安全，防止臺灣落入中共手中。美國保衛臺灣安全的手法，與時推移，經由一連串的政策、條約、法律、公報以及聲明等等的遞嬗演變，而陸續付之實施。表面上，時間冗長，錯綜複雜。實際上，則有脈絡可尋。因爲美國總統宣布的「臺海中立化政策」，或簽署的「中美三大公報」和「中美三大聲明」等，只不過是總統的政策宣示而已，未經國會通過程序，不具正式法律效力。只有「中美共同防禦條約」和「臺灣關係法」才是國會通過的正式條約和法律。現在，「中美共同防禦條約」早被廢止，由「臺灣關係法」取而代之。職是之故，當前形勢，「臺灣關係法」的法律效力凌駕「中美三大公報」和「中美三大聲明」之上。就內容而觀，前者和後兩者的最大差別，在於前者規定「美國軍售臺灣」，後兩者則否。歷次中（共）美雙方的外交折衝和角逐，始終在「美國對臺軍售問題」上面打轉，雙方爭持不下，久久無解。

九、分析二：美國對臺灣軍售問題

綜合上述，可知兩岸關係形成後，美國爲了鞏固它的太平洋海權，必先守住它的西太平洋防線。爲了守住它的西太平洋防線，必先保衛臺灣。爲了保衛臺灣，又必先維持對臺軍售，使臺灣足可自衛，不致不堪一擊，立刻落入中共手中。所以兩岸大局演變至今，「美國對臺灣軍售問題」，臺美雙方互蒙其利，也成爲美、中、臺三角關係的重心和眞正關鍵問題。茲將美國對臺軍售的演變過程，介紹如下：

㈠中美建交談判的關鍵

美國對臺軍售問題是從中（共）美進行建交談判告一段落，美方草案出爐的時候，才開始發生的。因爲在中美建交以前，已經有臺美共同防禦條約在保衛臺灣安全，那時中共不必計較對臺軍售問題。現在中美建交後，臺美必須廢約。爲了保衛臺灣安全，美國就把軍售臺灣列入美方所提的「建交聯合公報」草案中。時任國務院副總理的鄧小平，觀察入微，洞察利害，堅決表示不能接受美國軍售臺灣防禦性武器。經雙方再三協商後，妥協的結果是，在「建交公報」內不提此事，但在卡特致蔣經國的信函中可私下提及。「建交聯合公報」的內容，就此拍板定案。

㈡「臺灣關係法」的制定

中（共）美正式建交後，按照「建交聯合公報」的內容，臺美共同防禦條約於一年後失效。亦即從一九八〇年一月一日起廢約。美國國會爲了保衛臺灣，搶先在一九七九年四月十日，迅速通過「臺灣關係法」。該法規定「美國提供臺灣防禦性武器」。立法目的在使美國保衛臺灣的任務，不發生空窗期。

㈢「穆考斯基法案」的通過

一九八二年，中美簽署「八一七公報」。雷根總統承諾將逐漸減少軍售臺灣，最後到完全停售為止。運作十一年後，美國參議院亮出王牌。一九九三年七月，參議院通過「穆考斯基法案」，內容確定「臺灣關係法」的效力，優於「八一七公報」。這樣一來，只要「臺灣關係法」存在一天，美國總統的外交行為就無法推翻「臺灣關係法」的規定。美國依法可以繼續軍售臺灣。

㈣對臺軍售成為美國的片面主張

從一九九七年到二〇一一年的三次「元首外交」之「中美聯合聲明」裡，中共堅決反對將「遵守臺灣關係法」的字句列入「中美聯合聲明」裡。僅僅由美國總統於會談後片面地向媒體聲明：美國將遵守「臺灣關係法」。由此演變，遵守「臺灣關係法」及「對臺軍售」就成為美國的片面主張。

第八章　臺灣民主政治的演進

第一節　臺灣的地方自治

一、戰後初期臺灣中央民意代表的選舉

臺灣接收後，被列爲中華民國的一省。所以，國民黨在中國大陸舉辦的中央民意代表選舉，也就一視同仁，分配名額給臺灣。不過，臺灣是個小省，所以分配名額很少。由此，在戰後兩年多的短暫時期裡，臺灣立刻有了五項中央民意代表的選舉。當選人於當選後，立刻到南京去報到，執行職務。爲清楚明瞭起見，特列表說明如下：

戰後初期臺灣省選舉中央民意代表說明表

序號	職稱	全國總名額	臺灣省分配名額	選舉投票日期	選舉產生方式
1	國民參政員	（缺資料）	八人	一九四六年八月十六日	(1)由臺灣省參議會「間接選舉」選出。 (2)臺灣省參議會於一九四六年五月一日成立。

序號	職稱	全國總名額	臺灣省分配名額	選舉投票日期	選舉產生方式
2	制憲國民大會代表	一千六百多人	十七人	一九四六年十一月十五日	同右
3	行憲第一屆國民大會代表	三千零四十五人	二十七人	一九四七年十一月二十一至二十三日	由各縣市以「直接民選」選出。
4	第一屆立法委員	七百七十三人	八人	一九四八年一月二十一至二十三日	同右
5	第一屆監察委員	二百二十三人	五人	一九四八年一月十日	由臺灣省參議會以「間接選舉」選出。

附注：「國民參政院」於抗日戰爭期間在重慶成立，是戰時唯一的中央民意機關。臺灣接收後，國民參政會已經是第四屆了。因此，臺灣所選出的八名國民參政員，爲參加第四屆國民參政會。

二、臺灣地方自治的坎坷路程

民主政治的實施有兩個層級。一個是中央政府的民主政治，就是透過政黨政治和選舉投票的運作，實現內閣制或總統制的民主政治。另一個層級則是地方自治的民主政治，包括省級和縣市級的民主政治。

中國在國民黨的統治之下，蔣介石「以黨治國」的一黨專政，從未改變。在大陸時期，毛澤東主張「聯合政府」的政黨政治，蔣介石反對到底。美國從中調停，力勸蔣介石以「聯合政府」換取「軍隊國家化」。蔣介石照樣忠言逆耳。由此，造成大陸失敗，江山淪落。蔣介石退守臺灣後，依然不改本性，緊握兵權，名為實行民主憲政，實則厲行一黨專政，以黨治國。所以，終其一生，打不回大陸。

中華民國在臺灣，在一黨專政的體制下，以動員戡亂為藉口，在憲法外面，增訂「臨時條款」的違章建築。由「萬年國會」選出「終身總統」，統治臺灣。因此，中央層級的民主政治始終無法實現。至於地方自治的民主政治，雖比中央的民主政治略勝一籌，可惜中華民國的統治領域，僅剩臺灣一省。臺灣省政府的地盤和職權幾乎與中央政府一致，疊床架屋。因此，省級的地方自治，包括省長和省議會的民選，始終無法落實。僅剩下縣市級的地方自治，透過選民的選票，多少不受一黨專政的牽制，還勉強可以正常運作。

依照中華民國憲法第一百〇八條之規定，必須由立法院先制定「省縣自治通則」，然後據此而由省議會制定「省自治法」，規定由民選產生省長和省議會。因為中華民國僅剩臺灣一省，所以「省縣自治通則」遲遲難產，使得省級的地方自治難以實現。受到現實政治環境的重重限制，臺灣的地方自治一路坎坷。

三、省長演變的四部曲

㈠官派行政長官時期

臺灣接收前夕，蔣主席特任陳儀將軍爲「臺灣行政長官」，到臺灣進行軍事殖民統治。不料，陳儀竟從中國大陸帶了上萬個貪官汙吏至此，橫行霸道，把臺灣搞得天翻地覆，天怒人怨，引發二二八事件，造成臺灣的空前浩劫。蔣介石追蹤了解案情後，快刀斬亂麻，罷黜陳儀。同時，改「臺灣行政長官」爲「臺灣省主席」，回歸常態。從此，臺灣與大陸各省一視同仁，在臺灣設置「省政府」。

㈡官派省主席時期

一九四七年四月二十二日，蔣主席任命文官魏道明擔任臺灣省主席，全力改善省政，爲二二八事件處理善後。一年半以後，由於國共內戰的戰局惡化逆轉，急轉直下，蔣介石遂任命陳誠將軍取代魏道明，擔任臺灣省主席，爲退守臺灣預作準備，並把臺灣建設爲將來反攻大陸的基地。茲將官派的歷任臺灣省主席的名單，列表介紹如下：

官派的歷任臺灣省主席名冊

任別	姓名	籍貫	到任年月	任期	到任前職務	卸任後職務
1	魏道明	江西	一九四七年五月	一年六個月	立法院副院長	離職赴美
2	陳誠	浙江	一九四九年一月	一年	參謀總長	行政院長
3	吳國楨	湖北	一九四九年十二月	三年四個月	上海市長	流亡美國
4	俞鴻鈞	廣東	一九五三年四月	一年二個月	財政部長	行政院長
5	嚴家淦	江蘇	一九五四年六月	三年二個月	財政部長	行政院長
6	周至柔	浙江	一九五七年八月	五年四個月	參謀總長	總統府參軍長
7	黃杰	湖南	一九六二年十二月	六年七個月	警備總司令	國防部長
8	陳大慶	江西	一九六九年七月	三年	陸軍總司令	國防部長
9	謝東閔	臺灣	一九七二年六月	六年	臺灣省議會議長	副總統（蔣經國時代開始）

任別	姓名	籍貫	到任年月	任期	到任前職務	卸任後職務
10	林洋港	臺灣	一九七八年六月	三年六個月	臺北市長	內政部長
11	李登輝	臺灣	一九八一年十二月	二年	臺北市長	副總統
12	邱創煥	臺灣	一九八四年五月	六年	行政院副院長	總統府資政
13	連戰	臺灣	一九九〇年六月	二年八個月	行政院副院長	行政院長（一九八八／一／十三李登輝繼任總統）
14	宋楚瑜	湖南	一九九三年三月	一年九個月	國民黨祕書長	首任民選省長

從上列名冊的資料觀察，可以分析出兩個特點如下：

1. 官派文臣武將擔任省主席

蔣介石治臺，始終官派文臣武將擔任省主席，又身兼警備總司令。省主席包辦臺灣省的軍政大權，此與陳儀擔任行政長官時期相比，大同小異。所不同的是，陳儀時期，蔣介石忙著在大陸打國共內戰，無暇遠顧臺灣，放縱陳儀在臺灣獨斷獨行，我行我素。可是，中央政府遷臺以後，省主席在臺灣多了個頂頭上司，隨時可以發號施令，指揮省政。

2. 從「外省人治臺」到「以臺治臺」

蔣介石治臺，青一色任用外省人擔任省主席，實行「外省人治臺」的政策。結果經濟沒有發展，民生獲益不多。一九七二年六月，蔣經國時代開始，才改弦易轍，起用臺灣文官擔任省主席，「以臺治臺」。蔣經國認清大局，大刀闊斧，發展經濟，推動本土化和民主化兩大政策，奠定了中華民國在臺灣長治久安的深厚根基。

㈢民選省長時期

從一九八八年李登輝繼任總統開始，為了落實地方自治的民主政治，在一九九二年五月的第二次修憲中，把省長及直轄市長由官派改為直接民選，載入憲法增修條文中。依此，立法院就在一九九四年七月通過「省縣自治法」及「直轄市自治法」。同月，開始施行。有了法律依據便快馬加鞭，在同年十二月三日，同時舉辦臺灣省長及北高兩個直轄市長的直接民選。結果，臺灣省長由國民黨的宋楚瑜當選，臺北市長由民進黨的陳水扁當選，高雄市長則由國民黨的吳敦義當選。這是在一九九六年總統直接民選以前，臺灣直接民選產生的三位合法最高行政首長。臺灣地方自治的民主政治向前邁進一大步。

㈣精省收尾

省長直接民選產出以後，不但沒有解決省與中央業務重疊的問題，而且在一九九四年七月第三次憲法增修條文中，已經載入總統直接民選的規定，訂一九九六年第九任總統開始實施。這樣一來，民選省長和民選總統，不但大部分業務重疊，且因兩者同具民意基礎，足可分庭抗禮，省長甚至是站在第一線手握重權，很可能架空總統職權，問題嚴重。有識之士紛紛出面主張廢省或凍省，以求解決。

早在一九五七年，雷震創辦的「自由中國」月刊就已經提出廢省之議。在當時，此爲先見之明，洞燭先機。可是蔣氏政權大不以爲然，認爲廢省無異走向臺獨之路，不但無法忍受，且視之爲邪端異說。民選省長就任兩年後，李登輝總統召集朝野人士舉辦「國家發展會議」。廢省之議成爲熱門議題。最後，達成「凍省」的共識。消息一出，立刻掀起保守勢力的反彈和反撲。首當其衝的省長宋楚瑜，更是炮打中央，極力反對。廢省不成，凍省也難。妥協結果以「精省」收尾。

一九九七年七月，李登輝在第四次修憲裡，把「精省」的決定載入憲法增修條文中。要點爲：省政府設委員九人，其中一人爲主席。同時設置省諮議會，議員若干人。兩者均由行政院長提請總統任命之。依此，宋楚瑜的省長四年任期到一九九八年底結束。在任期結束前，省府各單位的業務移撥給中央各部會接管。民選省長從此走入歷史，宋楚瑜成爲首任也是末代的臺灣省長。

四、省議會演變的四部曲

(一)省參議會時期

臺灣接收後，國民政府迅即於一九四五年十二月十六日公布「臺灣省各級民意機關成立方案」。依此，臺灣省由選舉產生「各縣市參議會」及「臺灣省參議會」。過程介紹如下：

1. 在一九四六年三月間，由公民「直接選舉」產生最基層的「村里民代表」，全臺共選出七千〇七十八名。

2. 緊接著，由各縣市內的「村里民代表」以「間接選舉」選出各縣市參議員，組成「各縣市參議會」。全臺共選出五百二十三名「縣市參議員」。

3. 最後，由「各縣市參議會」以「間接選舉」選出省參議員三十名。

一九四六年五月一日，「臺灣省參議會」在臺北市正式成立。同日，選出黃朝琴、李萬居爲正、副議長，「臺灣省參議會」成爲過渡時期的「臺灣省議會」。臺灣省參議員的競選過程相當激烈，應選名額僅有三十名，但候選人竟高達一千一百八十人，僧多粥少，當選率只有百分之二點五。由此可見，戰後的臺灣，知識分子和地方士紳們對於政治的熱衷，大家都不約而同地想擠進政治的窄門。

㈡臨時省議會時期

一九五一年八月二十九日，行政院公布「臺灣省臨時省議會組織和議員選舉罷免辦法」。此項辦法冠以「臨時」二字，是因爲行政院受現實政治環境的限制，遂請立法院暫緩通過「省縣自治法」。可是爲了裝門面，表示政府在臺灣推行民主政治，不得不成立「省議會」。所以在「省自治法」未通過以前，暫時以「行政命令」民選成立省議會。省議會的產生尚無法律根據，所以稱爲「臨時省議會」。

一九五一年十一月十八日，第一屆「臨時省議會」由全省十六縣五市的參議會以「間接選舉」方式選出，應選名額增加到五十五名，任期三年。此次選舉登記參選的候選人急降到一百四十人，當選率驟然提高到百分之三十九，選情與四年前選舉「省參議員」時期相比較，冷熱程度，天差地別。四年前選舉時，當選率僅僅百分之二點五，現在選舉「臨時省議員」的當選率，突然提高到百分之三十九，令人瞠目結舌。箇中原因，明顯是受到一九四七年二二八事件的遺害。在二二八事件中，大多數爲民喉舌、仗義直言、揭發時弊的「省參議員」和「縣市參議員」都慘遭清算鬥爭，被捕被殺或失蹤，使得臺灣人民引以爲鑑，對政治視爲畏途，對政府推行地方自治失去信心。

(三)省議會時期

一九五九年六月二十四日，第三屆「臨時省議會」開會期間，省主席周至柔將軍在議場上宣布，奉行政院命令，即日起將「臺灣省臨時省議會」改名爲「臺灣省議會」，刪去「臨時」兩個字。本屆臨時省議會搖身一變，變成「第一屆臺灣省議會」。此項改名，固然眾所期待，可是省議會的改名，依然沒有「法律」保障，省主席依舊由官派的將軍擔任，省議員的質詢力量和監督功能極其有限。

行政院一道「行政命令」，就把「第三屆臺灣臨時省議會」改名爲「第一屆臺灣省議會」。不僅如此，原第一屆臨時省議會的省議員選舉採用「間接選舉」，第二屆則開始改用「直接選舉」。還有，省議員的任期原爲二年，以後改爲三年，最後又改爲四年。這些都是以「行政命令」發布執行。改來改去，均不是由立法院制定「法律」一體遵行。很明白，這是人治，不是法治，使得臺灣地方自治的民主政治沒能步上正軌。

(四)省諮議會收尾

在政治上，省議會與省政府如影相隨，共存共亡。一九九七年七月的第四次修憲，把「精省」的決定載入憲法增修條文中，規定省政府設置省主席和委員共九人，由行政院長提請總統任命之。同時也規定省設置省諮議會，置諮議會議員若干人，同樣是由行政院長提請總統任命之。依此，「省諮議會」取代了原來的「省議會」，民選的省議會時代結束。

皮之不存，毛將附焉。「精省」的結果是一九九八年底，「民選省長」走入歷史。「民選省議會」自然而然也跟著走入歷史，以「省諮議會」收尾。到二〇〇五年，立法院通過「地方制度法」，規定：「省諮議員任期三年，為無給職。」至此，省諮議會「名存實亡」。

五、直轄市長演變的三部曲

戰後臺灣實施地方自治以來，省長不由民選產生；臺北市和高雄市是臺灣南北兩個最大都市，因此這兩大都市的市長選戰成為國民黨和無黨籍候選人競爭最激烈，也是全省矚目的焦點。其演變過程有三個階段如下：

㈠民選市長時期

民選市長的任期三年。一九五一年二月，吳三連以無黨籍的身分當選第一屆臺北市長，任期屆滿後，吳三連無意再選，轉而發展紡織和新聞事業，並獲聘為國策顧問。到一九五四年，高玉樹也以無黨籍身分當選為第二屆臺北市長，國民黨臉上無光，至第三、四屆臺北市長才由國民黨提名的黃啓瑞當選。一九六四年，高玉樹捲土重來，搶回第五屆臺北市長寶座。臺北市為臺灣首善之區，市長選戰的競爭激烈，中外關注。

㈡官派市長時期

早期縣市長選舉，黨外候選人當選者寥寥無幾。國民黨幾度在臺北市長寶座，落選淪陷。為挽回面子，一九六七年五月十一日，行政院通過臺北市和高雄市升格為直轄市。市長改為官派，不再民選。但為釋群疑，行政院依舊官派高玉樹任臺北市長。一九七二年，蔣經國組閣，改派高玉樹為交通部長。

㈢恢復民選市長時期

李登輝時代開始後，立法院通過「直轄市自治法」。臺北市長和高雄市長恢復民選，回歸常軌。此後的選戰，因為民進黨於一九八六年創黨後，勢力日新月進，在歷屆選戰中，足可與國民黨各別苗頭。全省各縣市的「市長選戰」激烈，選舉結果，大致形成「南綠北藍」的格局。亦即：民進黨雄占南部縣市的市長寶座，國民黨則囊括北部縣市的市長寶座。當然也有少數例外情形發生。因此，高雄市長大多數由民進黨籍候選人當選，臺北市長大多數由國民黨籍候選人當選。

六、縣市級的地方選舉

一九五〇年四月二十二日，省政府公布施行「臺灣省各縣市實施地方自治綱要」。以此為依據，各縣市立即展開縣市級地方自治的選舉工作。由於縣市級是最基層的地方自治，業務、職掌不與中央政府重疊，所以地方首長直接民選產生，不成問題。因爲這個緣故，縣市級地方選舉的對象，就包括縣市長、縣市議員、鄉鎮區長以及鄉鎮區民代表等等。選舉工作於一九五〇年七月起陸續展開，由選民直接投票選出。

由於沒有「省縣自治通則」作統一規範，各縣市進行選舉以後，爲應付名目繁多的各種選舉，工作人員手忙腳亂，政府朝令夕改，年年發生。例如：縣市議員及鄉鎮區民代表的任期，由二年改爲三年，最後又改爲四年。縣市長的任期也由三年改爲四年，連選得連任一次。其次，選舉投票日期，最初由各縣市自由決定，各行其是。後來才統一規定，縣市選舉從第三屆開始，全省同時改選，同步進行。

其次，由於戰後臺灣教育很成功，教育普及又發達，人民知識水準大大提高。二二八事件遺害的陰影也隨時光的流逝，日漸遠離。人民參加選舉的興趣日增，選舉活動一屆比一屆熱烈，不但國民黨候選人與黨外候選人之間的競爭激烈，就連黨外候選人彼此之間也互相廝殺。賄選、買票、作票的違法行爲，時有發生，糾紛不斷，糾葛不清，增加法院的辦案負擔。這些亂象糾紛，都是沒有「省縣自治通則」的法律統一規定所引起。

一九六〇年代，有一樁苗栗縣的鄉長選舉訴訟，告到新竹地方法院。承辦法官認爲該案所牽涉的選舉並無法律上的依據，不能成爲訴訟標的，判決「不受理」。此案的法官，依法論法，作出判決，理所當然。可是因爲這位法官所作判決已經觸及政治地雷，上頭大爲震驚。不久後，該法官被調職。往後，沒人敢再提出異議。

七、外省人統治中央，臺灣人統治地方

由於外省人的選民比例，僅占百分之十五，如果想要在縣市長的選舉中取得一席之地，相當困難。所以爲求得選戰勝利，國民黨提名的縣市長候選人都以本省籍爲優先考慮。即使提名外省籍候選人出馬競選，也大多數落選。雖然如此，早期縣市長的選舉，大多數由國民黨籍的臺灣人當選，非國民黨籍當選者寥若晨星。往後，黨外勢力漸漸興起，才慢慢扭轉形勢，黨外人士當選縣市長的數量，一屆比一屆增加。總之，不論黨內或黨外當選人，幾乎青一色都是臺灣人。這樣一來，縣市長的選戰，表面上是黨內和黨外候選人之間的激烈競爭，實際上則是臺灣人和臺灣人之間的選戰。最後結果，縣市長當選人，雖有黨內黨外的分別，實際上都是臺灣人當選。因此緣故，自然形成了「外省人統治中央政府，臺灣人統治地方政府」的現象。這種現象可以說明爲何兩蔣治臺時期，省長不敢民選而採用官派的另一個原因所在。

八、地方制度法的誕生

(一)地方自治史的三個階段

由於受到政治現實環境的左右和改變，臺灣地方自治史可以分成三個階段，簡介如下：

1. 以「行政命令」推行地方自治階段

一九四九年開始，臺灣就是中華民國。此時總統非民選，缺乏民意基礎。如果省長直接民選，則它的民意基礎高過總統，且省長當選人極可能是臺灣人，蔣氏政權引為大忌。所以為了省長不可民選，「省縣自治通則」遲遲難產。臺灣的地方自治暫時以「行政命令」代替「法律」推行，造成不健全的地方自治。

2. 以「省縣自治法」推行地方自治階段

兩蔣時代結束後，李登輝總統於一九九二年的第二次修憲中，把省長和直轄市長由官派改為直接民選。依此，一九九四年七月，立法院通過「省縣自治法」及「直轄市自治法」。從此，地方選舉有了正式的法律依據，開啓了臺灣地方自治「法制化」的時代。緊接著，就舉辦臺灣省長、臺北市長及高雄市長的直接民選。

3. 以「地方制度法」推行地方自治階段

在一九九七年的第四階段修憲條文裡，增列「精省」條文，省級組織走入歷史。二〇〇五年十二月十四日，立法院根據憲法增修條文之規定，制定「地方制度法」，將省級排除在外，明定「直轄市、縣（市）、鄉（鎮、市）為地方自治團體」。至此，臺灣的地方自治單位不但明確化，而且法制化。

(二)地方制度法之要點

1. 直轄市長、縣（市）長：任期四年，連選得連任一次。
2. 直轄市議員、縣（市）議員、鄉（鎮、市）民代：任期四年，連選得連任。

3. 村（里）長：任期四年，連選得連任。

4. 直轄市、市之區長，由市長派用。

第二節　李登輝的更新政治時期

一、李登輝身陷困境

一九八八年一月十三日，蔣經國病逝，舉國哀悼，如喪考妣。在臺灣，一般民眾對蔣經國的感念勝過蔣介石。理由很簡單，蔣介石在臺灣，一心一意企圖反攻大陸，明知不可爲而爲，軍事建設高於一切，民生獲益不多。蔣經國則能認清大局，實事求是，全心全力在臺灣奠定長治久安的根基。推動經濟建設，加快本土化和民主化的步伐，國人實實在在受惠被澤。

蔣經國逝世當天，依照憲法規定，由副總統李登輝宣誓繼任總統。這是四百年來第一位臺灣人擔任臺灣的總統。從此，開創了臺灣新歷史。

李登輝繼任總統之初，既沒有政治班底，也缺乏政治實力，而且繼任的剩餘任期僅有兩年零四個月。他既要面臨當時在朝的元老保守勢力的掣肘，又要面對在野進步勢力的衝擊，兩面包抄，任務艱鉅，任重道遠。因此，當他要勇往直前，向前邁進的時候，也要兼顧後方拉後腿的保守反對勢力。此時的李登輝徘徊在十字路口，是要直走？還是要轉彎呢？考驗著他的政治智慧。當時，在野陣營有人嫌他改革步伐太慢。他曾告訴友人說：「你們要給我時間。車子在轉彎的時候，不能開太快，否則會翻車。」本著這種物理原理，他一步一步，穩紮穩打，去做更新政治的偉大工程，開創臺灣政治的新局。

二、李登輝突破困境

李登輝的當務之急，就是如何安撫和爭取黨內元老勢力的支持，突破困境，鞏固總統座椅。玆分四階段，說明如下：

㈠國民黨主席爭奪戰

以黨國元老爲中心的黨內保守勢力，不贊成李登輝兼任黨主席，企圖擁立蔣宋美齡爲黨主席。最後，在國民黨祕書長李煥和副祕書長宋楚瑜的奔走疏通下，李登輝才於該年七月七日召開中央委員會全體會議，有驚無險，正式通過擔任黨主席。

㈡黨政要職重新調整

一九八九年五月，由李元簇取代沈昌煥擔任總統府祕書長，李煥取代俞國華擔任行政院長，宋楚瑜取代李煥擔任中央黨部祕書長。同年十二月，把久掌八年兵符的參謀總長郝伯村升任爲國防部長，讓他可以繼續主持軍事會議。這樣一來，政治歸李煥，黨務歸宋楚瑜掌理，郝柏村繼續留在軍事系統。李登輝跨出總統權威的第一步。

㈢二月政爭及黨內分裂

一九九〇年二月二十日，第一屆國民大會在陽明山中山樓召開會議，準備選舉第八任總統，爆發所謂「二月政爭」。國民黨內的實力派人物，公開擁護李煥、陳履安、蔣緯國等人爲副總統候選人，李登輝則出其不意，推出一向「沉默寡言」的李元簇爲副總統候選人。經過一番激烈爭論後，李登輝和李元簇險勝過關。可是往後國民黨便分裂成兩派。一派是支持李登輝的「主流派」，另一派則是以大陸籍人士爲主而反李的「非主流派」。

㈣總統副總統競選之爭

一九九〇年三月下旬，第一屆國民大會開會，選舉總統、副總統。在國民大會裡，非主流派推出林洋港和蔣緯國競選總統、副總統，欲與主流派的李登輝和李元簇一較上下。局面僵化，雙方僵持不下。最後，李登輝施展了高超的政治手腕，請出蔣彥士、蔡鴻文等元老，出面居間協調，才勸退了林洋港和蔣緯國。三月二十一日，李登輝、李元簇正式當選爲中華民國第八任總統、副總統。

三、在野勢力的衝擊

㈠三月學運

又稱爲「野百合學運」。一九九〇年三月，第一屆國民大會的老臣開會選舉總統、副總統。他們利用國民黨內「二月政爭」的機會，暗渡陳倉，倉促通過臨時條款修正案。自議自決，將國代任期由六年延長爲九年。老賊們趁火打劫，違背憲政體制的消息傳出後，立刻引發公憤，國內各界群起而攻之。尤其，六千多位大學生從三月十六日起連續幾天，群集中正紀念堂靜坐抗議。提出「解散國民大會、廢除臨時條款、召開國是會議、提出政經改革時間表」等四大訴求。同時，在中正紀念堂廣場豎立「臺灣野百合」巨型雕塑作爲精神象徵。李登輝總統接見學生代表，答允召開國是會議研議，學運才和平落幕。

㈡召開國是會議

一九九〇年六月二十八日，李登輝總統借力使力，實踐諾言。國是會議在臺北圓山大飯店召開，邀請朝野代表一百三十多人參加。會中達成政治改革的共識，提出改革時間表如下：「明年（一九九一年）選出三百七十五位修憲國代。明年底，資深中央民意代表全部退職。一九九二年，舉辦中央民代機構的改選。一九九六年之前完成修憲工程。一九九六年，直接民選第九任總統副總統。」

㈢修正刑法第一百條

一九九一年四月，臨時條款這個惡法已遭廢除，可是除惡未盡，「懲治叛亂條例」尚未廢除，還有刑法第一百條所規定之「預備或陰謀內亂罪」也還存在，易被情治單位亂扣帽子，羅織入罪。剛好在一九九一年五月九日，有四位學生參加史明所舉辦的「獨立臺灣會」，遭到調查局以判亂罪名逮捕。三天後，一百多位大學師生立刻在中正紀念堂前靜坐示威。文化界不齒惡行，立刻發起五二〇請願遊行，要求廢除「懲治叛亂條例」和修正刑法第一百條。由於此一事件的發生和衝擊，五月十七日，立法院棋先一著，搶在五二〇遊行之前，迅速通過廢止「懲治叛亂條例」。一九九二年五月十六日，立法院再通過修正刑法第一百條文裡有關「預備或陰謀內亂罪」的規定。到這時候，惡法全部清除乾淨，臺灣人權的發展向前邁進一大步。

四、李登輝實現省籍平等

一九九二年六月二十九日，李登輝總統正式公布國民身分證上的「籍貫欄」，改爲「出生地欄」。此爲兩蔣治臺以後，臺灣政治及社會史上的一大變革，意義非凡。一般治史者都視而不見，忽而略之。茲分兩端，分析如下：

㈠國民政府造成省籍對立問題

在臺灣史上，早期移民到臺灣的居民，因爲移民時間的先後和生存空間的競爭，曾有地域械鬥情形發生。後來日子一久，日久生情，大家逐漸化除地域觀念，共存共榮，形成臺灣第一階段的移民史。

自從一九四五年臺灣接收後，陳儀殖民政府在臺灣倒行逆施，實施極端歧視臺灣人的殖民統治，造成臺灣人對外省人的憤憤不平。省籍隔閡，開始產生。一九四七年的二二八事件，臺灣人棍打外省人，大陸國軍掃射臺灣人，以及陳儀政府的清鄉逮捕工作，在在造成省籍對立問題。

一九四九年十二月，蔣介石退守臺灣以後，以百分之十六的外省軍民殖民統治百分之八十四的臺灣人。那時候，政府高官和機關學校首長，青一色是外省人包辦，以少數外省人殖民統治多數臺灣人。臺灣人受盡委屈，敢怒不敢言。省籍對立，更加嚴重。不僅如此，萬年國代是依據省分大小來分配名額，沒有省籍就沒有萬年國代；沒有萬年國代就沒有終身總統。為了保住終身總統的寶座，蔣家對於「省籍」的堅持，牢不可破。

可是日子一久，日久生變，節外生枝。臺灣人受過高等教育後，工商發展大有成就，中小企業日興月盛，外省子弟求職碰壁，時有發生。引發外省第一代特權階級的怨聲載道，而且顛倒是非，向國民黨中央反映，說是臺灣老闆歧視外省子弟的就業求職，希望政府出面解決，這就是俗語所謂「作賊喊捉賊」。兩蔣時期對此問題，左思右想，束手無策。

(二)李登輝實現省籍平等

李登輝擔任總統後，為圖臺灣的長久發展，省籍對立必須破除，省籍平等必須實現。不論本省外省，不管先到或後到，大家都是臺灣人。同舟共濟，平等相處，才能開創臺灣美好的未來。

一九九一年，李登輝先後廢止臨時條款和結束萬年國會，清除省籍歧視的禍源。禍源既除，李登輝就正式公布國民身分證和人事資料的「籍貫欄」，一律改為「出生地欄」，此時距離一九四九年，已經時隔四十三年。外省第一代的特權階級，絕大多數人都已經退休或作古，沒有反對「取消省籍」的必要。同時，外省第二代，甚至第三代子弟，幾乎都在臺灣出生，與臺灣人的子弟，同在臺灣落地生根，土生土長，講「臺灣話」，過「臺灣生活」，生活打成一片，不分彼此。

從此以後，沒有省籍分別，沒有特權存在，大家立於平等地位，公平競爭，以個人能力取高下，不再依賴省籍定尊卑。對臺灣子弟和外省子弟來講是雙贏局面。在臺灣，結束了先前外省人歧視臺灣人的舊時代，開啓了省籍平等的新時代。

在省籍平等的新時代裡，二〇〇八年和二〇一二年的兩次總統直接民選，臺灣籍選民比例占去百分之八十五，外省籍選民僅占百分之十五，可是這兩次總統大選中，馬英九都以高票當選，震撼中外。馬英九的當選票數，有八成是臺灣籍選民投給他的，充分證明臺灣人絕對沒有歧視馬英九這位湖南人，更證明臺灣人已經沒有省籍觀念。誠非如馬英九在二〇一一年十一月選情告急時，上電視哀叫所說：「難道外省籍就是我的原罪嗎?」馬英九拿省籍問題打選戰，令人不敢苟同。

五、中華民國憲法的原貌

一九四七年，中華民國憲法的誕生，是在國共內戰打得正熾熱的時候，不顧中共的反對和抵制，由國民黨一黨主導制定的。那時候，中共始終主張聯合政府，蔣介石則堅決反對。最後，蔣介石不顧一切，在兵馬倥傯之際，倉率召集國民大會，強渡關山，制定憲法。中共和民主同盟拒不參加制憲會議，不承認這部憲法。所以在憲法制定後三天，周恩來答覆新華社記者問題時，憤憤地說：「蔣政府的僞憲，也只有把它當袁世凱天壇憲法和曹錕賄選憲法一樣看待，人民也絕不會承認它的。」

憲法通過後，國民黨趕忙於一九四八年三月二十九日在南京召開「第一屆行憲國民大會」，選出蔣介石、李宗仁爲正副總統。五月二十日，舉行正副總統就職典禮。中共爲使蔣介石難堪，共軍協同民兵，立刻向國軍展開國共決戰的三大戰役。亦即遼瀋戰役、淮海戰役及平津戰役，占領長江以北的全部國土。一九四九年一月二十三日，蔣介石宣布下野，在大陸擔任總統僅八個月。緊接著，共軍渡過長江，兵分四路，一年之內，占領了整個中國大陸，把國民黨趕到臺灣。

一九四九年十二月，蔣介石退守臺灣，同時張冠李戴，把這部憲法移植到臺灣實施。中國大陸廣土眾民，臺灣島狹土寡民，強行移植，當然格格不入。這部憲法共十四章，一百七十五條，洋洋大觀，冠冕堂皇。要點如下：

1. 保障人權：包括人民的言論、出版、集會、結社、宗教等等自由。

2. 國民大會：直接民選產生國大代表，任期六年。主要任務在選舉罷免正副總統、修改憲法及行變更領土等的議決權。

3. 總統：任期六年，連選得連任一次。權力很大。包括三軍統帥權、公布法律權、外交權、戒嚴權、發布緊急命令權以及調解五院間之爭議權等。

4. 行政院：行政院長由總統提名經立法院同意任命之。行政院施政須向立法院負責，但無解散立法院之權。

5. 立法院：立法委員由直接民選產生，任期三年，連選得連任。主要職權爲議決法律案、預算案、戒嚴案、宣戰案、條約案等。

6. 司法院：正副院長、大法官，由總統提名經監察院同意任命之。主要職權爲解釋憲法及統一解釋法令。

7. 考試院：正副院長、考試委員，由總統提名經監察院同意任命之。主要職權爲掌理考試、銓敍、考績、級俸、升遷、撫卹、退休等事項。

8. 監察院：由間接民選產生，任期六年，連選得連任。行使同意、彈劾、糾舉及審計權。

9. 地方自治：根據立法院制定之「省縣自治通則」，實施省、直轄市及縣市之地方自治。

再分析這部憲法，問題很多，特色不少，簡列如下：

1. 「一國三公」的特色：由於國民大會、立法院及監察院三者都出自直接或間接民選，且各自擁有國會的部分職權。因此行憲後，三者各自主張自己代表國會。這種現象，時人譏諷爲「一國三公」。

2. 五院制的特色：近代國家的民主政治，大多採取行政、立法、司法「三權分立，互相制衡」的政治。這部憲法則採納孫中山「五權憲法」的主張，在三權之外，另加考試和監察兩權，形成「五院制」。

3. 權能區分的特色：孫中山主張「權能區分」、「人民有權，政府有能」。所以，憲法設置國民大會代表「權」，以制衡代表「能」的總統。可是，依照憲法規定，行政院長必須向立法院負政治責任，而不是總統向國民大會負政治責任。這樣一來，「權能區分」的政治原理又亂了章法。

4. 部分屬於總統制：總統位高權重，可調處五院間之爭議，手握提名三個院長之大權，然立法院卻又無權制衡總統，由行政院長做代罪羔羊，似總統制國家。

5. 部分屬於內閣制：行政院向立法院負政治責任。行政院長如不接受立法院之決議案，就必須鞠躬下臺。但又沒有規定行政院長（內閣）有解散立法院（國會）之權，所以又不完全像內閣制的國家。

從上述各項特色來分析，行憲後研究憲法的學者，對於這部憲法的架構之下，中央政體的型態歸屬，說法不一，莫衷一是。有的說是「總統制」，有的說是「內閣制」，還有的說是舉世無雙的「五院制」，更有權威法學家說是「四不像的政制」。

六、李登輝的更新政治

經過國民黨的黨內政爭和國民大會內部的激烈競爭，李登輝驚險當選黨主席和總統。一九九〇年五月二十日，李登輝和李元簇就任中華民國第八任總統副總統以後，李登輝一方面繼續推動蔣經國的未竟之業，加速本土化和民主化政策；另一方面則施展鐵腕作風，排除萬難，把四十多年來懸而未決的重大問題從根解決，展現了更新政治的魄力和成果。茲略述如下：

㈠結束萬年國會

一九八九年一月二十六日，立法院通過「第一屆資深中央民意代表自動退職條例」。申領退職金每人高達五百四十六萬元，可是部分老賊仍然賴著不走，企圖抗拒國家法律，迫使司法院大法官會議使出殺手鐧。一九九〇年六月二十一日，大法官會議作出第二六一號憲法解釋案，要點是：「第一屆中央民意代表應於一九九一年十二月三十一日以前終止行使職權，並依法辦理全國性之次屆中央民意代表選舉，以確保憲政體制之運作。」

由於大法官會議解釋憲法之效力，等同於憲法本身之效力，所以賴著不肯申請退職的老賊們無法抗拒，乖乖就範。當時，國民黨祕書長宋楚瑜忍辱負重，挨家挨戶登門拜訪疏通。曾有不可理喻的老賊，當面指責宋楚瑜說：「你替臺灣人欺負外省人。」儘管如此，五百五十六名的「萬年國會議員」終於在一九九一年十二月全部退休，結束了遺臭歷史的「萬年國會」。

㈡廢除動員勘亂時期臨時條款

根據前述大法官會議的解釋精神，一九九一年四月，第一屆國民大會作出決議，廢止「動員戡亂時期臨時條款」。李登輝總統隨即於五月一日依法宣布終止「動員戡亂時期」，並廢止「臨時條款」。「動員戡亂時期」的終止就是宣布國共內戰的結束，有利兩岸的和平發展。「臨時條款」的廢止就是宣布此後的總統不得終身連選連任，必須遵守憲法連任一次的規定。今後總統行使職權，一律回歸憲法常規，使國家走入正常的憲政制度。

㈢中央民意代表的全面改選

「萬年國會」的問題一解決，隨即在「自由地區」（指臺灣）舉辦第二屆中央民意代表的全面改選。一九九一年十二月二十一日，舉行第二屆國民大會代表的直接民選，國民黨得到二百五十四席，民進黨僅得六十六席。國民黨大勝，有利於未來的修憲工作。一九九二年十二月十九日，舉行第二屆立法委員的直接民選，國民黨得一百零二席。民進黨則大有斬獲，得五十一席，對於立法院的民主政治大有幫助。從此以後，遵照憲法規定，國大代表每六年改選一屆，立法委員每三年改選一屆，依法進行。中華民國的國會運作回歸正常，步入正軌。

(四)舉辦臺灣省長及兩直轄市長的直接民選

一九九四年十二月，臺灣實施首屆省長直接民選，同時恢復臺北、高雄兩個直轄市的市長民選。結果，國民黨籍的宋楚瑜當選臺灣省長，民進黨籍的陳水扁當選臺北市長，國民黨籍的吳敦義當選高雄市長。落實臺灣的地方自治，使得地方自治正常運作，健全發展。

(五)舉辦總統副總統直接民選

一九九三年三月二十三日，臺灣進行第九任總統副總統的直接民選，各黨各派共推出四組候選人出馬競選。中共認爲這是臺灣獨立的起步，就以「文攻武嚇」反對臺灣的民選總統副總統。甚至在選舉投票之前，舉行海空聯合軍事演習，針對臺灣的南北兩端海域，發射地對地飛彈，企圖封鎖高雄和基隆兩大港口，大有「武力攻臺蓄勢待發」之勢。爲了捍衛臺灣「和平安全」，美國根據「臺灣關係法」，派遣兩艘航空母艦及強大艦隊群，協防臺灣。結果，李登輝和連戰以百分之五十四的得票率，當選爲第九任也是民選第一任的中華民國總統副總統。

七、李登輝的六階段修憲

根據一九九〇年六月二十一日第二六一號大法官會議的憲法解釋案，「萬年國會」的終結已成定局。「終身總統」也將一併走入歷史。面臨此一空前的大變局，李登輝迅速推動修憲工作，以解決此項歷史任務。李登輝主政十二年，遵照憲法規定程序，分成六個階段進行修憲。內容要點介紹如下：

㈠一九九一年四月二十二日的第一階段修憲

召開第一屆國大會議，達成兩大決議案：

1. 廢止「動員戡亂時期臨時條款」，目的在廢除「終身總統」的陋習。
2. 將憲法原規定的中央民意代表由「全國各地區」選出，修改爲由「自由地區」（指臺灣地區）選出。目的在除掉「萬年國會」的毒瘤，促成國會全面改選。

㈡一九九二年五月二十七日的第二階段修憲

召開第二屆國大會議，達成三項決議案：

1. 確立總統副總統、省長及直轄市長改爲直接民選的原則。
2. 國大改爲每年集會，並賦予對總統所提之司法院正副院長、大法官、監察院正副院長、監察委員等人選之任命同意權。
3. 國代任期由六年改爲四年。

㈢一九九四年七月二十八日的第三階段修憲

召開第二屆國大會議，達成兩項決議案：

1. 總統、副總統直接民選，任期由六年改爲四年，連選得連任一次。自第九任總統副總統選舉開始實施。

2. 國民大會設置議長、副議長，成爲常設機構。

㈣一九九七年七月十八日的第四階段修憲

召開第三屆國大會議，達成四項決議案：

1. 將省長及省議員由民選改爲官派，達成「精省」的目標。

2. 總統任命行政院長，不須經立法院同意。

3. 立法院得對行政院提出不信任案，行政院長得呈請總統解散立法院。

4. 取消憲法原訂的教育、科學、文化等經費的預算下限。

㈤一九九九年九月四日的第五階段修憲

召開第三屆國大會議，達成兩項決議案：

1. 國代及立委的延任自肥案：第三屆國代及第四屆立委的任期，同步延長到二〇〇二年六月三十日爲止。立委任期由三年改爲四年。

2. 改變國代的產生方式案：自第四屆國代起，廢止民選，改採政黨比例代表制產生。依照立委得票比例分配各政黨之國代席位人數。

㈥二〇〇〇年四月二十四日的第六階段修憲

召開第三屆國大會議，達成四項決議案：

1. 國大自廢武功：原本國大的職權，例如補選副總統、重要人事任命之同意權、修憲提案權以及罷免總統副總統的提案權等，全部移交給立法院。

2. 國大虛級化：國大職權縮小為複決立法院所提憲法修正案、領土變更案以及議決總統副總統彈劾案。

3. 任務型國大：國代名額改為三百人，依比例代表制產生，不再民選。國民大會集會以一個月為限，任務達成便散會。因此，國大由有任期制的「常設機構」，轉變為無任期制的「任務型國大」。所謂「任務型國大」就是，有事便臨時召集開會，無事則在家休息。

4. 排除大法官優遇：司法院大法官除法官轉任者外，不得享有法官終身職之優遇。

八、修憲釋憲相輔相成

當民國三十六年（一九四七年）國民大會在南京制定中華民國憲法時，憲法序文明言本憲法依據孫中山先生創立中華民國之遺教而制定。然而孫中山遺教距今已逾百年，憲法制定離今亦逾一甲子（六十年）。在此期間，時代背景變化無窮，倘使憲法一成不變，固守成規，必將格格不入，後果難料。此所以蔣介石主政三十年期間，共有四次修訂憲法臨時條款；李登輝主政十二年期間，共有六次修憲之緣起。

依照憲法原文之規定，修憲權屬國民大會，釋憲權歸大法官會議。由於國共內戰結果，中華民國政府於一九四九年十二月退守臺灣，光復大陸遙遙無期，中央民意代表無法全面改選，經大法官會議因應時局，於一九五四年解釋憲法，造成「萬年國會」之局面。時過三十六年後，國情政局丕變，大法官會議再次於一九九〇年作出第二六一號釋憲案，結束「萬年國會」，贏得朝野掌聲。

從一九九一年開始，李登輝依據大法官會議之釋憲案，主政十二年期間，召集各屆國民大會，分成六個階段，進行修憲的艱鉅工程，並據以進行中央民意代表的全面改選、政府體制的全面改造。工程浩大，意義非凡。不過，在此期間，美中不足之處有二：

1. 省長直接民選「出爾反爾」。

2. 國民大會逐次擴權自肥後，突又反轉自廢武功，虛級化，亦「出爾反爾」。

修憲缺乏一貫原則，沒有完整體系。頭痛醫頭，腳痛醫腳，才出現這兩大缺失。前者，引發前省長宋楚瑜出走，國民黨分裂，造成第十屆總統大選國民黨失去執政權。後者，激起民憤，輿論各界群起而攻之，幸經大法官會議於二〇〇〇年三月二十四日作出第四九九號釋憲案，宣布國民大會第五階段修憲所通過之國代及立委延任自肥案無效，平息眾怒，維護憲法尊嚴。

爲求補救，國大劍及履及，一個月後，立刻召開第六階段修憲會議，迅速達成國大自廢武功及虛級化的目標，同時，通過排除大法官優遇之條款。爲此，國大不免落人口實，引起「斷我延任，刪你優遇」之譏。然而，國代自知「延任自肥」不應該，大法官也領略「非分之利」不應得。因此，雙方都能知難而退，相忍爲國。修憲和釋憲相輔相成，發揮憲法的適應性和成長性，是爲行憲健全發展的必要條件。

九、陳水扁的第七階段修憲

第三屆國民大會於二〇〇〇年四月二十四日通過第六階段修憲案，將國大虛級化，大大縮小國民大會權限，除使國民大會「有名無實」之外，又使國民大會變成「任務型國大」，有事才召集開會，無事則無影無蹤。二〇〇五年五月三十日，陳水扁總統召集「任務型國大」在陽明山中山樓開會，進行第七階段修憲工作，八天後迅速完全任務。修憲內容如下：

㈠廢掉國民大會

國民大會在第六階段修憲後，演變成「任務型國大」。它的職權僅僅剩下複決修憲案、領土變更案以及議決總統副總統彈劾案等三項。此次召集的「任務型國大」則將修憲案及領土變更案的複決權回歸到人民手上，由人民公投複決。公投首次載入憲法之中。

其次，「任務型國大」原擁有對總統副總統彈劾案的議決權，修改為：「由立法院提出，聲請司法院大法官審理」。至此，「任務型國大」自我了斷，把自己所有的職權廢得一乾二淨。國民大會走入歷史。

(二)改革立法院

1. 立委人數減半：從下屆（第七屆）立法院起，立委從二百二十五人減為一百一十三人。包括自由地區各縣市七十三人，每縣市至少一人，平地及山地原住民各三人，全國不分區及僑選共三十四人。

2. 立委任期：由三年延長為四年，以配合總統的四年任期。兩者合併辦理選舉。

3. 立委選制改採「單一選區兩票制」：所謂「單一選區」就是區域立委有七十三人，全國就畫分成七十三個選區，一個選區僅選出一位立委。所謂「兩票制」就是僑選和不分區立委，依各政黨所提出的名單而投票選舉，一票選人，一票選黨。但政黨得票率必須超過百分之五才能分配席次。僑選和不分區的當選名額，婦女不得低於二分之一。

十、修憲後的臺灣新憲法

中華民國憲法原先是國民黨為整個中國大陸實施而設計的，規模既龐大又複雜。何況那時候，國共內戰正在激烈進行，立刻又在憲法之上，加上「臨時條款」這個違章建築，使得這部憲法變成大怪獸。

一九四九年十二月，國民政府退守臺灣，硬生生把這部形同大怪獸的憲法張冠李戴，和盤搬到臺灣來套用，使得臺灣有如小動物被踩在大怪獸腳下，喘息不得，亂象叢生。在長期戒嚴體制之下，萬年國會、終身總統、威權統治、白色恐怖、黨禁書禁等等的憲政亂象大行其道，不一而足。在在使得國民黨在臺灣的政治雜亂無章，民主憲政流爲空談。

李登輝時代開始後，面臨此一憲政亂局，如要撥亂反正，收拾殘局，誠非一蹴可及。必須按步就班，一步一步去改革、改進，方能成事。李登輝排除萬難，經過六個階段的修憲，加上後來陳水扁的第七階段修憲，這個巨大工程的艱困任務才大功告成。總共七個階段的修憲工作，綜合成爲憲法增修條文，共十二條。不但把憲政亂象和違章建築一掃而光，而且使得民主憲政改頭換面，面目一新，建立了一套適合臺灣政治現實環境的完整中央及地方憲政體制，實質形成一部臺灣新憲法。茲將其內容要點，簡介如下：

㈠廢掉國民大會

修憲後，國民大會原有的職權全部移交立法院或還給選民複決。國民大會走入歷史。

㈡立法院改造成真正國會

立法院除了原有的國會職權之外，修憲後又增加三項大權：

1. 接收國民大會的部分職權。
2. 大法官、考試委員原由總統提名經監察院同意任命之。修憲後，改爲由總統提名經立法院同意後任命之。

3. 監察委員：原由各省市議會選出。修憲後，改爲由總統提名經立法院同意後任命之。

基於上述各項，立法院已經囊括了一般國家國會的所有大權，使立法院一躍而成爲名實相符的「眞正國會」。

㈢濃縮國會規模

依照憲法原文之規定，國民大會、立法院和監察院的法定名額，分別爲三千零四十五人、七百七十三人和二百二十三人，總共高達四千零四十一人。國會議員人數之龐大，舉世罕見。但經過七個階段的修憲後，立委濃縮到一百一十三人。換言之，國會議員總共裁減三千九百二十八人，手筆之大，也是舉世未有。修憲後的新臺灣，裁減如此眾多的國會議員，不但解決了大量尸位素餐的沉疴，而且節省了國庫無比沉重的財政負擔，有利於國家推動有益國計民生的各項建設。

㈣總統民選又擴權

總統改爲直接民選後，有了民意基礎，就擴大總統權力如下：

1. 總統任期由六年縮短爲四年，連選得連任一次。同時，立委任期由三年延長爲四年，連選得連任。兩者任期同爲四年，以利兩者同步辦理選舉，同一時間接受民意的檢驗。

2. 總統對行政院長及其他各院之重要人事任命，以及總統解散立法院之命令，不需行政院長之副署。

3. 立法院對行政院長通過不信任案時，總統得宣告解散立法院。

㈤**畸型的雙首長制**

1. 總統由直接民選產生，所以權力至高無上，成爲「實際上」的最高行政首長。
2. 行政院長雖然是「名義上」的最高行政首長，可是總統任免行政院長不須經過立法院同意，使行政院長淪爲總統的行政執行長，甚至成爲代罪羔羊。理由有二：

(1) 總統交給行政院長執行的決策，如不獲立法院同意，則立法院通過不信任案後，必須鞠躬下臺的是行政院長，而不是總統。總統「有權無責」，行政院長成爲代罪羔羊。

(2) 行政院長不聽總統指使時，總統得隨時更換行政院長。總統四年任期，穩如泰山。行政院長則無任期制而且風雨飄搖。

㈥**司法院之變革**

1. 大法官原無規定任期。修憲後，改爲任期八年，並不得連任。但身兼司法院正副院長的大法官則不受任期之保障。
2. 修憲後，增加規定：大法官除由法官轉任者外，不得享有終身職待遇。

㈦**監察院喪失國會資格**

監察委員原由各省市議會間接選舉產生。修憲後，改爲由總統提名經立法院同意後任命之，任期六年。因此，修憲後的監察院就變成文官機構，不再具有民意基礎，喪失國會資格。

㈧解除戒嚴後，恢復憲政常軌

1. 保障人權，解除黨禁，實現政黨輪替，落實民主政治。
2. 精省之後，制定「地方制度法」，使得地方自治健全運作。

十一、臺灣新憲法有實無名

綜合上述八項憲法大翻修的要點而觀，展現在國人眼前的臺灣新憲法，就是把一部適用於中國大陸而不適宜於臺灣的舊憲法，修改成為一部在臺灣「宜室宜家」的新憲法。總共經過七個階段的修憲過程，匯集成為憲法增訂條文，共計十二條。

修改後新憲法的基本架構是：總統民選，國會（立法院）也民選。兩者同樣具有「自由地區」（指臺灣地區）的充分民意基礎，所以兩者同步擴大職權，代表民意行使治權和政權，利於臺灣的憲政運作，以臺治臺。不但如此，國會規模大大濃縮，提高議事效率，節省人力浪費，也減輕國庫負擔，有助於在臺灣推動各項國政建設。

在新的憲政體制下，名義上，雖然實施總統和行政院長的雙首長制，但在實際上，行政院長淪為總統任命的行政執行長。總統位高權重，又有權解散國會。臺灣已經成為一個以總統制為主而兼具內閣制性質的國家。昔日的國民大會走入歷史，監察院則喪失國會資格，只有立法院才是眞正的國會。「一國三公」的怪現象不復存在。臺灣的民主政治，展現新面貌、新格局。尤其，在解除戒嚴以後，人權得到保障，組黨得能實現，地方自治也健全運作，使得臺灣的民主政治邁入眞正民主憲政的新紀元。

於是，修憲後的憲法內容儼然成爲一部「臺灣新憲法」，展示「以臺治臺」的民主政治。雖有「臺灣新憲法」之實，但在名義上仍須掛著「中華民國憲法」這塊招牌。憲法內容可以翻修大改，但「中華民國」的招牌不容隨便更換。

「中華民國」比起「中華人民共和國」還早誕生三十七年。在國共內戰中，中共沒能徹底消滅「中華民國」，所以「中華民國」的招牌延續使用，中共無話可說，可以容忍。可是，如果改換招牌，情勢就大不相同了。因爲在中共看來，改換招牌就是臺灣獨立，觸及兩岸最嚴重的地雷紅線。依照二〇〇五年三月十四日中共第十屆全國人大所通過的「反分裂國家法」，勢必引發對岸中國的撻伐聲討。爲萬世太平計，在兩岸關係的考慮和限制下，臺灣僅能「修憲」，不能「制憲」，此即修憲後的臺灣新憲法「有實無名」的道理所在。

十二、李登輝的歷史評價

蔣經國晚年，病體纏身。自知來日有限，更知安排接班人的無比重要。當他在思索這個問題的時候，有位德高望重的國策顧問晉見他，他對這位國策顧問訴說：「我和父親來臺主政已經四十年了，爲什麼臺灣民間還有很多人對我們父子不諒解呢？我們應該怎麼做才能得到臺灣人的肯定呢？」這位國策顧問坦率直言，回答說：「應該厲行民主憲政」。蔣經國也坦言回答說：「臺灣的政治遲早是臺灣人的，他們何必這麼急呢？」蔣經國這番肺腑之言我們可以理解。他目睹臺灣的民氣高漲、民主成熟，使他到了晚年，確實領略到：就整個臺灣的歷史長河而觀，兩蔣治臺僅是扮演「過路客」的角色而已。爲善盡這個角色，就在垂暮晚年，盡其在我，做好旋轉乾坤的過渡角色。他精挑細選，並細心培養那時是臺灣「青年才俊」的李登輝做接班人。他希望兩蔣時代走入歷史後，能夠「以臺治臺」。這是何等的眼光，又是何等的胸襟。

往後的歷史，證明蔣經國的選才和識人之明很有眼光，很有遠識。李登輝接棒後，果然不負所望，有智慧，有政治手腕。他單槍匹馬繼承總統大位，面對在朝和在野兩派相反勢力的兩面夾擊，任務艱鉅，任重道遠。李登輝的治國之道則是步步爲營，穩紮穩打。他先妥善處理安內工作，坐穩總統大位後，再展開民主憲政的改造工程。在憲政改造的過程中能夠得心應手，順利推動，應歸功於他不把民進黨視作政敵，而將民進黨視爲推展憲政的共同夥伴，化敵爲友，使得改造工程，沒遇阻力。同時，對於「三月學運」的學生訴求，又能因勢利導，借力使力，召開「國是會議」，匯集在朝在野的共同力量，達成「廢除萬年國會」的共識。

昔日，蔣介石利用大法官會議的釋憲案，無端造成「萬年國會」的局面。今日，李登輝師承蔣介石，照樣利用大法官解釋憲法，終結「萬年國會」的爛攤，使得老臣們不得不伏首就範，知難而退，根除了臺灣實施民主憲政的毒瘤。可以說，大法官會議在不同的時空環境中，扮演著「敗也蕭何，成也蕭何」的角色。

李登輝大刀闊斧，大步邁進，不但終結「萬年國會」的爛攤，而且以身作則，終結「終身總統」的陋習。他展現高超的政治手腕，促成朝野攜手合作，共同努力，修憲成功。把一部原先為中國大陸而設計的龐然大物——「中華民國憲法」，分階段，逐步修改，演變成為一部在臺灣「宜室宜家」的新憲法。只是為兩岸和平及為萬世太平計，他以「修憲」之名，達成「制憲」之實，在他十二年的總統任內，把臺灣從「威權統治」的極權政治，帶入「眞正的民主政治」，順利完成一次很成功的「寧靜革命」。李登輝不愧為「臺灣的民主之父」，在臺灣的政治發展史上，功不可滅，永留青史。

第三節　臺灣政黨輪替的實現

一、國民黨的演變

在臺灣，國民黨是個百多年的老店，也是臺灣歷史最悠久、規模最龐大的政黨。不僅在臺灣，在中國大陸時期，國民黨也是大陸上歷史最久的最大政黨。茲將國民黨的創黨和演變過程，簡介如下：

㈠**興中會**：一八九四年由孫中山在檀香山所創立。其性質為祕密性的革命黨。宗旨為：「驅逐韃虜，恢復中華，創立合眾政府。」

㈡**同盟會**：一九〇五年在東京成立，由興中會與華興會合併而成，其性質與興中會相同。宗旨為：「驅逐韃虜，恢復中華，創建民國，平均地權。」

㈢**同盟會**：一九一二年（民國元年）三月五日在南京成立。因為那時滿清已倒，民國已成立，所以改為公開性的普通政黨。目的在參加開國後的政黨政治，運用國會力量去建立民主共和的國家。

㈣**國民黨**：一九一二年八月二十五日，在北京成立。由同盟會合併許多小黨，擴大改組而成國民黨。其性質仍為公開性的普通政黨。目的在擴大組織，以便在國會裡壓倒北洋勢力，發揮民主政治的功能。

㈤**中華革命黨**：一九一四年在東京成立。由於討伐袁世凱帝制的二次革命失敗，孫中山流亡日本，將國民黨改組為中華革命黨，並恢復為祕密性的革命黨。目的在打倒袁世凱的帝制行為。

㈥**中國國民黨**：一九一九年於上海成立。一九一八年孫中山被桂系軍閥排斥而離開廣州到上海。廣收知識青年，將中華革命黨擴大改組為中國國民黨，簡稱國民黨。此時依然是祕密性的革命黨。目的在剷除軍閥，完成中國統一。

由上述演變過程，可了解孫中山領導國民黨，歷盡艱辛。忽而祕密革命，忽而公開建國。他以書生革命，領導的是海內外的知識青年，雖有理想，力量究竟有限。到一九二一年，中國共產黨在上海正式誕生。孫中山接受「共產國際」的建議，採取「聯俄容共」的政策，形成中國現代史上的第一次國共合作。不料，一九二五年三月十二日孫中山逝世後，蔣介石的反共清共，形成國共展開長期內戰。最後，毛澤東領導的中國共產黨反敗為勝，把蔣介石所領導的中國國民黨趕到臺灣苟延殘喘。蔣介石在臺灣領導國民黨，如同在大陸時期一樣，始終堅持不變，厲行一黨專政。

二、民進黨的崛起

蔣介石帶著國民黨流落到臺灣以後，依然大行其道，堅守一黨專政，統治臺灣。一黨專政不是民主政治。政黨政治才是眞正的民主政治。民進黨透過選舉和選票的力量，在臺灣政壇崛起，是臺灣地方自治史上的產物，是臺灣民主政治的成果，也是臺灣未來民主政治向前進的原動力。因此，民進黨的崛起過程，代表著一部臺灣民主政治的奮鬥發展史。茲分階段，介紹如下：

㈠**五虎將的出現**：一九五四年，第二屆臨時省議員改為直接民選。一九五七年四月，第三屆臨時省議員選舉。選戰激烈。非國民黨籍的郭國基（臺中市）、吳三連（臺南市）、李源棧（高雄市）、郭雨新（宜蘭縣）、李萬居（雲林縣）和許世賢（嘉義縣、女性），利用選戰，表現出色。在競選期間，抨擊時政，建言良多。他們全部高票當選爲省議員，被譽爲「五虎將」或「五龍一鳳」。在戒嚴體制時期的限制言論自由之下，臺灣的地方選舉被比喻爲「民主假期」。

㈡**黨外的興起**：經過一九六九、一九七二及一九七五年的三次選舉，早先標榜「無黨無派」的候選人，漸漸互相支援，結成力量。臺灣報刊也開始利用「黨外」一詞來稱呼他們。這樣一來，「黨外」就成爲「自由中國」和「大學雜誌」外，第三波在野勢力的稱呼。

㈢**全島黨外大連串**：一九七七年十一月，臺灣舉辦五項地方公職選舉（省議員、縣市議員、縣市長）。黨外人士展開了全島性的大連串，在任「立法委員」黃信介、康寧祥、黃順興等人，南北奔波，爲各地方的黨外候選人助選。選舉結果，不但發生了中壢事件，而且黨外大有斬獲，當選縣市長四席，省議員二十一席，臺北市議員六席。國民黨大驚失色，負責黨務輔選的李煥，因此鞠躬下臺。

㈣**黨外助選團的形成**：一九七八年十二月舉辦的中央民意代表選舉，黨外候選人團結一致，組成「臺灣黨外人士助選團」到全省各地，巡迴助選，演說造勢。不料，在投票前夕的十二月十六日，美國突如其來，宣布將於明年（一九七九年）一月一日與中共建交，並與中華民國斷交。美國此舉顯然要斷送國民黨的選舉成績。面臨變局，蔣經國當機立斷，根據總統的緊急處分權，宣布立刻停止一切選舉活動，選舉延期舉行。

㈤**「黨外候選人聯誼會」的成立**：一九七九年一月二十一日，高雄市長余登發以「知匪不報」的罪名被捕。黨外人士集體在余的故鄉橋頭遊行示威。結果，余登發被判刑八年。桃園縣長許信良也因爲參加遊行示威而被處分停職兩年，由此又引發了一連串的街頭抗議活動。六月，成立了「黨外候選人聯誼會」。

㈥**美麗島事件的影響**：一九七九年十二月，美麗島事件發生後，翌年舉辦的中央民意代表選舉，美麗島受刑人的家屬周清玉、許榮淑等「代夫出征」，參選結果皆高票當選，一舉成功。此外，在美麗島事件大審時，又湧出了一大批優秀的中青年辯護律師。例如：陳水扁、謝長廷、尤清、江鵬堅、蘇貞昌、呂傳勝等人。此後，這批人馬紛紛投身政治，參選往後的各項選舉，個個高票當選上壘，爲黨外勢力注入新血。這樣一來，黨外勢力在「大劫難」之後，反而再現「後浪推前浪」的新人才，此爲國民黨始料所未及。

㈦**「黨外黨」的成立**：一九八三年九月，謝長廷等人發起成立「黨外中央後援會」，希望整合黨外的力量，在每次選舉之前，協調黨外候選人的提名作業，發揮團隊選戰的功能。這個有實無名的組織，當時報界稱為「黨外黨」。在禁止成立新政黨的戒嚴時期，「黨外黨」實際上已經成為一個「影子政黨」。

(八)**「民進黨的突襲成功」**：一九八六年九月二十八日，為了準備該年年底的中央民意代表選舉，一百三十多位「黨外黨」的重要人物群集於臺北圓山大飯店，召開候選人推薦會。會議進行中，謝長廷出其不意，提議今天就宣布成立新的政黨，立刻獲得全體起立鼓掌通過。宣布「民主進步黨」（簡稱為「民進黨」）正式成立。就這樣，民進黨「突襲成功」，突破了戒嚴令下三十八年的黨禁。

民進黨的建黨成功，是一大批本土勇士，以大無畏的精神，衝破國民黨戒嚴令下的黨禁紅線，所得出的民主政治成果。此項成果印證了孫中山先生所提倡的「革命民權」之理論正確。臺灣的民主鬥士們，如果沒有經過這段長期堅苦的「民主革命」的奮鬥過程，就不可能有「民進黨」這個民權的最後結晶。

三、臺灣政黨政治的形成

民進黨人士勇敢衝破戒嚴令下的黨禁紅線，正式宣布建黨的時候，蔣經國總統已是七十八歲高齡，病體纏身，但神智卻相當清楚。他認清時局說：「時代在變，環境在變，潮流也在變。」終於相忍為國，默認事實。十個月後，毅然決然，正式宣布解除戒嚴。黨禁自然而然開放了。從此，臺灣正式走入政黨政治的民主時代。再過半年，也就是一九八八年一月十三日，蔣經國與世長辭。蔣經國引導臺灣由威權統治走入民主政治，成爲偉大人物。

黨禁正式開放後，人民得以自由組織各種政黨。一時之間，紛紛向內政部登記的政黨，五花八門，形形色色，數目近百。可惜，大多屬於花瓶之類的小黨，不起作用。除國民黨和民進黨兩大政黨外，在政治上勉可形成氣候，起作用效應的，只有三個政黨。簡介如下：

㈠**新黨**

李登輝繼任總統後，由於對治國理念的分歧，國民黨內分裂成兩派。一派是支持李登輝的「主流派」。另一派是以大陸籍大老爲主的反對李登輝之「非主流派」。一九九三年八月，國民黨內非主流派的少壯黨員，以趙少康爲主，因爲不滿李登輝主流派的作法，遂宣布退出國民黨，自立門戶，另組新黨，名稱叫「新黨」。新黨成立以後，起先頗有聲勢，可惜在往後的各項選舉中，新黨候選人當選者寥寥無幾，日趨沒落。

㈡**親民黨**

一九九八年，李登輝總統修憲決定「精省」後，時任臺灣省長的宋楚瑜，與李登輝原有的親密戰友關係，從此恩斷情絕，公開破裂。宋楚瑜從國民黨出走，另組政黨，名稱叫「親民黨」。二〇〇〇年第二屆直接民選總統的時候，宋楚瑜披掛上陣，親自參選。雖然落選，但得票數高過國民黨候選人連戰。在往後的主要選舉中，親民黨表現的成績相當亮眼，遠勝過新黨。

㈢臺聯

二〇〇〇年的總統大選，由於親民黨從國民黨分裂出去，挖走國民黨原有的許多票源，造成國民黨失去執政權。在國民黨內，李登輝飽受指責，到處受敵，李登輝被迫辭去黨主席身分。那時，李登輝的死忠派人士也另立門戶，組織政黨，名稱叫「臺灣團結聯盟」，簡稱「臺聯」，擁護李登輝爲精神領袖。臺聯、親民黨和新黨的發展，很相近似。最初聲勢都不錯，在國會裡也都各擁有席次。可惜，往後的發展，一路下滑，日漸沒落。

由於新黨和親民黨都是從國民黨離家出走的政黨，往後發展不順利的時候，難免想家，懷念故主。所以，這兩個小黨就和國民黨分分合合，治國理念同屬「國家統一」，媒體常稱呼他們爲「泛藍」或「統派」。其次，臺聯和李登輝的治國理念，比較接近民進黨的「臺灣獨立」，所以媒體常稱呼他們爲「泛綠」或「獨派」。如此推演，臺灣的政黨政治表面上多黨林立，實際上則爲「泛藍」和「泛綠」兩大陣營的對壘和競爭。大體上屬於兩黨競爭的政治局面。

尤其，自從二〇〇五年的第七階段修憲以後，對於立委選舉採取「單一選區兩票制」的方式，也就是，在一個選區之內，一票選人，一票選黨。在「一票選人」方面，一個選區只能選出一個立委，使小黨候選人的當選機會，微乎其微。這樣一來，在「單一選區兩票制」的立委選制之下，小黨想要分配到席次，立足立法院，相當困難，助長了國民黨和民進黨互相競爭的兩黨政治局面。

四、近代國家的政黨政治

(一)英國的內閣制民主國家

十三世紀初，爲準備對法國戰爭，英國國王約翰巧立名目，橫征暴斂，迫害人民的生命財產，迫使貴族聯合平民，團結一致，反抗國王的暴政。一二一五年六月，貴族和平民聯合起來，議定憲章，限制國王權力，保障宗教自由，保證人民的生命財產不受侵犯等，共同強迫國王就範簽字，史稱「大憲章」（Magna Charta）。五百多年後，英國發生工業革命，新興的資產階級和新貴族拿「大憲章」作爲法律依據，限制王權。「大憲章」成爲英國資產階級革命後，建立君主立憲政治的基礎。君主立憲政治演變的結果，英國終於建立了一個典型的內閣制民主國家。

依照內閣制民主國家的政治制度，中央政府的組織採取虛位元首（君主或總統）的制度，國家實權則掌握在內閣手中。每次國會議員大選後，由國家元首任命新國會裡多數黨的領袖擔任首相（或稱爲內閣總理），組織內閣。內閣發布命令，雖以國家元首名義發布，但須經過首相及有關部長的副署，才能生效。內閣施政對國會負責，尤其是對眾議院負責，預算案和重要法律案須提到國會審議通過。國會可以通過對內閣不信任案，迫使內閣總辭。內閣如不下臺，可以請求元首下令解散國會，重新舉行國會議員的大選，或訴諸選民投票決定執政黨是否可以繼續執政。

(二)美國的總統制民主國家

一四九二年，世界上發生了一件劃時代的大事，那就是哥倫布發現了美洲新大陸。一百多年後，從一六〇七年開始，到一七三三年，英國人民在現今美國領土上，先後建立十三個殖民地，俗稱十三州。由於英國政府對十三州的殖民統治手段漸漸嚴格，引起殖民地人民的反對和反抗。因此，十三州各派代表組成「大陸會議」，於一七七六年七月四日通過「獨立宣言」（Declaration of Independence），正式宣布脫離英國獨立，展開美國的獨立戰爭。「獨立宣言」指出：「人生而平等，爲了保護人民的生命、自由的權利，才設立政府。所以，政府的正當權力來自被統治者的同意。」同時強調：「一旦政府破壞人民這些權利時，人民自然有權去推翻它，另行成立新的政府。」美國獨立革命成功後，就建立了一個典型的總統制的民主國家。

依照總統制民主國家的政治制度，中央政府的組織，採取行政、立法、司法等「三權分立，互相制衡」的政治，以免國家走向專制獨裁的道路。總統和國會都由民選產生，民選總統有任期制，是國家的最高行政首長。總統自由任免各部部長，部長直接聽命於總統，對總統負責，不對國會負責。國會掌握立法權和預算審議權，制衡總統。總統可以提出法案要求國會通過，以利推動政務。通不通過，權在國會。即使通過，最高法院有權解釋該項法案有否違憲，如果認爲違憲，最高法院有權廢止該法案。最高法院的法官爲終身職，遇缺位須補位時，則由總統提名任命之。執政黨能否繼續執政，端賴其執政成績的好壞，在下屆總統大選時，由選民投票決定去留。

㈢近代國家政黨政治的運作

不論是英國所建立的君主立憲內閣制國家，或是美國所建立的總統制國家，都是透過政黨運作和選舉投票的激烈競爭來產生新的政府，爲人民造福謀利。政黨經過選舉取得政權以後，如果執政成績良好，深得民心，在下次大選中就可順利過關，獲得連任。反之，如果執政成績不良，不得民心，在下次大選中，必遭淘汰出局，淪爲在野黨，監督執政黨的施政。這種以執政成績的優劣，透過選舉制度，以決定政黨能否繼續執政，就是所謂的「政黨政治」。它的基本原理就是美國獨立宣言美國獨立宣言成爲近代民主政治和政黨政治的經典之作。

總之，政黨政治是近代國家民主政治的眞諦和重心。有了成功的政黨政治，才能實現眞正的民主政治。民主政治是由人民「當家做主」的政治；政黨政治則是實現眞正「民主政治」的手段和途徑。兩者息息相關，密不可分。

五、臺灣政黨輪替的實現

㈠臺灣黨禁的由來

中華民國憲法第十四條規定：「人民有集會及結社自由」。所謂「結社自由」是指，人民可以自由集結社會團體或組織政黨而言。但是憲法第三十九條又規定總統可以依法宣布戒嚴。依照一九四九年一月十四日國民政府在南京頒布的「戒嚴法」第十一條的規定：「戒嚴地域內，得停止集會、結社。」這裡所謂停止結社，顯然是指禁止組織政黨。

一九四九年四月二十一日，共軍迅速渡過長江天險，揮兵南進，臺灣面臨危局。五月二十日，臺灣省主席陳誠及時宣布臺灣地區戒嚴。從此，臺灣地區進入戒嚴狀態長達三十八年之久。

在戒嚴時期，臺灣完全禁止成立新政黨，使國民黨得以一黨專政。一九六〇年「自由中國」月刊的創辦人雷震，召集大陸來臺的自由派民主人士和臺灣本土精英，企圖打破黨禁，成立「中國民主黨」，以推動臺灣的政黨政治，實現眞正的民主政治。可惜，理想尙未實現，雷震就以「知匪不報」和「爲匪宣傳」的罪名被捕，坐牢十年。在臺灣，第一次組織政黨的嘗試胎死腹中。

(二)黨禁的解除

往後，臺灣各項地方選舉日益頻繁。因爲選舉名目繁多，幾乎每隔兩年或三年就有一次選舉。在每一次的選舉中，國民黨爲囊括席次，保持執政優勢，莫不千方百計，爭取選舉勝利。非國民黨籍的候選人莫不卯足全力，求取當選機會。由於國民黨擁有龐大組織，加以財力、物力、都占盡優勢，初期的選戰成績亮眼，成果豐收。日子一久，非國民黨籍的候選人，亦步亦趨，漸漸由孤軍奮鬥，演變成互相支援，彼此照應，慢慢形成「黨外助選團」，以與國民黨的組織戰分庭抗禮。

一九七九年十二月美麗島事件發生後，促使黨外精英更加團結一致，同舟共濟。從選舉的提名作業開始，到選戰的互相支援，無形中造成了「有實無名」的「黨外黨」，巧妙迴避了戒嚴令下的黨禁。每次選舉成績蒸蒸日上，中央和地方的當選名額也日興月盛。到一九八六年九月二十八日，勇敢的臺灣本土精英一百三十多人，各路人馬群集一堂，出其不意，公開宣布成立「民主進步黨」（簡稱民進黨），挑戰戒嚴體制下的黨禁律令。

由於民進黨成立的突襲成功，充分代表全體臺灣民意的展現和趨勢。蔣經國此時能夠深深體會民意，領悟時代的趨勢，因勢利導，默認事實。這是開明的蔣經國和獨裁的蔣介石不同之處。實際上，民進黨的崛起，恰好吻合蔣經國晚年所推動的臺灣「民主化」和「本土化」兩大政策。蔣經國的開明政治和民進黨的民主崛起，兩者相得益彰，共同創造了臺灣民主政治的光明前途，漸漸實現臺灣政黨輪替的民主政治遠景。

㈢政黨輪替的實現

臺灣能夠實現政黨輪替的眞正民主政治，有兩大功臣。介紹如下：

1. 蔣經國：在蔣經國的開明政治之下，他默認民進黨的成立以後，隨即於一九八七年七月十四日正式宣布臺澎地區解除戒嚴，此爲臺灣現代史上劃時代的一件大事。因爲解除戒嚴最大的涵義，就是解除黨禁，開放各政黨可以自由平等競爭。從此，民進黨化暗爲明，光明正大，從事政黨活動。在各項選舉中與國民黨平起平坐，展開公平選戰。透過選戰和投票，由民意決定國民黨、民進黨、其他政黨能否成爲執政黨。臺灣政黨政治的實現，蔣經國奠定基礎，立下典範。

2. 李登輝：在李登輝推動更新政治之下，他繼續完成蔣經國的未竟之業，而且更新政治，開創新局。李登輝經過六個階段的修憲艱鉅任務，結束「萬年國會」的笑柄，也廢止「終身總統」的陋規，完成「有實無名」的臺灣新憲法，使臺灣具備獨立主權國家的基本條件。從此，總統民選，國會也民選。

一九九六年，首次總統直接民選，國民黨的李登輝當選為臺灣的首任民選總統。二〇〇〇年，由於宋楚瑜脫離國民黨參選總統，國民黨分裂，造成民進黨的陳水扁當選第二任直接民選總統，臺灣首次實現政黨輪替。二〇〇四年，陳水扁連任險勝過關。二〇〇六年，由於陳水扁爆發貪汙弊案，是年九月開始，掀起反貪汙的「紅衫軍」空前示威遊行，震撼全臺，造成民進黨在往後的各項選舉中每況愈下。選情墜入谷底。使得二〇〇八年的總統大選，國民黨的馬英九漁翁得利，大獲全勝，奪回總統寶座，當選第四任直接民選總統，這是臺灣第二次的政黨輪替。

到二〇一二年的總統大選，民進黨主席蔡英文領導有方，把民進黨從谷底翻身，竄出躍起，聲勢大振。馬英九陷於苦戰，最後獲得六百八十九萬一千一百三十九票。蔡英文則得到六百零九萬三千五百七十九票。兩人得票，差距不多。馬英九有驚無險，險勝過關，當選連任第五屆直接民選總統。

臺灣自從一九九六年直接民選總統以來，短短十六年期間，就有兩次政黨輪替。選民水準提高，善於辨別是非，明曉利害。在國民黨和民進黨兩大黨之間，以選票選擇執政黨，實現政黨輪替，人民真正「當家做主」。此種高水準的民主政治，比起民主先進的英國內閣制和美國總統制的現代民主國家，臺灣毫不遜色。

茲將中華民國行憲後，包括臺灣直接民選後的歷任總統一覽表，介紹如下，以資明瞭。

中華民國行憲後歷任總統一覽表

第一屆國民大會選出之總統

任別	總統	副總統	任期	備註
1	蔣介石	李宗仁	一九四九年五月二十日至一九五四年五月十九日	一九四九年一月二十一日蔣介石宣布引退，由李宗仁代理總統。一九五〇年三月一日蔣介石在臺北復職總統。
2	同右	陳誠	一九五四年五月二十日至一九六〇年五月十九日	
3	同右	同右	一九六〇年五月二十日至一九六六年五月十九日	一九六〇年三月十一日國民大會在「憲法臨時條款」增訂一條，規定在動員勘亂時期，正副總統得連選連任。
4	同右	嚴家淦	一九六六年五月二十日至一九七二年五月十九日	
5	同右	同右	一九七二年五月二〇日至一九七八年五月一九日	蔣介石於一九七五年四月五日病逝。次日，由嚴家淦繼任總統。

第一屆國民大會選出之總統

任別	總統	副總統	任期	備註
6	蔣經國	謝東閔	一九七八年五月二十日至一九八四年五月十九日	
7	同右	李登輝	一九八四年五月二十日至一九九〇年五月十九日	蔣經國於一九八八年一月十三日病逝。同日，由李登輝繼任總統。
8	李登輝	李元簇	一九九〇年五月二十日至一九九六年五月十九日	一九九一年五月一日廢止「臨時條款」。

臺灣直接民選產生之總統

任別	總統	副總統	任期	備註
9	李登輝	連戰	一九九六年五月二十日至二〇〇〇年五月十九日	一九九四年七月二十八日第三階段修憲，正副總統改由直接民選，任期四年，連選得連任一次，自第九任總統選舉實施。
10	陳水扁	呂秀蓮	二〇〇〇年五月二十日至二〇〇四年五月十九日	由民進黨當選，實現第一次政黨輪替。

臺灣直接民選產生之總統

任別	總統	副總統	任期	備註
11	同右	同右	二〇〇四年五月二十日至二〇〇八年五月十九日	
12	馬英九	蕭萬長	二〇〇八年五月二十日至二〇一二年五月十九日	由國民黨當選，實現第二次政黨輪替。
13	同右	吳敦義	二〇一二年五月二十日	

第九章　回顧與前瞻

第一節　臺灣史的回顧

一、臺灣史演進的三個階段

臺灣的歷史，可以一六二四年荷蘭人進占臺南和一九四九年蔣介石退守臺灣，作爲兩大分水嶺，劃分成三個階段。簡述如下：

㈠荒島階段

連橫先生，是第一位有系統，完整研究臺灣史的史學家。在他的巨著「臺灣通史」一書的自序裡，開宗明義，他說：「臺灣固無史也。荷人啓之。鄭氏作之。清代營之。開物成務，以立我丕基，至於今有三百餘年已。」該書的研究著述，費時二十五年，在一九二一年完稿問世。當時，臺灣處在日本統治時期。屈指算來，臺灣有史至今已有四百年。

一六二四年，荷蘭人進占臺南，開始殖民統治臺灣。在此以前，中國自從秦漢以後，雖然知道在中國東南沿海外很遠的地方，有個海上荒島。可是因爲古代的中國，陸上幅員遼闊，海上交通又不發達，對於這個遙海相望、遙不可及的臺灣，視爲畏途。人民不敢冒險遠航到臺灣，政府也從未在臺灣設官立治，使得臺灣一直處於無政府狀態。因爲這個緣故，在中國歷朝歷代的古籍裡，對臺灣的稱號百花百樣。有時稱夷州，有時稱流求，有時稱北港，有時稱東番，有時稱大員或臺員等等，名號不一，各朝各代各不相同。足見臺灣在古代不是中國領土，是個無主的海上荒島。

在史前時期，臺灣島上從何時開始有原住民生息在島上？原住民又來自何處？史無可考。可是，我們可以想像到，蠻荒時期的原住民，大多依山傍水而居，過著原始生活。他們早先在臺灣原野獵鹿、獵豬，過著自由奔放的狩獵生活，或在山間的溪流網魚、射魚，過著自由自在的原始生活。沒有政府管理，無拘無束，無憂無愁，各自謀生，自求多福。因此，在一六二四年荷蘭人開始殖民統治臺灣以前，是臺灣史上的「荒島階段」。

㈡殖民地階段

從十六世紀開始，歐洲國家發現世界新大陸和新航路，開始向海外開拓殖民地，形成殖民帝國主義。從此，改變了世界歷史，也改變了臺灣歷史，開創臺灣歷史的新時代，使得臺灣由史前時期的「荒島階段」進入有史的「殖民地階段」。

一六二四年開始，殖民帝國的荷蘭人和西班牙人，先後占領臺灣的南部和北部。不過西班牙人占領臺灣北部爲時很短，就被荷蘭人驅逐出境。荷蘭人在臺灣，只有二千八百名官兵，卻統治著當時尚未開化的臺灣原住民和漢人流民共約二十萬人。在臺灣，荷蘭人既徵收苛捐雜稅，又經營轉口貿易，所得利潤全部運送回國，是典型的殖民地統治。

一六六一年，鄭成功被清兵打敗，走投無路，遂率領強大艦隊逃到臺灣，趕走荷蘭人。漢人政府占領臺灣，鄭成功首開其端，他成爲中華民族的民族英雄。其子鄭經雖然在臺灣建立短暫的東寧獨立王國，可是反攻大陸失敗，鎩羽而歸，齎志以歿。鄭氏三代統治臺灣僅僅二十三年，有如曇花一現，依然脫不開殖民統治的政治。

一六八三年，清朝的康熙帝打下臺灣。翌年，將臺灣收入中國版圖。從此，臺灣正式成爲中國領土。清朝領有臺灣長達二百一十二年之久。除了最後二十年迫於形勢須建設臺灣之外，清朝對於臺灣多爲「無爲而治」。在前大半時期，清朝對臺灣雖曾設官立治，但從未積極開發臺灣，臺灣依然處在被殖民統治的階段。

一八九五年，中日甲午戰爭的結果，日本戰勝中國，臺灣割讓給日本。日本統治臺灣正好半個世紀。日本人經營臺灣建設很多，促使臺灣開始繁榮進步。然而，日本還是以經營殖民地的方法，統治臺灣，一則吸取臺灣的資源去富強日本，二則把臺灣作爲日本向南侵略的前進基地。

㈢中華民國階段

一九四五年，日本在第二次世界大戰中，戰敗投降。依照一九四三年十一月，中美英三國領袖聚會後所發表的「開羅宣言」，戰後日本須將臺灣、澎湖歸還中國。可惜大戰一結束，中國立刻陷入國共內戰的深淵。在中國大陸，蔣介石領導的國民黨被毛澤東所領導的共產黨打敗。一九四九年十二月，蔣介石落難，退守臺灣。中華民國開始統治臺灣。臺灣史進入第三個階段。

臺灣在「荒島階段」和「殖民地階段」都不是一個國家。從一九四九年開始，蔣介石退守臺灣，把中國大陸上的中華民國整部憲法和整批人馬撤到臺灣，統治臺灣。更重要的是，中共始終無法渡海攻臺，中共的統治權無法及於臺灣，使臺灣獨立成爲一個擁有主權、土地、人民、政府四大國家要素的新國家。臺灣由此演進成一個國家，名稱叫做「中華民國」。臺灣歷史從此演進成爲「從島到國」了。

二、中華民國在臺灣的四個時期

一九四五年十月二十五日，國民政府接收臺灣。一九四九年十二月七日，蔣介石宣布國民政府退守臺灣。屈指算來，「中華民國在臺灣」已經超過一甲子。回顧這六十多年來的臺灣歷史，可以歸納爲四個時期，加以介紹。

㈠蔣介石的反攻大陸時期

一九四九年蔣介石在國共內戰慘敗，流落臺灣後，心口不服，念念不忘而且高喊「反攻大陸」，此爲人之常情。當一九五〇年韓戰爆發，美國宣布協防臺灣之初，蔣介石以「反攻大陸」爲國策，高喊「一年準備，二年反攻，三年掃蕩，五年成功」的口號。時光流逝，五年過去了。「反攻大陸」不但停留在口號階段，而且依照一九五四年所簽訂的「中美共同防禦條約」規定，中華民國須經美國同意後始可反攻大陸。一九六二年和一九六三年，中國大陸嚴重飢荒，中共內部鬥爭加劇，毛蘇關係極端惡化。蔣介石乘機準備反攻大陸，派遣蔣經國專程飛往美國爭取支持。結果，被美國甘迺迪總統依照中美共同防禦條約之規定出面阻止。從此反攻大陸的迷夢破裂。

㈡蔣經國的開明政治時期

一九七二年，蔣經國就任行政院長以後，開始了「蔣經國時代」。蔣經國，其人如其名，實在是「經國之才」。他腳踏實地，從一九七四年開始，推動經濟十大建設，創造就業機會，使人民豐衣足食，社會安和樂利，爲臺灣作長治久安之計。結果，創造出舉世矚目的臺灣經濟奇蹟。尤其，到了晚年，蔣經國在臺灣加快腳步，貫徹「本土化」和「民主化」的政策。親民愛民，重用臺灣人。解除戒嚴後，緊接著解除黨禁、書禁、報禁，令人目不暇給。尤其，開放大陸探視的德政，不但使臺灣的政治耳目一新，而且使因戰亂而流離失所的親人，得以重溫天倫之樂。此種開闊的胸襟、開明的政治，遺愛人間，名垂史冊。

㈢李登輝的更新政治時期

在蔣經國的深謀遠慮、刻意安排之下，提拔李登輝爲繼承人，爲臺灣預鋪長治久安之路。李登輝不負所望，在沒有政治班底，也缺乏政治實力的情形下，運用他的高超智慧和政治謀略，突破國民黨內保守勢力的重重困境之後，排除萬難，把四十多年來引人詬病、久懸未決的嚴重問題，一一迎刃而解。包括結束萬年國會、終止動員戡亂時期、廢除臨時條款、增修憲法條文、總統直接民選、中央民意代表全面改選等等。此等更新、魄力，贏得中外贊揚。李登輝是使臺灣從威權統治走入民主政治的最大功臣。

不過，在增修憲法條文方面，思考有欠周密，引來不少反對聲浪。例如：省長民選「出爾反爾」、總統個人「有權無責」，以及教育經費「取消保障」等三大問題，引發各界非議攻訐，也帶來往後歷史許多不良後遺症。此為李登輝非凡政績的「美中不足」之處。

㈣政黨輪替的民主政治時期

臺灣的民主政治經過蔣經國的開明政治奠定基礎，再經過李登輝的更新政治，終於開花結果，實現政黨政治。一黨專政不是民主政治，政黨政治，才是民主政治。

臺灣四百年的歷史，幾乎全部都是臺灣人民接受外來政權的殖民統治。祇有從一九九六年開始，臺灣實施直接民選總統才名實相符，稱得上是「人民當家作主」，有權決定執政黨屬誰。

一九九六年的總統直接民選，由國民黨的李登輝當選為臺灣首任直接民選總統。四年後，經過激烈選戰，改由民進黨的陳水扁當選第二任及再連任的第三任民選總統，實現第一次政黨輪替。到二〇〇八年，第四任民選總統寶座又被國民黨的馬英九奪回，出現第二次政黨輪替。二〇一二年，國民黨的馬英九有驚無險，當選連任第五任民選總統。從此在臺灣，落實「政黨輪替」，實現「人民當家做主」。臺灣已經躍上世界一流的民主國家。

第二節　臺灣問題的未來

一、兩個中國的由來

第二次世界大戰結束的時候，中國是當時世界五強之一。原本可以從此造福國人，揚眉世人。不幸，立即陷入國共內戰的窘境。生靈塗炭，震動世界。內戰四年的結果，造成了今天海峽兩岸分裂、分治的狀態。兩岸各自主張代表中國，臺灣是中國的一省。同時，雙方口徑一致，反對「兩個中國」，反對「臺灣獨立」。美國方面，則在「上海聯合公報」裡聲明：「美國認識到，在臺灣海峽兩邊的所有中國人都認爲只有一個中國，臺灣是中國的一部分。美國政府對這一立場，不提出異議。」很明白，尼克森總統和周恩來總理在上海公報裡，並沒有解決兩岸的實際問題，僅是反映和說明兩岸的主張和承認現狀而已，無補於問題的實際解決。

平心而論，當前兩岸分裂分治，就是「兩個中國」的實際寫照。當初造成「兩個中國」的始作俑者，有三位大人物，介紹如下：

(一)毛澤東

在國共內戰「勝利在望」而尚未完全消滅蔣介石的時候，毛澤東就迫不急待，於一九四九年十月一日在北京宣布「中華人民共和國」的建國，由此造成了兩個中國。亦即一個是新建立的「中華人民共和國」，另一個是尚未被消滅的「中華民國」。當年毛澤東如不更改國號，依然號稱中共是「中華民國」的唯一合法政府，就不會發生今天「兩個中國」的局面。後來，中共進入聯合國後，毛澤東接受外國記者採訪時，坦承他一生犯下兩大錯誤。一是更改國號，造成兩個中國的局面。二是參加韓戰，被聯合國宣布為侵略者，造成中華人民共和國延後二十一年才得已進入聯合國。

㈡蔣介石

蔣介石於一九四九年十二月七日退守臺灣以後，依然標榜是中華民國的法統，代表中華民國，罵中共是共匪。更重要的是，蔣介石一心一意，準備反攻大陸。雖然終生不能如願，可是他能守住臺灣，使中共武力犯臺的意圖失敗，中共的統治權達不到臺灣。久而久之，臺灣自成一國，與對岸的「中華人民共和國」分庭抗禮，已是不爭的事實。「兩個中國」或「一中一臺」的事實，擺在世人眼前，已經過了六十多年，無可否認。

㈢杜魯門

一九五〇年韓戰爆發前夕，毛澤東要「解放臺灣」，達成中國統一。蔣介石也要「反攻大陸」，收復大陸河山。就在此一緊要關頭，韓戰爆發了。美國立刻警醒到，臺灣戰略地位的重要。臺灣是美國西太平洋防線的關鍵一環，不容共產勢力侵入或突破美國防線。因此，杜魯門總統挾其世界第一強國的聲勢，公然宣布「臺灣海峽中立化」的政策，不准毛澤東「解放臺灣」，也不准蔣介石「反攻大陸」，下令美國第七艦隊巡弋臺灣海峽，負責執行此一重責大任。在杜魯門的出面干涉下，「兩個中國」要統一，希望破滅。

「兩個中國」的問題已經存在六十多年，無法解決。語云：「解鈴人還須繫鈴人。」可是這三位繫鈴人都已先後作古，讓後人的解鈴工作，益增困難，自不待言。所幸，在此期間，兩岸關係已由當初金馬炮戰的軍事衝突時期，漸漸演變成為當前民間交流的和平對峙時期，有利於化解雙方的敵對，消除戰爭的危機。尤其，經過長期交流互動後，兩岸各自發展，創造出歷史上的繁榮景象。創業維艱，守成不易。雙方都希望和平守成，不求戰爭破壞。

二、臺獨的震盪

臺灣獨立運動可以分為海外獨立運動和島內獨立自救運動兩條路線。海外獨立運動是因為二二八事件而引起。島內獨立自救運動則是因為蔣政權的獨裁專政和外交挫敗而引發。玆分述如下：

㈠海外獨立運動

一九四五年十月二十五日臺灣接收的時候，臺灣人歡欣鼓舞，熱烈慶祝能夠重見天日，回到祖國懷抱。不料，一九四七年立刻慘遭二二八事件腥風血雨的摧殘。許多劫後餘生的知識份子亡命海外，開始鼓吹臺灣獨立。

留美工學博士廖文毅，先逃亡香港，再轉逃日本。他於一九五六年二月二十八日在東京成立「臺灣共和國臨時政府」。往後，經常遊走歐洲、美洲及亞洲各地區，進行臺灣獨立政治宣傳，成效有限。一九六五年五月十四日，意外地接受國民黨的招撫，回到闊別十八年的臺灣，落葉歸根。他領回在西螺故鄉被查封的龐大家產，並與雙目失明的老母親抱哭重聚。

不過，那時廣布在歐、美、日、加等各地的臺獨組織，不但不受影響，反而更加團結，匯流成河。一九七〇年一月一日，在紐約共同成立「世界臺灣獨立建國聯盟」（WUFI），簡稱爲「臺獨聯盟」，首任主席爲蔡同榮。兩年後，改由張燦鍙擔任主席。一九八七年，名稱改爲「臺灣獨立建國聯盟」。該聯盟的成員，靑一色是在海外留學榮獲碩士或博士的臺灣留學生，此與當年孫中山結合海外中國留學生進行革命的模式，如出一轍。這批臺獨聯盟的成員，全部被蔣政權列入「黑名單」，禁止返鄉。直到一九九二年，才由李登輝總統解除。從此，他們可以光明正大，返鄉參加臺灣的各項民主選舉。然在臺灣的政治影響力，日益式微。

(二)島內獨立自救運動

一九四九年，蔣介石退守臺灣後，自求生存，不被中央趕盡殺絕，內政上，以專制獨裁和白色恐怖政治統治臺灣；外交上，則以保衛聯合國席位和鞏固中美外交做爲後盾。只可惜，內政不淸明，外交也大挫敗，陸陸續續引來臺灣島內的獨立自救運動。

一九六〇年，蔣介石違背憲法的規定，擔任第三任總統。臺灣教育發達後，民智大開。知識份子警覺到，只有主張臺灣獨立，才能擺脫蔣介石的專制獨裁政治，開拓臺灣新前途。

一九六七年九月二十日，臺大教授彭明敏和他的學生謝聰敏、魏廷朝等發表「臺灣人民自救宣言」，提出「一中一臺」的主張。公開要求「以臺灣一千二百萬人民自由選舉產生的政府，取代蔣介石總統領導欠缺民意基礎的政權。」三人隨即被捕，處以重刑。由於當時彭明敏是位國際知名的國際法學家，在美國的強大壓力下，彭明敏獲得假釋，不久擺脫監視，祕密逃亡美國。

一九七一年十月二十五日，蔣介石的代表團被趕出聯合國，臺灣前途何去何從。十二月十六日，臺灣基督教長老教會適時發表一篇「國是聲明」，反對中共併呑臺灣，主張臺灣前途應由臺灣人民自決。到一九七九年一月一日，臺美斷交。在國際上，臺灣孤立無援，前途瀕臨絕境。該教會又發表「人權宣言」，進一步主張「建立臺灣爲新而獨立的國家」。該教會雖擁有十六萬多教徒，但不當權。在蔣政權和中共的雙重壓力下，該教會的主張無疾而終，僅僅表達心聲，喊喊口號而已。

在蔣政權走入歷史後，民進黨於一九九一年十月十三日通過臺獨黨綱。在黨綱中申明，民進黨的基本主張是「建立主權獨立自由的臺灣共和國」。可是此項主張，仍然是冠冕堂皇，虛有其表。往後，從二〇〇〇年到二〇〇八年，民進黨的總統陳水扁執政八年，在美國和中共的雙重壓力下，依然向現實政治環境低頭，始終無法實現黨綱的臺獨主張。

李登輝擔任總統共十二年（一九八八～二〇〇〇年），他是一位傾向臺獨的總統。一九九九年七月九日，在總統任期僅剩九個多月的時候，接受「德國之聲」記者的專訪時曾說：「臺灣在一九九一年修憲以後，兩岸關係成爲特殊的國與國關係。」李登輝此言，就是俗稱的「兩國論」。此論一出，北京當局忍耐不住，強烈指責這種「分裂祖國」的言行，是在「玩火自焚」；甚至揚言，如果臺灣將「兩國論」入憲，人民解放軍將即刻興師攻臺。李登輝身爲當權的總統，抛出兩國論的風向球，試探臺獨之路，引發中共的空前激烈的反應和反對，事所必然。

㈢臺獨運動不符民意

平心而論，臺獨運動可以說是一部分臺灣知識份子的政治運動。這些知識份子不論島內或島外空有理想，單憑一股熱忱和勇氣去推動臺灣獨立運動。他們富有熱忱、勇氣，可是對時局認識不清，了解不夠。不特蔣氏政權和中共一致反對，就連美國也不支持，臺灣同胞更是戒愼戒懼，深恐臺灣獨立的推動勢必引發戰端，禍害民生，使民不聊生，禍國殃民。

職是之故，當一九九二年李登輝總統解除「黑名單」，讓海外臺獨份子光明正大返鄉參加臺灣的各項民主選舉後，當選情形，日益式微。足見臺獨路線選票日少，與臺灣民意漸行漸遠。臺灣民意很清楚，就是「和平爲先，民生第一」。

至於島內的獨立自救運動，亦與海外臺獨運動同一下場。彭明敏和基督教長老教會的臺獨主張，先後無疾而終；民進黨的臺獨黨綱虛有其表，就連李登輝擔任總統長達十二年之久，接著陳水扁擔任總統亦達八年之久，這兩位傾向臺獨的總統主政共達二十年，兩人終其一生對於臺獨主張始終徒托空言，流爲空談。理由很簡單，就大多數臺灣民意而言，臺獨運動是不符民意的。

三、中共的反分裂國家法

臺獨主張在島內外蔓延滋長，內外震盪，始終無法實現。因爲臺獨是蔣氏政權和中共的共同敵人，蔣氏政權爲了保衛權位，不得不反對臺獨，嚴刑峻法對付臺獨份子。中共爲了達成祖國統一，也必須反對臺獨，文攻武嚇要脅臺獨份子。等到蔣氏政權走入歷史後，中共便成爲反對臺獨的唯一對象。

一九九一年至二〇〇〇年，李登輝總統進行六階段修憲，小心翼翼，修憲內容僅限於改革惡法陋規，使它適宜於臺灣的現實政治環境，沒有碰觸臺獨主張。中共「觀其言，察其行」，默不作聲。等到二〇〇五年，民進黨的陳水扁總統正在籌備召開「任務型國大」，準備第七階段修憲的時候。中共虎視眈眈，深怕陳水扁魯莽行事，冒險將民進黨黨綱的臺獨主張入憲，遂適時及時，於二〇〇五年三月十四日，由中共第十屆全國人大會議通過「反分裂國家法」，正式以國家法律伺候，宣示反對臺獨的堅定立場，表達如遇臺獨實現，將立刻興師攻臺。正式警告臺灣政府不可冒險行事。

中共的「反分裂國家法」共十條。內容要點如下：

㈠世界上只有一個中國，大陸和臺灣同屬一個中國。中國的主權和領土完整，不容分割。

㈡臺灣問題是中國內戰的遺留問題，解決臺灣問題是中國的內部事務，不受任何外國勢力的干涉。

㈢國家和平統一後，臺灣可以實行不同於大陸的制度，高度自治。

㈣國家主張通過兩岸平等的協商和談判，實現和平統一。

㈤國家得採取非和平方式犯臺的三個前提是：

1. 臺獨以任何名義、方式造成分裂事實。
2. 臺灣從中國分裂出去的重大事變。
3. 和平統一的可能性完全喪失。

基於上面所述，在「反分裂國家法」之下，「中共國策」與「臺獨」是誓不兩立的。只要臺獨實現，中共即刻攻臺。中共從建國到現在，歷屆領導人一脈相承，反對「兩個中國」，反對「臺灣獨立」，堅持到底，從沒改變。尤其，到了「反分裂國家法」的公布，更正式以國家法律貫徹這個主張，再配以近千顆地對地飛彈瞄準臺灣，宣示其意志。目的無非在壓制臺獨，使得臺獨份子知所收斂，不要輕舉妄動。雖然如此，在不實現臺獨的前提下，中共依然期待兩岸能夠平等談判，實現和平統一。換句話說，只要臺灣能夠「維持現狀」，不實現臺獨，不推翻現狀，包青天的「虎頭鍘」就可「備而不用」。

中共此種希望兩岸和平解決，維持現狀，不要推翻現狀的政策，與美國向來所堅持的臺海兩岸的和平政策不謀而合，前後一致。美國從一九五〇年韓戰爆發後，杜魯門總統宣布「臺灣海峽中立化」政策，到一九五四年的「中美共同防禦條約」，再到一九七九年美國國會所制定的「臺灣關係法」，美國政策也是一脈相承，前後一貫，不准兩岸互打，主張和平解決，維持現狀。

四、回顧四次臺海危機

現在，中共統治大陸，另立「中華人民共和國」。國民政府退守臺灣，保持「中華民國」。大陸和臺灣，一邊一國，早就「木已成舟」，超過一甲子。此段漫長歲月，中共打不過來，國府也打不回去，美國更不准雙方互打，目的在維持現狀。

回顧往史，中共在過去，共有四次嘗試「武力犯臺」，都先後失敗，這四次是：

㈠一九五〇年韓戰爆發前夕的準備攻臺。

㈡一九五四年的九三金門炮戰。

㈢一九五八年的八二三金馬炮戰。

㈣一九九六年的臺海中共飛彈演習。

這四次臺海危機都在中美攜手合作的對抗下，使中共不能如願。

五、兩岸僵局的癥結所在

迄今爲止，中共依然不死心，以「反分裂國家法」爲利器，堅持不放棄「武力犯臺」的政策，布置近千顆地對地飛彈瞄向臺灣，蓄勢待發，隨時備用。在「反分裂國家法」的規定之下，中共依然堅持「一個中國」原則，主張臺灣是中國的一部分，又堅持中國的「主權」不容分割。因此，臺灣雖可實行不同於大陸的制度，高度自治。但不得擁有「主權」。

另一方面，就政治事實而觀，臺灣在事實上，擁有主權、領土、人民及政府的四大國家要素已經過半載。全世界眾目睽睽，有目共睹。尤其，經過七個階段的修憲後，臺灣已經完成一部「有實無名」的新憲法，實現眞正擁有「主權在民」的現代民主國家。在此種情形下，「主權問題」逐成爲兩岸和平統一的眞正絆腳石。換言之，「臺灣的主權」究竟應推翻現狀改屬中共呢？抑或維持現狀仍歸臺灣人民呢？此爲造成當前兩岸僵局的癥結所在。

六、從中國歷史看兩岸問題

三國演義開宗明義就提示：「天下大勢，分久必合，合久必分。」此爲歷史軌跡的必然。中國幅員遼闊，改朝換代，重歸一統，誠非一蹴可及。

翻開史頁，春秋戰國時代（西元前六八一年至西元前二四七年）諸國並立，群雄征戰，長達四百三十四年，最後才由秦始皇統一天下，接著開創漢朝盛世。漢代衰亡後，天下四分五裂。從三國時代到魏晉南北朝、五胡十六國（二二〇年至五八八年），又長達三百六十八年的天下大亂，最後才由隋文帝統一天下，接著開創大唐盛世。

一九一一年，清朝覆滅後，軍閥割據，南北分裂，僅僅經過三十八年的戰亂，就由毛澤東領導的中國共產黨在國共內戰中大獲全勝。旋於一九四九年十月一日在北京建立中華人民共和國。唯一缺憾是，由於臺灣海峽的天險，造成兩岸分裂的局面。可是在大體上，中國已經在一九四九年由毛澤東統一。

七、和平為先，民生第一

當前的兩岸局勢，已由起初的軍事衝突時期，演變爲和平對峙時期，再進步到現在的民間交流時期。兩岸各自發展，創造出歷史上的清明政治和繁榮景象。兩岸同胞的共同希望都是企求和平發展，不求戰爭破壞。中國和美國的政策也是希望和平解決，反對動起干戈。

方今形勢，中國爲了阻止臺灣獨立，阻止破壞現狀，不惜制定「反分裂國家法」，以國內法祭出武力攻臺的法律依據。另一方面，美國也爲了阻止臺灣落入中國之手，阻止破壞現狀，而制定「臺灣關係法」，同樣以國內法軍售臺灣防禦性武器，並規定須以和平方式解決臺灣問題，其目的在維持兩岸現狀，不准互打。

因此，今天的臺灣問題不是單純的兩岸問題，它牽涉到中美兩強的基本國家利益。美國要守住它的西太平洋防線，中國則要突破美國的西太平洋防線。換句話說，臺灣問題牽動到中美競爭太平洋海權的關鍵，進而影響到將來中美兩強爭霸世界的大問題，不容小覷。

毛澤東生前曾經接受外國記者的採訪，他說：「臺灣問題，可能立即可以解決，也可能五十年後或一百年後才能解決。」一語道破了臺灣問題的未來。此話一方面表示，毛澤東有生之年沒有把握解決臺灣問題。另一方面也顯示，可以暫時擱置臺灣問題，而以建設新中國成爲世界強國作爲優先考慮。

兩岸的分裂已經六十多年，並沒有妨礙兩岸的各自發展。「兵兇戰危，古有明訓。」倘以戰爭解決兩岸問題，殘害兩岸民生，均不符兩岸同胞的期望，亦非中美兩強所樂見。職是之故，從中國歷史分分合合的全程而觀，六十多年甚至一百年，均非很長。兩岸問題應可不急於一時，宜暫維持現狀。當下兩岸同胞應各自發展，和睦交流，避戰共榮。總而言之，「和平爲先，民生第一」，才是同宗同文的兩岸同胞共同的偉大歷史使命。

註釋

第五章

【1】當德軍突然之間向東轉攻蘇聯的時候，國際譁然。一群外國記者訪問希特勒說，你在十個月前，剛剛與史達林簽訂「德蘇互不侵犯條約」，墨水未乾，為什麼閣下忽然破壞條約去打蘇聯呢？希特勒的答覆很乾脆：「條約是一張廢紙」。

其次，此時也有一批外國記者在中國延安訪問毛澤東，詢問毛澤東對此事件的看法。毛澤東的答覆很風趣。他說：「那是一群瘋狗在歐洲打架」。

希特勒和毛澤東的這兩句名言，充分詮釋了國際政治的「唯力是視」和「詭譎多變」的特徵。

【2】羅斯福是美國歷史上擔任四任總統的唯一大人物。在美國歷史上，是空前，也是絕後。所謂「空前」，是指美國開國時候，為表示尊敬國父華盛頓，沒有在憲法裡限制總統的連任次數。可是，華盛頓總統深富民主精神，做完兩任後，拒絕再競選第三任，以免將來美國走向總統專制獨裁的道路。往後的美國總統，沒人敢違背這個優良先例，一律做兩任為限。不料，一九三二年世界經濟大恐慌由美國發生，而且也以美國問題最為嚴重。羅斯福以實施「新政」（New deal），復興美國經濟為號召，最高票當選總統，施政成果豐碩，經濟起死回生。一九三六年再度以最高票當選連任。一九三九年九月一日，第二次世界大戰爆發後，時勢所需，美國人更期望他出面領導，所以一九四〇年和一九四四年他又連續以最高票蟬連第三任和第四任總統。由此打破了國父華盛頓所建立的總統兩任的優良先例。

其次，所謂「絕後」，是指第二次世界大戰於一九四五年八月十四日結束後，美國國會深恐羅斯福總統此例一開，後患無窮。在杜魯門總統兩任快屆滿之前，美國國會於一九四七年迅速修改美國憲法，增訂憲法第二十二條規定：「無論何人不得當選總統多於兩任」。依此，第二次世界大戰結束以後，所有美國總統一律以兩任為限，充分顯示美國民族的可敬與民主精神。

【3】一九三九年九月一日第二次世界大戰爆發後，初期德軍攻勢凌厲，席捲歐洲，英國岌岌可危。一九四〇年由邱吉爾繼張伯倫爲首相。邱吉爾領導英國度過漫長黑暗的戰爭歲月，難免有些戰時緊急專制措施，最後打敗德國，贏得勝利。一九四五年五月七日，德國戰敗投降。六月間，英國舉行國會大選。英國人擔心，邱吉爾的許多戰時措施可能延續到戰後，不利民主政治的發展。所以國會大選工黨勝利，由工黨領袖艾德禮取代邱吉爾擔任新首相。因此，七月間的波茨坦會議，英國改由艾德禮參加。如同美國的民主精神一樣，英國人也在此次大選中，充分顯示英國民族的可敬和民主精神。

【4】兩顆原子彈投下日本以後，震撼之餘，日本曾感嘆說：「我們日本人向來只注重精神文明的教育，而忽略了科技進步更重要。」意思是說，日軍雖然作戰勇敢，視死如歸，但是武器不如美軍，終歸戰敗命運。

第六章

【1】天下事，窮則變，變則通。一九七三年世界石油危機發生後，臺灣在內外交困的危境中，蔣經國毅然決然宣布：「穩定物價，安定民生，是我們的基本政策。」由此，他立刻派遣孫運璿遠赴中東，到沙烏地阿拉伯去談判交涉並簽約。條件是臺灣由榮民工程處負責派遣龐大工程團到沙國去造橋修路，繁榮沙國經濟；又派遣龐大醫療團到沙國服務，增進他們的國民健康。沙國則答應照常供給臺灣石油不漲價；又出鉅資捐助臺灣興建中山高速公路的中沙大橋（橫跨濁水溪）。由此緣故，在一九七〇年代的兩次世界石油危機中，世界上唯獨臺灣少受影響。

臺灣演進史

作　　者　陳世昌(259.7)
發 行 人　楊榮川
總 編 輯　王翠華
主　　編　陳姿穎
編　　輯　邱紫綾
封面設計　P. Design視覺企劃
出 版 者　五南圖書出版股份有限公司
地　　址　106台北市大安區和平東路二段339號4樓
電　　話　(02)2705-5066
傳　　真　(02)2706-6100
劃撥帳號　01068953
戶　　名　五南圖書出版股份有限公司
網　　址　http://www.wunan.com.tw
電子郵件　wunan@wunan.com.tw
法律顧問　元貞聯合法律事務所　張澤平律師
出版日期　2013年5月初版一刷
定　　價　新臺幣400元

國家圖書館出版品預行編目資料

臺灣演進史／陳世昌著. -- 初版. -- 臺北市
：五南, 2013.05
面；　公分. -- (博雅文庫；19)
ISBN 978-957-11-7050-3 (平裝)

1.臺灣史

733.21　　　　102004393